博士论文
出版项目

论辩护律师的忠诚义务

Defense Lawyer's Duty of Loyalty

刘译矾　著

中国社会科学出版社

图书在版编目（CIP）数据

论辩护律师的忠诚义务/刘译矾著.—北京：中国
社会科学出版社，2023.8
ISBN 978 - 7 - 5227 - 2411 - 9

Ⅰ.①论…　Ⅱ.①刘…　Ⅲ.①律师—职业道德—
研究—中国　Ⅳ.①D926.54

中国国家版本馆 CIP 数据核字（2023）第 149129 号

出 版 人　赵剑英
责任编辑　许　琳　姜雅雯
责任校对　赵雪姣
责任印制　郝美娜

出　　版　中国社会科学出版社
社　　址　北京鼓楼西大街甲 158 号
邮　　编　100720
网　　址　http://www.csspw.cn
发 行 部　010 - 84083685
门 市 部　010 - 84029450
经　　销　新华书店及其他书店

印　　刷　北京君升印刷有限公司
装　　订　廊坊市广阳区广增装订厂
版　　次　2023 年 8 月第 1 版
印　　次　2023 年 8 月第 1 次印刷

开　　本　710×1000　1/16
印　　张　18.75
字　　数　258 千字
定　　价　108.00 元

出 版 说 明

　　为进一步加大对哲学社会科学领域青年人才扶持力度，促进优秀青年学者更快更好成长，国家社科基金 2019 年起设立博士论文出版项目，重点资助学术基础扎实、具有创新意识和发展潜力的青年学者。每年评选一次。2021 年经组织申报、专家评审、社会公示，评选出第三批博士论文项目。按照"统一标识、统一封面、统一版式、统一标准"的总体要求，现予出版，以飨读者。

全国哲学社会科学工作办公室

2022 年

序　言

如何协调辩护律师与委托人的关系，合理解决辩护律师与委托人辩护意见的冲突，这既是刑事诉讼法学的理论课题，也是法律职业伦理研究者所关注的现实问题。长期以来，我国律师职业伦理规范一直坚持所谓的"独立辩护人"理论，强调辩护律师独立从事辩护工作，"不受委托人意志的左右"。这一理论不仅在逻辑上存在缺陷，而且在经验层面也暴露出一系列问题，引发一些非议和批评。2017年，中华全国律师协会通过了《律师办理刑事案件规范》，在承认辩护律师独立地位的同时，确立了辩护律师尊重委托人意愿的规则，强调律师不得违背委托人的意志提出不利于委托人的辩护意见，律师与委托人无法达成一致辩护意见的，可以及时解除代理关系，退出辩护。这些规定不仅扬弃了原有的"独立辩护人"理论，而且在我国法律体系中引入了辩护律师的"忠诚义务"。但是，受研究视野的限制，我国法学界对于辩护律师的职业伦理问题缺乏深入系统的研究，对于原有的"独立辩护人"理论没有作出系统的清理，对于新确立的"忠诚义务"也少有深入的分析和论证。

在此背景下，刘译矾博士对辩护律师的忠诚义务问题作出了开创性的研究，发表了多篇涉及这一课题的论文，并最终形成了这部以"论辩护律师的忠诚义务"为题的学术专著。该书是在博士论文的基础上经过全面修订加工而形成的，代表了法学界在律师职业伦理研究方面的最新研究成果，具有突出的理论贡献，对于相关法律完善和司法实践具有较大的参考价值。

　　该书以"辩护律师的忠诚义务"为研究对象，围绕着忠诚义务及其实现路径而展开讨论。作者既对忠诚义务的基础性问题展开了讨论，如忠诚义务的基本性质、模式类型、理论基础、行为边界，也对实现忠诚义务的规则体系进行了全面梳理，如避免利益冲突规则、保守职业秘密规则、辩护观点协调规则、谨慎退出辩护规则。

　　从法学理论推进的角度来看，《论辩护律师的忠诚义务》一书具有三个方面的创新点：一是以问题为导向。通过观察一些重大刑事案件的办理过程，完成了从"制度问题"（problem）向"理论问题"（issue）的提炼。通过分析"杭州保姆纵火案"中的律师拒绝辩护问题、"上海杨佳杀人案"中的律师利益冲突问题、"北京崔英杰杀害城管案"中的辩护观点冲突问题，作者研究了律师实现忠诚义务最重要的四大规则。二是提炼理论命题。作者并没有局限于"提出问题—解决问题—构建方案"的传统研究框架，而是运用社会科学的研究方法，提出并论证了"辩护律师应对当事人承担忠诚义务"的理论命题，并对忠诚义务的理论基础、模式类型等基础性问题展开了理论研究，提出了若干具有创新性的概念与观点。如辩护律师忠诚义务的三种模式、作为忠诚义务行为边界的公益义务等，这都体现了作者敢于理论创新的精神。三是立足本土研究。我国法学界以往对律师职业伦理的研究，主要侧重于从宏观上进行法理反思，热衷于引入英美法系的有关命题或概念，对于中国辩护律师当下所面临的职业伦理困境，缺乏系统的实证分析以及有针对性的讨论。本书立足于本土，发现中国问题、归纳本土经验，将域外理论与经验作为参照或参考，与其进行理论与制度层面上的对话，最终落脚于提出本土理论、解释本土现象、解决本土问题。本土化的研究确保了本书的研究具有较为突出的实践指导意义。

　　该书作为一部学术专著，不仅可以成为法律职业伦理的学术参考书，还可以在法律教学和法律改革方面发挥更多的作用：其一，为法律职业伦理的教学与研究提供素材。2018年4月，教育部明确将"法律职业伦理"列为法学专业学生的十门专业必修课之一，各大高校法学院纷纷开设法律职业伦理课程。律师职业伦理是法律职业伦理的重要组成部分，希望本书可以成为高校教师教学科研、法科学生课外学习的参考读物。其二，为律师职业行为规范的完善提供指引。随着我国司法改革不断走向深入，律师制度改革迫在眉睫。作为律师制度的重要内容，辩护律师与委托人之间的关系应当如何调整，是未来制度改革的重中之重。希望本书所讨论的"忠诚义务"可以对律师职业行为规范的完善产生影响，为辩护律师的规范化执业提供指引。

刘译矾是我指导的博士研究生。在北大法学院为期四年的博士学习期间，她勤奋刻苦，潜心钻研，笔耕不辍，不仅学习成绩优异，而且发表了多篇重要论文，获得过包括"北大校长奖学金"在内的多项学术奖励，其博士论文还被评选为"北京大学优秀博士论文"。我期望本书的付梓出版，既是她学术生涯中的一个里程碑事件，也是对她辛勤付出的一种学术回报。我相信，她在今后的教学科研活动中，一定会一如既往，继续开拓新的学术领域，作出更多令人瞩目的学术贡献。

是为序。

陈瑞华

2023 年 6 月 1 日

摘　　要

忠诚义务是辩护律师对于当事人所承担的最基本义务。它是指辩护律师既要维护当事人的合法利益，又要尊重当事人的基本意志。受律师身份定位、刑事诉讼模式等多方面因素的影响，辩护律师的忠诚义务在比较法上呈现出三种较为典型的模式，分别是美国"完全的忠诚义务"模式、德国"不完全的忠诚义务"模式和日本"混合的忠诚义务"模式。在三种模式中，律师在对当事人意志的尊重、利益冲突的处理、退出辩护的方式以及执业行为边界的划定等方面都呈现出不同的特点，也面临着不同的理论争议与现实挑战。忠诚义务的形成既是辩护律师走向社会化的体现，也是对当事人与辩护律师之间不平衡关系的矫正，又是促进实体正义、程序正义，实现辩护效果最大化的保证，同时也是律师行业实现可持续发展的要求。

在执业的过程中，辩护律师除了履行忠诚义务，还要承担公益义务。这一义务是辩护律师对当事人以外的主体所承担的，以维护社会公共利益为主要内容的义务。主要包括消极的真实义务、维护法律秩序、禁止破坏司法人员的廉洁性以及避免社会公共利益严重受损。忠诚义务与公益义务构成了辩护律师职业伦理的两大基本义务。在一般的情形下，两大义务分别在辩护律师的对内与对外关系中发挥作用；在少数的情形下，公益义务构成忠诚义务的边界或者例外。

辩护律师对于当事人的忠诚义务贯穿于律师职业伦理规范制定的过程中，其实现也离不开一系列具体职业伦理规范的落实。实现忠诚义务的规则体系主要包括：一是规避利益冲突规则，这一规则是消极忠诚义务的直接体现，利益冲突的类型直接决定了律师规避的方式，违反这一规则既会给律师个人带来责任，也会导致程序性的法律后果。二是保守职业秘密规则，保密义务是辩护律师最基本的义务，只有在极个别的情况下，这一义务才存在例外，即使在例外的情况下，辩护律师也不应承担告密义务。三是辩护观点协调规则，面对辩护律师与当事人之间存在的辩护观点的冲突，有必要明确辩护律师的协商义务，并设置违反这一义务的程序性后果。四是审慎退出辩护规则，目前我国主要存在协商解除合同、单方拒绝辩护和被责令退出辩护三种模式，辩护律师无论以何种方式退出辩护，都应当尽可能地避免对当事人产生不利影响，并履行必要的注意义务。忠诚义务的实现既倚赖辩护律师个人的执业行为，也需要一系列的制度保障。在当前的司法实践中，亟待完善的保障机制，主要包括律师执业风险的防控机制、律师辩护权的救济机制和违反忠诚义务的惩戒机制等。

Abstract

The loyalty duty is the most fundamental obligation of a defense lawyer to his client. It means that the defense lawyer should not only safeguard the client's legitimate interests, but also respect the client's basic willingness. Influenced by the lawyer's identity orientation and the criminal procedure model, the defense lawyer's loyalty duty presents three typical models in comparative law, namely, the "complete loyalty duty" model in the United States, the "incomplete loyalty duty" model in Germany and the "mixed loyalty duty" model in Japan. In the three models, lawyers have different characteristics in respect of valuing the client's willingness, handling the conflicts of interests, withdrawing from the defense, and delimitating the boundaries of practice, while facing different theoretical disputes and practical challenges. The formation of the loyalty duty is not only the embodiment of the defense lawyer's socialization, but also the correction of the unbalanced relationship between clients and defense lawyers. It is the assurance of promoting substantive justice and procedural justice, with realizing the maximum defense effect and promoting the sustainable development of the profession.

In practice, a defense lawyer should not only fulfill the logalty duty, but also undertake the public service duty. This duty belongs to the subjects other than the client with the content of safeguarding the social and public interest. It mainly includes the negative duty of truth, the maintenance of legal order, the prohibition of undermining the integrity of judicial personnel, and the prevention of serious damage to social and public interests. The loyalty duty and the public service duty constitute the two basic duties of the professional ethics of defense lawyers. In general, the two duties play a role in the lawyer's internal and external relations. In a few circumstances, the public service duty constitutes the boundary or exception of the loyalty duty.

The loyalty duty of a defense lawyer to the client runs through the process of formulating the lawyer's professional ethics, whose realization cannot be separated from the implementation of a series of specific professional ethics. The system of realizing the duty of loyalty consists of several rules. First, the rule for avoiding a conflict of interests. It is the direct embodiment of negative loyalty duty. The type of conflict of interest directly determines the method that lawyers could choose to avoid. Violation of the rule will not only bring personal responsibility, but also lead to procedural legal consequences. Second, the rule for keeping professional secrets. It is the most basic duty of defense lawyers, which only creates exceptions in rare cases. Even in exceptional circumstances, defense lawyers should not assume the duty of reporting. Third, the rule for coordination of defense views. Facing the conflict of defense views between defense lawyers and clients, it is necessary to clarify the negotiation duty of defense lawyers, and setting the corresponding procedural consequences of violating this duty. Fourth, the rule for prudent withdrawal from a defense. At present, there are three main methods to withdraw from a defense in China: negotiated termination of the contract, unilateral refusal of defense, and being ordered to withdraw from the defense. When the defense lawyers try to withdraw from the defense, they should avoid adverse effects on the clients and perform a necessary duty of care. The realization of the loyalty duty depends on the personal practice of the defense lawyer with a series of systematic guarantees. In the current judicial practice, some mechanisms need to be improved at present, which mainly includes the prevention and control mechanism of lawyers' practice risk, the relief mechanism of lawyers' right to defend, and the punishment mechanism for violating the loyalty duty.

目　　录

Content

导　　论

　　辩护律师的职业伦理是刑事诉讼法学和法理学中的基础理论问题。近年来，随着一系列重大刑事案件的办理过程在媒体上的披露，辩护律师的职业伦理问题逐渐成为关注的焦点。例如，在"杭州保姆纵火案"中，辩护律师党某在所提申请未得到合议庭批准的情况下直接退庭，人们对这一未经法庭和当事人同意的退庭行为的正当性产生怀疑：这一行为到底会保障当事人的利益，还是会损害当事人的利益？又如，辩护律师与当事人在法庭上发生辩护观点的冲突已在多个案件中出现，如在"崔英杰案"中，被告人当庭否认犯罪，但辩护律师却提出本案属于故意伤害罪的罪轻辩护意见；在"李庄案"中，被告人当庭认罪，但辩护律师却作无罪辩护。诸如此类的当庭冲突无一不引发人们的激烈争论：作为被告人的法律帮助人，辩护律师可否发表与被告人不一致的辩护意见？应当如何处理辩护方内部的观点冲突？再如，山东淄博律师协会副会长孟某某在为当事人辩护的过程中，除了收取高额的辩护费，还假借需要钱财"疏通关系"，向当事人的近亲属累计索要 1500 余万元，这一行为凸显了当前我国辩护律师职业伦理的缺失，也让社会大众对律师职业的形象大失所望。

　　上述案例只是司法实践中的冰山一角。透过这些案例，可以看出，当前我国辩护律师在执业过程中存在许多有争议的、不规范的，甚至明显有违律师基本职责的行为。① 这些行为存在于辩护律师与当事人、办案机关交往的过程中。在与办案机关交往时，辩护律师如果违反职业行为规范或者仅有违反之嫌，很容易被警告或者受惩罚，因而学界和实务界通常更为关注的是律师的正当职业权益如何得到办案机关的保障。相较而言，辩护律师在与当事人交往的过程中违反职业行为规范的情况更为突出。鉴于"辩护律师与当事人之间关系"在律师执业过程中的重要性，这一问题更加值得关注。

其实，辩护律师的职业伦理问题引发社会关注由来已久，但这种关注通常仅限于泛泛之谈，尚未使其真正成为备受学界关注的理论问题。事实上，律师尤其是辩护律师在执业的过程中之所以会出现一些似是而非、左右为难的争议，是因为律师职业伦理本身就是一个涉及多种价值冲突与平衡的问题。这一问题的解决要受律师身份属性、诉讼地位、刑事诉讼构造、律师职业传统等多元因素的影响。而在结合上述因素划定律师职业伦理的核心属性之前，调整律师职业行为规范难以真正走向规范化和明确化。基于此，让辩护律师的职业伦理问题回归到学术层面，并结合我国刑事辩护的困境，探讨辩护律师职业伦理中的核心义务成为当前的首要任务。

整体来看，国内外的律师职业行为规范基本都将忠诚义务②视为辩护律师对当事人所承担的最基本义务，甚至将其称为辩护律师的首要职业伦理。③ 那么，什么是忠诚义务？为什么要履行忠诚义务？如何履行忠诚义务？这些问题构成了研究辩护律师对于当事人义务的核心话题，也是本书研究的问题来源。在刑事司法领域，辩护律师履行忠诚义务主要发生在刑事诉讼的过程中，与此同时，忠诚义

---

① 参见吴洪淇《律师职业伦理规范建设的回顾与前瞻》，《交大法学》2018 年第 2 期。

② 也有称为"忠实义务"。参见［日］森际康友编《司法伦理》，于晓琪、沈军译，商务印书馆 2010 年版。

③ 陈瑞华：《论辩护律师的忠诚义务》，《吉林大学社会科学学报》2016 年第 3 期。

务在本质上属于律师职业伦理的范畴，因而，对于这一义务的研究既涉及刑事诉讼法上的辩护问题，又与法理学对于职业伦理的讨论有关。①

基于目前学界已有的研究，站在"巨人的肩膀"上，作为后来者，本书希望在以下三方面有所侧重或者创新。

一是在研究方法上，着重使用社会科学的研究方法，坚持"从经验到理论"的研究路径。一方面，面对纷繁复杂的律师执业实践，本书将通过实证研究，在细致观察与认真比对中提炼关键要素，将经验事实在理论上"类型化"，通过模式化的研究方法提升讨论的理论深度。另一方面，概念创新是理论创新的基础。作为理论创新的一种初步探索，本书将积极尝试在讨论中对辩护律师忠诚义务的表现、利益冲突的类型等经验事实进行"概念化"，争取提出能够准确反映事物本质特征的概念，并在此基础上提出有关命题。当然，由于个人抽象概括能力有限，这种类型化与概念化的研究方法能够运用到何种程度，提出的概念或者命题是否准确、科学，还有待进一步考察。

二是在研究内容上，坚持理论研究和制度研究并重。一如前文所述，辩护律师的职业伦理既是理论问题，亦是实践问题。本书将在前半部分集中对有关忠诚义务的基础理论问题展开研究，比如忠诚义务的主要性质、基本模式、理论基础与行为边界。理论上的演绎固然重要，但对于具体问题的解决不免有些"隔靴搔痒"。针对当前我国辩护律师职业行为规范的不足，本书还将在后半部分展开"接地气"的制度构建，对辩护律师职业伦理中较为重要的行为规则展开讨论。

① 法理学界对职业伦理的讨论议题包括：职业伦理与大众道德的关系、职业伦理的道德属性、职业伦理的规范化等。参见孙笑侠《法理家的技能与伦理》，《法学研究》2001年第4期；陈景辉《忠诚于法律的职业伦理——破解法律人道德困境的基本方案》，《法制与社会发展》2016年第4期；李学尧《非道德性：现代法律职业伦理的困境》，《中国法学》2010年第1期。

　　三是在研究视角方面，聚焦当前我国司法实践中最为突出的问题。在当前已有的研究中，无论是法理学界从宏观角度展开的思考，还是比较法研究对于域外概念或者命题的引介，在一定程度上都缺少对中国律师界当下所面临的职业伦理难题的直接回应，研究的针对性与本土性不明显。基于此，本书将坚持本土问题意识，总结当前我国司法实践中最为突出的问题，以此为研究素材，对其从理论上予以回应。希望本书能够具有鲜明的本土特色，对辩护律师的规范执业产生积极的促进作用。

　　本书提出的核心观点是，"辩护律师应当履行作为首要职业伦理的忠诚义务"。围绕这一核心观点，本书提出以下分论点：其一，根据忠诚义务，辩护律师既要维护当事人的利益，又要尊重当事人的意愿；其二，忠诚义务和公益义务是辩护律师的两大基本义务，忠诚义务是首要义务，公益义务则是律师履行忠诚义务的行为边界；其三，忠诚义务应当贯穿辩护律师执业的整个过程，并体现在具体的职业行为规则中，包括规避利益冲突规则、保守职业秘密规则、辩护观点协调规则、审慎退出辩护规则等。

　　本书的结构安排如下：全书共计九章。前四章主要讨论忠诚义务的本体性、共通性与基础性的问题；后五章主要研究辩护律师忠诚义务实现的具体制度。

　　具体来说，第一章是在辩护律师职业伦理的背景下研究忠诚义务，主要涉及辩护律师忠诚义务的性质与功能、内涵与外延、基本分类、主要规则体系。第二章是从比较法的视角探讨辩护律师忠诚义务在美国、德国、日本三国中呈现出来的三种模式，并对这三种模式的基本特征、制度基础与理论争议展开讨论。第三章是从因果关系的角度分析辩护律师履行忠诚义务的正当性，主要包括社会基础、关系基础、诉讼基础、经济基础四个方面。第四章是在辩护律师职业伦理的整体框架下讨论辩护律师忠诚义务的行为边界——公益义务，并对这一义务的基本内容予以阐释。第五章至第八章则结合当前我国辩护律师执业实践中较为突出的问题，对于律师职业行为规范中的四大规则展开具体性与针对性的研究。其中，第五章的研究对象是规避利益冲突规则，主要涉及利益冲突规制的理论基础、利益冲突的基本类型、利益冲突的律师规避方式、违反利益冲突规则的法律后果以及司法审查方式。第六章的研究对象是保守职业秘密规则，主要包括保守职业秘密的基本属性、理论基础、例外与法律后果。第七章的研究对象是辩护观点协调规则，主要指出应当确立基于协商的积极忠诚义务，并对这一义务的基本内涵、具体实现与程序性后果展开分析。第八章的研究对象是审慎退出辩护规则，主要提出律师退出辩护的三种模式及相关的限制与注意义务。第九章是有关辩护律师履行忠诚义务的保障机制的讨论，主要包括律师执业风险的防控机制、律师辩护权的救济机制、违反忠诚义务的惩戒机制。

第 一 章

作为辩护律师职业伦理的忠诚义务

在探讨辩护律师职业伦理的国内外著作中，辩护律师对委托人承担忠诚义务，似乎是一个约定俗成并达成普遍共识的命题。通过各种规范、调整律师执业行为的规范性文件和伦理倡导，"忠诚义务"的大概轮廓呈现在眼前。但是，忠诚义务的概念应当如何界定？这一义务的性质如何？应当如何实现这一义务？对于这些有关忠诚义务的最基本问题，目前学界似乎探讨不足、缺乏一致的认识。概念界定是学术研究的逻辑起点，本章拟以上述基本问题作为研究对象，对忠诚义务的性质、概念、基本分类以及实现方式等问题作一系统研究。

一　辩护律师职业伦理的性质与功能

一般认为，忠诚义务在性质上属于律师职业伦理的范畴。忠诚义务对律师执业行为所产生的影响离不开职业伦理本身所应当发挥的作用。因此，从宏观上看，有必要首先将忠诚义务放置于律师职业伦理这一大的坐标系之中加以研究。

（一）辩护律师职业伦理的基本性质

所谓"职业伦理"，也称为"职业道德"①，是指从事某种职业的人员以伦理自然律为基础，根据本行业的职业特点，经过逻辑推演而形成的、比较稳定的道德观念、行为规范和习俗的总和。② 简单地说，"职业伦理"就是特定行业的执业者在开展业务时应当遵守的行动准则。③

职业伦理与特定的"职业"密切相关，但并非所有的职业都有职业伦理，也并非所有职业都如此强调职业伦理，或者具有鲜明的职业伦理特征。西方传统意义上的"职业"（profession），通常是指那些"具有某种学识，享有某种特权并承担特殊责任的特定行业"。④ 其中，具有"某种学识"意味着该执业者必须具有一定的专业知识，或者说该职业具有特定的专业门槛，并非任何人均可执业。承担某种"特殊的责任"意味着执业者从事该项工作，不仅是为了获得报酬以维持生计，也要承担公共性和公益性的责任。现代社会中典型的职业包括医生、教师、法官等，他们都具有鲜明的职业伦理特征。例如，医生有以救死扶伤为核心的职业伦理，教师有以教书育人为核心的职业伦理，法官有以定纷止争、实现正义为核心的职业伦理等。与医生、教师、法官一样，律师也是一种具有鲜明专业性和公共性的职业。律师接受当事人的委托，通过运用专业的法律知识，为当事人提供法律服务，帮助当事人解决专业难题。与此同时，律师的执业也与法律的正确适用以及司法程序的有序运转直

---

① 关于"伦理"和"道德"的异同，学界存在不同的观点，本书不作深入讨论。一般认为，"伦理"（ethics）主要指人与人之间的行为准则，而"道德"（morality）则侧重于强调不涉及他人的自我内心状态。在"职业伦理"这一用法上，笔者倾向于将两者等同，并习惯于使用"律师职业伦理"的提法。

② 参见李本森《法律职业伦理》，北京大学出版社 2016 年版，第 7—9 页。

③ ［日］佐藤博史：《刑事辩护的技术与伦理》，于秀峰、张凌译，法律出版社 2012 年版，第 7 页。

④ 李学尧：《法律职业主义》，中国政法大学出版社 2007 年版，第 4 页。

接相关。

　　根据服务对象、业务领域不同，律师通常被划分为民事律师和刑事律师，二者并无实质不同。只是相较于民事律师，刑事律师①尤其是辩护律师在执业中通常面临更多的冲突和争议，让辩护律师成为最具矛盾性的职业之一。这也使得律师职业伦理常常要在多种价值中作出选择，给处于左右为难境地中的律师以指引。同样是对律师执业行为发挥调整和规范的作用，职业伦理与大众道德、法律规范之间有着怎样的关系？

　　其一，职业伦理不同于大众道德或公共伦理。所谓大众道德或公共伦理，是指社会大众根据一定的历史习惯、文化传统所形成的维系社会正常运转的行为准则。大众道德对于民众没有强制约束力，其实现主要依赖个人自觉；违反大众道德也不存在明确的法律后果，最多可能会受到其他社会成员的谴责。与大众道德不同，职业伦理属于某一特定职业为其从业人员所确立的基本行为准则，它要求所有执业者必须遵守。违反职业伦理的后果是，执业者会受到行业惩戒。在内容上，职业伦理既可能与大众道德存在重合，也可能与大众道德发生冲突。例如，诚实守信是职业伦理和大众道德的共同要求，但职业伦理要求辩护律师以维护当事人的基本权益为第一要务，无论当事人事实上是否有罪，这就与大众道德所要求的惩恶扬善存在直接冲突。作为社会人，尽管辩护律师应遵守大众道德，但是当职业伦理与大众道德发生冲突时，职业角色的优先性意味着辩护律师要优先履行职业伦理。

　　其二，职业伦理有别于法律规范。职业伦理与法律规范具有不同的性质。法律规范由国家强制力保障实施，而职业伦理只是行业自治的产物，以行业惩戒作为对违反者的惩罚。当然，职业伦理中

---

　　①　刑事律师包括被害人的代理律师和被告人的辩护律师。其中被害人的代理律师虽在刑事诉讼中执业，但其与民事代理并没有本质的区别。因此，本书的刑事律师主要以辩护律师为主。

的一些重要行为准则会被各种性质的法律规范所吸收，并被确立在律师法、行政法乃至刑法中。从广义上看，这些具有规范性效力的行为准则也属于职业伦理的范畴。只不过当律师违反这些规范时，不仅要受到行业处分，还会被追究行政责任，乃至刑事责任。

（二）辩护律师职业伦理的主要功能

作为辩护律师这一职业的角色道德，职业伦理在调整、规范、指引律师的执业行为，平衡与化解各种利益冲突以及处理律师与社会的关系中都发挥了重要的作用。正如学者所说，"在障碍四伏的黑夜里，能照亮前程的火把就是律师道德，这是唯一可以信赖的安全路标，它就像护卫乐园的天使手里的标枪"①。具体来说，律师职业伦理的基本功能主要体现在以下四个方面。

其一，弥补民事合同的不足，为律师执业划定一般标准。律师与当事人之间首先是委托代理关系，基于这一关系，律师要对当事人承担民事守约义务。但有限的合同约定难以对律师执业的方方面面都起到调整的作用。从合同的对等性上看，在当事人支付报酬的能力较弱时，其通常不可能对律师提出过高的服务要求。因此，仅有民事合同难以对律师的行为加以规范，也难以对当事人的权利予以充分保护。而职业伦理则是在守约义务的基础上对律师提出的更广泛要求，是律师协会内部要求执业人员所应履行的义务。这一义务对所有当事人均适用，具有划定"一般服务标准"的功能。

其二，规范律师的执业活动，维护律师群体的稳定。作为一种现代职业，刑事律师有其特殊的职业目标，即在法律的框架下维护当事人的利益。而职业伦理就是为实现这一目标，将律师所要遵行的行为规范以明文的方式确定下来，为执业个人提供明确的行为指引。如此，便可确保整个律师群体都在合乎规范的范围内执业，形

---

① 这句话出自乔治·沙司伍德的名著《律师道德论》，参见季卫东《律师的重新定位与职业伦理》，《中国律师》2008 年第 1 期。

成稳定的职业共同体，明确共同的职业目标。尤其是当辩护律师面临多种矛盾冲突时，如客户利益与司法正义发生冲突，职业伦理对律师的指引更为明显，它为深陷多重利益并左右为难的律师提供了一种价值选择，使得律师可以较为容易地作出符合职业利益的决定。

其三，面向国家和社会，为律师规范执业提供"背书"。作为特定的诉讼主体，辩护律师在刑事诉讼中被赋予了一些特定并固有的权利，如申请会见权、阅卷权、调查权以及向嫌疑人、被告人核实证据权。为什么作为"案外人"的辩护律师可以行使被追诉人本人都无法享有的权利？一个重要的原因是，"辩护律师曾受法学专业教育、受行业法规范……"[1] 因此，相比于被追诉人，辩护律师在行使这些权利时，阻碍侦查、损毁原始卷宗、打击报复证人、侵犯第三人利益的可能性比较低，换言之，辩护律师更值得信赖。[2] 由此可见，面向国家，正是默认辩护律师会遵守基本的职业伦理，不会随意实施破坏司法程序的不当行为，国家才信赖律师，并赋予其固有的职业特权。[3] 面向社会，职业伦理的"背书"作用仍然存在，最主要的体现是，它使得在法律上处于危险境地的嫌疑人敢于向辩护律师求助。这就如同病人向医生求助时，病人就有了相信医生职业伦理会发挥作用的权利，进而敢于将自己的生命、健康交付给医生。[4]

其四，保护律师免受"大众道德"的批评和责难。由于辩护律师是为被指控犯罪的人辩护，似乎总与公共利益作对。尤其是在维护被指控实施严重暴力犯罪的嫌疑人、被告人的利益时，辩护律师所开展的辩护行为可能与一般的大众道德产生直接的冲突，难以得

---

① 参见林钰雄《刑事程序与国际人权》（二），（台北）元照出版有限公司 2012 年版，第 196 页。

② 参见陈学权《论被追诉人本人的阅卷权》，《法商研究》2019 年第 4 期。

③ 参见张志铭《回眸与展望：百年中国律师的发展轨迹》，《国家检察官学院学报》2013 年第 1 期。

④ 参见李学尧《法律职业主义》，中国政法大学出版社 2007 年版，第 125 页。

到普通民众的理解。社会中普遍存在这样的疑惑：律师为何要替"坏人"说话？律师是"坏人"还是"好人"？面对这些强有力的批判与指责，辩护律师的角色道德，即职业伦理为律师提供了法律和道德上的屏障①，使其不因履行本职工作而遭受惩罚，也不因维护道德意义上"坏人"的利益而受到良心的谴责。这是因为，为了实现律师这一职业的使命，辩护律师作为特定职业的"角色道德"必然优先于作为普通公民的"大众道德"。② 这就如同医生不能因为挽救了一个罪大恶极的病人而遭受谴责，律师尽力维护犯罪嫌疑人、被告人的利益也是其职业使命使然，不应受到大众道德的苛责。

（三）忠诚义务在职业伦理中的地位

作为一种职业的行为准则，职业伦理对律师日常执业的各个方面都起到了规范、调整与约束的作用。应当说，有关律师的职业伦理，目前已经形成了一套完整的体系。通过观察、对比和分析现有的有关律师职业伦理的教科书、规范性文件可以发现，律师的职业伦理主要调整律师与以下若干主体之间的关系：律师与当事人之间、律师与法院之间、律师与检察机关之间、律师与对方当事人之间、律师与行业组织即律师协会之间以及律师与同行之间的关系，等等。有关调整上述各项关系而形成的行为规范共同构成了律师职业伦理的整体。③ 从比较法的视角来看，尽管不同国家的律师职业伦理在价值偏向上可能存在不同，但调整上述关系所形成的行为规范构成了律师职业伦理的主体。辩护律师的忠诚义务对于这些行为规范的形成与作用的发挥都具有较大的影响。可以说，忠诚义务在律师的职

---

① David Luban, *Lawyer and Justice*: *An Ethical Study*, Princeton: Princeton University Press, 1994, pp. 104 – 105.

② 参见李学尧《非道德性：现代法律职业伦理的困境》，《中国法学》2010 年第 1 期。

③ 在美国律师职业行为规范中，调整上述关系的职业行为规范也构成了律师职业伦理的主要内容。

业行为规范中处于首要的、核心的地位。

首先，从形式上看，调整律师与当事人之间关系的行为规范通常在律师的职业伦理中占据较大篇幅，构成了律师职业伦理的主体。例如，在美国律师职业行为规范中，"律师与当事人关系的成立""律师对信息的保密""律师对利益冲突的处理""律师代理的称职、勤勉"等一系列律师对当事人所承担的义务是律师职业行为规范中的核心部分。而在我国《律师法》《律师执业行为规范（试行）》《律师办理刑事案件规范》《律师职业道德和执业纪律规范》等规范性文件中，调整律师与当事人关系的行为规范的数量虽不如美国那样突出，但也占据了一定的比重。例如，结构较为清晰的《律师职业道德和执业纪律规范》除了"总则""律师职业道德基本准则""附则"外，主要包括四部分内容，分别是"律师在执业机构中的纪律""律师在诉讼、仲裁活动中的纪律""律师与委托人、对方当事人的纪律"以及"律师与同行之间的纪律"。其中，律师与委托人的纪律规则占据了近一半的篇幅。

其次，律师与当事人之间的关系是律师与其他主体关系的基础。如果辩护律师与当事人之间不存在"委托人与律师"的关系，不具有辩护人的身份，那么，他与其他主体之间就不会形成特定的职业关系。此时，律师对法官、检察官所承担的尊重义务也与一般公民没有太大差别。此外，在调整律师与其他主体关系的行为规范设定中，律师对当事人利益的维护是前提。例如，在与法官的关系中，律师不能提交虚假证据。这一规则设定的前提是律师为了获得有利于当事人的诉讼结果而向法庭提交有利于当事人的证据，其目的在于防止律师的行为超出忠诚义务的边界。而如果律师根本不以当事人的利益为核心，那么就算严格地遵守了这一规则，也没有任何实际的意义。

最后，忠诚义务体现了律师作为法律帮助人的角色定位和诉讼职责。尽管不同国家在律师的诉讼定位上有所不同，但"维护当事人的利益"无一例外都是律师最主要的义务。例如，我国《律师法》开篇即规定，"律师应当维护当事人合法权益……"① 即使具有浓厚职权色彩的德国律师，也被要求"单方面忠实于被告人的利益"②。

由此可见，在律师的职业伦理中，忠诚义务是贯穿律师执业过程始终的一项义务，也是最能反映律师职业"底色"的义务。正因为如此，有学者称其为"首要的职业伦理"或"第一职业伦理"。③尽管在理论上如此定位，但实践中，我国规范性文件在制度设计上还是过多地强调律师对国家和社会的责任，过多地要求律师不得损害司法秩序、不得影响诉讼程序的进行，冲淡了律师对当事人的义务，这也使得忠诚义务在我国律师职业伦理中并没有那么突出。

二 忠诚义务的内涵与外延

在传统的语意中，"忠诚"一般是指行为人对他人所展现出来的道德品质。例如，根据《中国大百科全书》，"忠恕"一词中的"忠"指竭尽全力地为他人着想；而作为中国封建社会儒家文化所倡导的道德规范——"忠孝节义"，其中"忠"则是指"臣事君要一心不二"④。而"诚"则具有真心实意的含义。⑤

除了作为一种道德品质，随着忠诚义务被各种性质的规范性文件所采纳并规定下来，其也从抽象的道德品质变成了一个具有明确内涵的规范性概念。例如，在劳动者与用人单位之间，劳动者基于

---

① 参见《律师法》第二条。

② ［德］托马斯·魏根特：《德国刑事诉讼程序》，岳礼玲、温小洁译，中国政法大学出版社 2004 年版，第 61 页。

③ 参见陈瑞华《论辩护律师的忠诚义务》，《吉林大学社会科学学报》2016 年第 3 期。

④ 于友先主编：《中国大百科全书》，中国大百科全书出版社 2011 年版。

⑤ 参见《辞海》（缩印本），上海辞书出版社 1980 年版，第 247 页。

劳动合同和诚实信用原则，要对用人单位承担忠诚义务，即"维护、增加而不得损害雇主利益"①。在公务人员与国家之间，公务员要对国家承担忠诚义务，即在执行公职以及与其相关的行为中，要忠于职守、尽心履职。② 在董事与公司之间，董事要对公司承担忠诚义务，即"公司董事要效忠于公司，并承认公司及其股东的最大利益高于其任何个人利益"③。在夫妻之间，夫妻双方相互负有"忠诚义务"，即"夫妻应当互相忠实"④，"不为婚外之性爱，在性生活上互守贞操，保持专一"⑤。

　　上述四对关系中的"忠诚义务"尽管存在于不同主体之间，但都有一些共同之处，即要求义务主体忠实于维护权利主体的利益，认真地对待与权利主体之间的相关事务。除了忠实于利益之外，夫妻之间的忠诚义务所忠实的利益不同于一般的物质或经济利益，而带有人格属性的意味。由此，笔者将忠诚义务分为两类：一是义务主体基于特定的经济或者专业身份而对权利主体所承担的"专业上的忠诚义务"；二是义务主体基于人身关系而对权利主体所承担的"人格上的忠诚义务"。前者是一种专业的忠诚（professional loyalty），而非个人的忠诚（personal loyalty），与律师的行业职责紧密相关，并不完全具有排他性⑥；而后者则属于人身上的忠诚义务，具有排他性。那么，辩护律师对当事人所承担的忠诚义务与这些领域中的忠诚义务有什么不同？其内涵应当如何界定？

---

　　① 谭倩：《论劳动者的忠诚义务》，《江苏行政学院学报》2017 年第 5 期。

　　② 金伟峰：《公务员忠诚义务的若干问题研究——对〈公务员法〉第 12 条的解读》，《行政法学研究》2008 年第 1 期。

　　③ ［日］佐藤孝弘：《对董事注意义务和忠诚义务的渊源分析》，《经济与管理》2011 年第 9 期。

　　④ 参见《民法典》第一千零四十三条。

　　⑤ 张忠民：《夫妻相互忠实义务法律保护的反思与完善》，《重庆大学学报》（社会科学版）2010 年第 2 期。

　　⑥ L. Ray Patterson, "Legal Ethics And The Lawyer's Duty of Loyalty", *Emory Law Journal*, Vol. 29, No. 4, 1980, p. 948.

（一）忠诚义务的核心内涵

1. 忠诚于当事人的利益

忠诚义务是律师对当事人所应当承担的义务，因此，对忠诚义务核心内涵的考察离不开立法就律师对当事人义务的具体设定。回顾我国《律师法》的历次修改，律师对当事人所承担的义务在立法上经历了以下变迁。1980 年《律师暂行条例》第六条规定，"律师担任刑事辩护人的责任，是根据事实和法律，维护被告人的合法权益"。在此基础之上，1996 年、2007 年《律师法》在修订时，对辩护律师的职责予以了进一步的细化，规定律师的使命是"提出证明犯罪嫌疑人、被告人无罪、罪轻或者减轻、免除其刑事责任的材料和意见，维护犯罪嫌疑人、被告人的合法权益"①。到了 2017 年，《律师法》第三十一条则在保持上述规定基本不变的前提下，进一步规定辩护人不仅要维护犯罪嫌疑人、被告人的其他合法权益，而且还要维护其诉讼权利。另外，2017 年新修订的《律师办理刑事案件规范》第五条也再一次明确律师的执业标准，即应"在法律和事实的基础上尊重当事人意见，按照有利于当事人的原则开展工作，不得违背当事人的意愿提出不利于当事人的辩护意见"。

尽管经历了上述若干次的修改，但《律师法》对于律师应当承担维护当事人利益义务的规定并没有发生太大的变化。总体来说，对于当事人，辩护律师要维护其合法权益，且只能从有利于当事人的角度开展辩护活动。对于这种义务，我们称为"忠诚义务"。由此可见，在基本内涵上，辩护律师对于当事人的忠诚义务与其他主体之间的忠诚义务并没有明显的不同，都要首先忠实于权利主体的利益，这是忠诚义务的第一要义。

---

① 1996 年《律师法》第二十八条、2007 年《律师法》第三十一条。

2. 忠诚于当事人的意志

除了忠诚于当事人的利益，辩护律师是否还要忠诚于当事人的意志？这是目前存在争议的一个问题。从"忠诚"一词的传统语义来看，忠诚于一个主体当然包括忠诚于该主体的意志，对该主体意志的违反就是"背叛"。但结合辩护律师这一具体的职业，这一问题似乎并没有那么简单。尤其是在涉及处理与协调律师与被告人辩护观点的冲突上，有关这一问题的争论格外突出。对此，以往主流观点认为，基于律师身份的独立性和执业的专业性，律师应具有"独立辩护人"的地位，不受当事人意志的左右。① 但随着律师身份的转变以及辩护制度的发展，越来越多的学者开始对"独立辩护人"理论进行反思②，并提出律师应承担适度尊重委托人意志的义务。之所以如此要求，主要是基于以下四方面的原因。

首先，从"忠诚"一词的完整语义来看，当事人的意愿与利益并无高低之分，律师忠诚于当事人，显然应当将当事人的意愿置于尊重的范围之内。违背当事人的意愿，何谈忠诚？因此，忠诚于当事人的意志，应当是"忠诚"的应有之义。

其次，从辩护权的性质来看，辩护权是被告人的基本诉讼权利，根源于被告人诉讼主体的地位。被告人是辩护权的第一权利主体，辩护活动开展的法律后果也都由被告人承担。因此，辩护律师行使辩护权当然要受当事人意志的约束，忠诚于当事人的意愿。

再次，从当事人与律师之间的委托代理关系来看，律师帮助当事人行使辩护权，开展各项辩护活动，本身就来源于当事人的授权。作为被委托人的辩护律师显然应当在授权的范围内，根据委托人的

---

① 关于"独立辩护人"观点的介绍和反思，参见陈瑞华《独立辩护人理论的反思与重构》，《政法论坛》2013 年第 6 期。

② 参见陈瑞华《论辩护律师的忠诚义务》，《吉林大学社会科学学报》2016 年第 3 期；吴纪奎《从独立辩护观走向最低限度的被告中心主义辩护观——以辩护律师与被告人之间的辩护意见冲突为中心》，《法学家》2011 年第 6 期；高洁《论相对独立的辩护观——以辩护律师与被告人的关系为视角》，《时代法学》2013 年第 4 期。

意愿开展各项工作，超越或者违背委托人的意志，都有违委托代理合同的基本要求。

最后，从促进被告人利益实现的角度来看，被告人作为当事人往往掌握最充分的案件信息，一般被视为律师"最好的助手"。① 律师充分尊重被告人的意志，与其进行有效的沟通与交流，有助于达成一致的辩护意见和策略。如此一来，律师不仅不会与被告人在法庭上发生观点的冲突，而且还会得到被告人的有效帮助和积极配合，这也在一定程度上有助于促进被告人利益的实现。

当然，不可否认，忠诚于被告人的意志、尊重被告人的意愿，在某些情形下可能与辩护律师的专业判断发生冲突，也就是被告人的意愿可能并不是实现其利益的最好方法。此时，如何处理尊重被告人意愿与维护被告人利益之间的冲突，就成为需要解决的问题。对此，学界争论不一，不违背当事人的意志或许是律师执业的最低底线。对此，2017 年《律师办理刑事案件规范》第五条已经作出明确的规定，即"律师在辩护活动中，应当在法律和事实的基础上尊重当事人意见，按照有利于当事人的原则开展工作，不得违背当事人的意愿提出不利于当事人的辩护意见"。由此可见，目前在规范性文件的层面上，我国已经确认了律师对当事人负有消极的尊重意志义务，也即律师不得在违背当事人意愿的情形下提出不利于当事人的辩护意见，那么，律师可否在违背当事人意愿的情形下提出有利于被告人的意见？对此，学界尚处于激烈的争论之中。笔者认为，"意愿"与"利益"并无高低之分，将"有利于当事人利益的实现"作为违背意愿的借口难以成立。更何况，《律师办理刑事案件规范》第十二条也规定，"律师与当事人或者委托人就辩护或代理方案产生严重分歧，不能达成一致的，可以代表律师事务所与委托人协商解除委托关系"。由此可见，立法也为律师处理与当事人意愿的冲突指

---

① 有关被告人与辩护律师之间的合作，可参见陈瑞华《论协同性辩护理论》，《浙江工商大学学报》2018 年第 3 期。

明了"方向"，即解除委托关系。因此，律师违背意愿作有利于当事人利益的辩护并无必要，也难以成立。

（二）忠诚义务的基本外延

所谓"外延"，即为某一概念适用的范围。作为一项职业伦理，忠诚义务是律师针对特定对象，并在特定阶段承担的义务。与此同时，律师在积极履行忠诚义务时，也并非在手段和方法上不受任何限制，其履行行为也存在一定的边界。忠诚义务的作用对象、适用阶段以及实现边界，共同构成了忠诚义务的基本外延。

1. 忠诚义务的作用对象

一如上文所述，忠诚义务调整的是律师与委托人之间的关系，因而是律师面向委托人所承担的一项义务。在刑事诉讼中，这里的"委托人"就是被追诉人，即犯罪嫌疑人、被告人。之所以需要明确界定忠诚义务的作用对象，是为了避免出现两个误区：一是误将被追诉人的近亲属、朋友等出面聘请律师的人以及出资方作为律师服务的对象；二是误将司法机关等作为律师服务的对象。

对于误区一而言，应当明确"谁才是真正的委托人"。虽然出面委托方与出资方是给予辩护律师工作机会与报酬的人，但他们不是辩护律师的委托人，辩护律师不应当以他们的利益与意愿作为开展辩护活动的依据。出面委托方与出资方大多是被追诉人的近亲属、朋友或者其他关系较为密切的人。一般情况下，这些人与被追诉人的利益是一致的，但也不排除在一些特殊的情况下，可能出现利益的不一致或者意愿的偏差。在这种情况下，辩护律师应当坚定的服务于被追诉人的利益与意愿，将被追诉人作为服务的对象。这是因为，辩护律师获得辩护人的资格并参与刑事诉讼的根本原因在于获得了被追诉人的授权与认可。因此，当出资方或出面委托方与被追诉人的利益发生冲突时，辩护律师应当避免受到他们的影响，而以被追诉人的利益维护与意志尊重作为执业的目标；如果影响难以避免，辩护律师可以考虑解除合同、退出辩护。这一问题在美国律师职业行为规范中也有体现。例如，当作为支付者的第三方存在不同于被告人的利益时，律师应当禁止或者拒绝继续接受代理，除非律师确定这对其执业判断不存在干预，并得到了被告人的明确同意。再如，在被告人是未成年人或者出现能力减损的情况下，律师也应当视其为委托人，尊重被告人而非其法定代理人或者家庭成员的决定，尽可能地与其保持正常的委托人与律师的关系。

对于误区二而言，应当明确委托人才是律师履行忠诚义务的对象。在刑事诉讼中，辩护律师不仅要对委托人承担义务，也要对其他主体承担义务。但对于律师首要职业伦理的忠诚义务，辩护律师始终都应以委托人即被追诉人作为义务的主体。其他的义务，如对法律秩序的维护、对司法机关的尊重都不是忠诚义务的内涵。与忠诚义务相比，这些义务应当处于次要的地位。

2. 忠诚义务的适用阶段

忠诚义务应当适用于"律师与委托人关系"存续的时间范围内。在我国，"律师与委托人关系"并不是一个具有规范意义的概念，但在美国等域外国家的律师职业伦理中，这一关系具有明确的法律效力，即"律师与委托人关系"一旦成立，律师就要开始承担一系列的义务。正因为如此，当事人与律师之间是否存在这一关系在美国的法庭上可以成为一项单独的事项，请求法院予以裁判。而对这一关系的判断也成为解决当事人与律师之间权利义务关系的前置问题。[①] 具体说来，辩护律师的忠诚义务应当作用于"律师与委托人关系"存续的整个过程：从关系开始，直至关系结束。

"律师与委托人关系"一般开始于委托代理合同的签订，以及律师作为辩护人的资格得到被追诉人的确认。在合同正式签订之前，也即为签订合同而展开的磋商阶段，虽"律师与委托人关系"尚未

---

① 关于美国法院裁定委托人与律师关系是否成立的判例，参见《美国律师协会职业行为示范规则（2004）》，王进喜译，中国人民公安大学出版社 2005 年版，第 31 页。

正式形成，但辩护律师对于"潜在当事人"也应负有一定的注意义务。例如，律师对其与当事人的交流信息应当予以保密，律师给予当事人的法律意见应当保证具有相当的准确性和充分性。① 对于律师而言，这一义务既是职业伦理义务在时间上的向前延伸，也是律师作为缔约一方基于诚实信赖原则而承担的相应民事义务。对于律师在关系成立前所应当承担的义务，我国律师职业伦理尚没有明确的规定。但实践中，在这一阶段出现的问题，却不容忽视。目前最为突出的问题是，部分律师基于各种原因泄露与当事人交流的信息，或者在给当事人提供法律咨询时不负责、不客观、不准确，在一定程度上误导当事人。要想解决在合同签订之前存在的问题，就需要使忠诚义务在时间上"向前延伸"，使得律师对于"潜在的委托人"也承担相应的义务。

合同签订以及辩护人的资格得到确认后，"律师与委托人关系"就宣告成立，律师就要开始对委托人履行忠诚义务。这一义务应当贯穿于二者关系持续的整个过程中，直至结束。当然，这一关系结束的方式可能有多种，无论以何种方式结束，律师在结束之前以及结束之后的必要时间内，仍需对委托人承担一定的注意义务，这被视为忠诚义务的"向后延伸"。例如，在被追诉人尚未获得新的律师帮助的情况下，律师应继续为被追诉人处理重要且紧急的事项，如参加法庭审判；应与后续服务的律师做好交接工作。此外，即便关系已经结束，律师也应为被追诉人保守职业秘密。

3. 忠诚义务的行为边界

在辩护律师职业伦理的体系之中，忠诚义务被视为首要的义务。除此之外，辩护律师还需要承担一些其他义务，例如真实义务、维

---

① 美国律师在缔约阶段普遍承担这一义务。律师对委托人的意见对委托人后续的行为选择可能具有非常重要的意义，或者说委托人有的时候会基于律师的意见决定诉讼行为。为了保护委托人的这种可能性，美国法院在判例中指出，律师要为自己的咨询意见承担注意义务，并应当提醒委托人寻求进一步的法律帮助，否则，律师就有可能承担一定的责任。例如 *Togstad v. Vesely*，*Otto*，*Miller & Keffe*。

护司法人员廉洁性的义务、尊重司法权威的义务以及维护法律秩序的义务。对于这些义务，有学者称为公法义务①，也有学者称为公义义务②，还有学者称为公益义务③。无论如何定义，上述这些义务都是律师不可忽视的职业伦理。那么这些义务与忠诚义务有着怎样的关系？

一般来说，这些义务主要调整的是律师与法官、检察官等其他主体之间的关系，与忠诚义务在律师开展不同的活动中分别发挥作用，二者原则上应当并行不悖。但在实践中，为了最大限度地实现委托人的利益，辩护律师采取的手段与方法也可能会破坏公益义务，如向法官行贿，与其存在不正当的交往；毁灭、伪造证据，或者唆使证人改变证言；采取扰乱法庭秩序的行为向法官施加压力等。这些行为虽旨在实现当事人的利益，但实际上破坏了司法程序正常运转的最低底线。因而这种履行忠诚义务的方式是不被允许的。所以，公益义务也就构成了律师履行忠诚义务的边界。当然，"边界"并非意味着阻碍律师履行忠诚义务，而只是为其划定开展辩护活动的界限。在某种意义上，这也是对律师忠诚义务外延的确定。

（三）忠诚义务与履约义务

一如前文所述，辩护律师承担忠诚义务以"律师与委托人关系"的成立为前提，而"律师与委托人关系"在本质上是民事上的委托关系，是合同双方通过自由、平等协商，签订书面协议而成立的。基于这种合同关系，辩护律师要对委托人承担履约义务。那么履约

---

①　参见门金玲《刑事辩护学导论——兼及辩护律师的困惑与彷徨》，2019 年 11 月 20 日，https：//www. pkulaw. com/lawfirmarticles/d1c2e441eac23e566d1cb42177026eeb-bdfb. html，2020 年 3 月 19 日。

②　参见刘译矾《论委托人与辩护律师的关系——以美国律师职业行为规范为切入的分析》，《浙江工商大学学报》2018 年第 3 期。

③　参见陈瑞华《刑事辩护制度四十年来的回顾与展望》，《政法论坛》2019 年第 6 期。笔者主张称为"公益义务"，在分论部分笔者将对这一问题予以专门讨论。

义务与忠诚义务有什么关系？

　　履约义务与忠诚义务属于性质不同的两种义务。前者属于律师对当事人的私法义务，来源于双方的自主约定；而后者则是律师作为职业群体的一员所应当承担的职业伦理，是任何辩护律师面对任何当事人都应当承担的义务。正因为如此，履约义务具有很大的灵活性，当事人可以就辩护律师提供法律服务的各项内容予以约定，如服务的阶段、范围和方式。而忠诚义务则具有普遍性，在内容上几乎涉及律师执业的各个方面，为律师开展辩护活动提供行为标准和指引。虽然性质不同，但是，两大基本义务之间存在紧密的联系。

　　其一，履约义务是忠诚义务的基础。履约义务以合同关系为依据，是忠诚义务发挥作用的前提。如果不与特定的当事人存在委托关系，律师的忠诚义务就只能抽象地存在，而难以对特定的委托人具体展开。再者，履约义务也是律师首先要履行的义务，一旦律师违背履约义务，当事人可以随时要求解除合同，如此忠诚义务也就丧失了基础。

　　其二，忠诚义务是对履约义务的有益补充。虽然履约义务是由合同双方自主约定，但实践中基本都以格式合同为主，再加上委托人与辩护律师进行平等协商的能力有限，其为辩护律师自由设定义务的空间很小。除此之外，通过合同约定的事项具有一定的有限性，当事人无法就辩护律师对第三人实施的可能影响其利益的行为加以约束。再加上律师违反合同所产生的违约责任既不足以有效地督促律师认真开展辩护活动，也无法弥补当事人已经遭受的不利诉讼结果。由此可见，仅有律师的履约义务，并不能充分保障当事人的利益。而忠诚义务从职业行为规范的层面，通过设定一般的职业行为标准，在合同之外为律师提出了更广泛的要求，以此促使律师更好地维护当事人的利益。从这个角度看，忠诚义务是对履约义务的补充，体现了对律师群体的整体要求，这也是对处于弱势地位的当事人的倾向性保护。

（四）忠诚义务与有效辩护、无效辩护

1. 忠诚义务与有效辩护

作为来源于美国的舶来品，有效辩护是刑事辩护领域最为重要的理论。我国学界也对有效辩护展开了大量研究，但对其概念目前仍存有争议。有学者认为，有效辩护是指"律师为被告人提供富有意义的法律帮助"，是一种尽职尽责的辩护①；也有学者认为，有效辩护是指"有效果、有作用的辩护"，即"辩护活动产生的结果或影响有效果、有意义"②。无论是从过程还是从结果的角度观察都可以发现，有效辩护其实是一种难以标准化的价值理念，是刑事辩护所要追求的理想目标。那么，忠诚义务与有效辩护之间是何种关系？

关于两者的关系，笔者曾错误地认为，辩护律师主动采取措施维护当事人的利益，积极履行忠诚义务就是实现有效辩护。③ 这种将积极的忠诚义务与有效辩护画等号的观点具有一定的局限性。应当说，有效辩护的实现离不开律师对当事人积极地履行义务，但律师履行义务并不一定就能实现有效辩护。这是因为，忠诚义务只能调整律师与委托人之间的内部关系，而有效辩护则是多方面因素共同作用的结果。例如，律师经验、水平有限，尽管已经非常努力地开展各种辩护活动，但最后的辩护效果甚微；再如，律师经过多方调查取证，提出了富有意义的辩护意见，但仍然没有得到心存偏见的法官的采纳。对于这两种情况，笔者认为，律师在履行忠诚义务方面均无可指摘，但有效辩护难说得到了实现。由此可见，忠诚义务与有效辩护是既有联系又存在区别的概念，二者的关系具体如下。

---

① 陈瑞华：《刑事诉讼中的有效辩护问题》，《苏州大学学报》（哲学社会科学版）2014 年第 5 期；陈瑞华：《有效辩护问题的再思考》，《当代法学》2017 年第 6 期；闵春雷：《认罪认罚案件中的有效辩护》，《当代法学》2017 年第 4 期。

② 左卫民：《有效辩护还是有效果辩护？》，《法学评论》2019 年第 1 期。

③ 参见刘译矾《论委托人与辩护律师的关系——以美国律师职业行为规范为切入的分析》，《浙江工商大学学报》2018 年第 3 期。

其一，忠诚义务是实现有效辩护的基本条件之一。作为刑事辩护的理想目标，有效辩护的实现依赖多方面的因素。律师充分地履行忠诚义务，尽职尽责地开展各项辩护活动，是实现有效辩护的最基本条件之一。除此之外，有效辩护的实现还需要若干宏观层面的制度条件。例如，需要完善的法律援助制度，以确保被追诉人能够普遍地获得律师的帮助；又如，需要健全辩护权的保障机制以及救济机制，以保障律师能够有效地行使各项辩护权，并在权利受到侵害时获得救济；再如，需要存在符合正当程序的刑事审判程序，从而使得辩护律师能够有效地参与到刑事审判程序中，并对法官裁判施加有效的影响。① 由此可见，有效辩护的内涵远远大于积极的忠诚义务，忠诚义务只是实现有效辩护的基本条件之一。

其二，有效辩护指引忠诚义务的实现。既然有效辩护是刑事辩护所要追求的目标，那么作为刑事辩护主体的辩护律师显然要为实现这一目标承担诸多的义务。其中，辩护律师面向委托人所要承担的就是忠诚义务。比如，为了实现程序正义的目标，作为审判者的法官就要承担公平审判的义务。正因如此，有效辩护为辩护律师承担忠诚义务提供了正当性的支持。

2. 忠诚义务与无效辩护

根据目前已有的研究，有效辩护是一种价值目标，而无效辩护则是实现有效辩护的一种制度。律师未达到有效辩护的理想目标，并不意味着就一定构成无效辩护。在美国法律中，一项辩护行为要被认定为无效辩护，需要在行为上存在缺陷，并造成了较为严重的消极后果。而律师的辩护行为一旦被认定为无效辩护，便会带来原判决被撤销的后果，那么，律师的忠诚义务与无效辩护是何关系？违反忠诚义务是否就构成无效辩护？

目前，我国在立法中尚未引入无效辩护制度，因而从规范层面

---

① 有关研究，可参见熊秋红《审判中心视野下的律师有效辩护》，《当代法学》2017 年第 6 期。

讲，律师违反忠诚义务，并不存在被视为无效辩护的可能。但是，如果律师违反忠诚义务的行为，同时也违反了刑事诉讼的基本程序，可能影响公正审判，这一行为就会被视为属于《刑事诉讼法》第二百三十八条第五款规定的情形①，并带来撤销原判、发回重审的后果。实践中，最常见的情形是辩护律师为同案不同的被告人辩护，这一行为既违反忠诚义务，可能损害被告人的利益，也违反基本的刑事诉讼规则，会导致原一审判决被撤销并发回重审。此外，对于一些律师典型的不尽职不尽责的辩护行为，我国法院也开始将其视为程序违法，并作出撤销原判、发回重审的裁决。②

　　以上是从我国实然层面所展开的讨论。那么从应然层面看，律师违反忠诚义务与无效辩护又有什么关系？在笔者看来，律师违反忠诚义务主要包括以下两种：一是行为存在辩护缺陷，例如，对于应当申请调取的证据而没有调取、未按时参与法庭审理，与此同时，如果这一行为还在诉讼结果上给被告人带来严重的不利影响，那么就可能因满足无效辩护的构成要素，而被视为无效辩护；二是行为违反被告人的基本意志或权利，属于对被告人辩护权的侵犯，应被视为一种严重的程序性违法。此时无论该辩护行为是否对结果产生影响，原一审判决都应当被宣告无效并发回重审。在美国法律中，律师对被告人意志的严重违反（如被告人主张无罪，律师发表有罪辩护），被视为刑事诉讼程序中的一种"结构性错误"，只有"存在与否"，而没有"错误大小"，一旦出现，就应当被发回。而对被告人利益损害的辩护行为，则更多是一种"技术上的错误"。法官在对该行为进行评价，包括确认其是否构成无效辩护、是否应被发回时，不仅需要对该行为本身存在的缺陷进行审查，而且需要衡量对诉讼

---

　　① 《刑事诉讼法》第二百三十八条："第二审人民法院发现第一审人民法院的审理有下列违反法律规定的诉讼程序的情形之一的，应当裁定撤销原判，发回原审人民法院重新审判：……（五）其他违反法律规定的诉讼程序，可能影响公正审判的。"

　　② 陈瑞华：《有效辩护问题的再思考》，《当代法学》2017 年第 6 期；闵春雷：《认罪认罚案件中的有效辩护》，《当代法学》2017 年第 4 期。

结果可能产生的影响。① 由此可见，在应然层面，律师对忠诚义务的违反既可能构成无效辩护，也可能被视为程序性违法，但最终都会导致原判决被撤销。

三 忠诚义务的基本分类

从本意上看，所谓"忠诚义务"，是指"忠实于委托人利益和意志的义务"。具体到"忠诚"一词，大体上包含以下两方面的含义：其一，"忠诚"意味着"不背叛"，即律师忠诚于委托人，不得实施任何损害委托人利益、违背委托人意愿的行为。这是忠诚义务最基本的含义，也是底线，如果违反即意味着忠诚义务的落空。其二，"忠诚"还意味着辩护律师需要为委托人相关利益的实现作出一定的努力，贡献一定的力量。相较于"不损害委托人利益"的确定性，"追求委托人利益的实现"具有不确定性。不同的辩护律师在不同的案件中可能在不同的程度上实现这一目标。对于前一层次的忠诚义务，一般称为"消极的忠诚义务"；对于后一层次的忠诚义务，则一般称为"积极的忠诚义务"，这是对忠诚义务的一种基本分类。这一分类的意义在于：一方面，全面地展示忠诚义务的基本内涵；另一方面，指引律师职业行为规范的设计，为辩护律师的执业行为提供更为清晰、有层次的规范与要求。

（一）分类的理论基础

如前文所述，对忠诚义务所做的"消极的忠诚义务"与"积极的忠诚义务"的分类，首先是基于对"忠诚"一词的语义分析，即"消极的忠诚义务"侧重于从反面角度，指出要避免"不忠诚"或

---

① *McCoy v. Louisiana*（16 – 8255），2018 年 5 月 14 日，https：//www.oyez.org/cases/2017/16 –8255，2019 年 9 月 30 日。

"背叛"行为的发生；而"积极的忠诚义务"则侧重于从正面角度，要求律师尽职尽责，为实现、促进委托人的利益做最大的努力。除此之外，职业伦理的层次性理论也是分类的一种基础理论。

所谓"职业伦理的层次性理论"，是指在某一具体职业的职业伦理内部，根据职业行为规范的内容和效力，将职业伦理划分为不同的层次。根据法律职业伦理教材中的观点，法律职业伦理大体上可以划分为以下三个层次：初级法律职业伦理、中级法律职业伦理、高级法律职业伦理。[①]

首先，"初级法律职业伦理"一般表现为某一职业最基本的底线伦理，在效力上，初级法律职业伦理是不可逾越的边界，一旦违反即随之带来相应的惩罚。在任何法律职业的职业伦理中，初级法律职业伦理都存在，且占有较大的篇幅。例如，对于法官而言，不接受当事人的吃请、不受贿就是法官的初级职业伦理之一；对于检察官而言，保持廉洁同样是初级职业伦理。

其次，"中级法律职业伦理"是执业者通过自身努力能够达到的层次。在规范要求上，这一层次的法律职业伦理需要执业者发挥一定的主观能动性，努力满足职业伦理的要求。相比于初级法律职业伦理，中级法律职业伦理在内容上具有一定的"坡度"，需要执业者以积极作为的方式加以实现。例如，对于法官而言，避免预断、对控辩双方一视同仁就是法官经过自身努力能够实现的。

最后，"高级法律职业伦理"是指执业者应当尽力在最大限度上实现职业使命。"特殊的责任和使命"被认为是现代职业的基本特征之一，也是特定职业具备专业职业伦理的前提。例如，医生要尽可能地救死扶伤，教师要做好教书育人的工作，法官要尽量作出公正的审判，等等。但是，这种职业使命是没有上限的，也没有明确的标准，它只能是执业的方向，指引、鼓励执业者无限地靠近，为实现这一目标而不懈努力。

[①]　李本森主编：《法律职业伦理》，北京大学出版社 2016 年版，第 12 页。

根据职业伦理的层次性理论，辩护律师的职业伦理可以被划分为上述三个层次，并对律师的执业行为提出不同程度的要求。基于此，忠诚义务也可以分为三个层次。其中，初级的忠诚义务是最低限度的行为规范，是律师开展辩护活动的边界，一般体现为不得损害当事人的利益。中级的忠诚义务在笔者看来，一般是指"称职地执业"，即要满足一般的执业要求和标准，比如称职地行使会见权、阅卷权等辩护权利，做好充分的准备工作，提出符合法理的、一般经验的辩护意见。高级的忠诚义务则是指律师尽职尽责，尽一切可能和努力为当事人提供法律服务，不仅有效地处理当事人委托的各项事项，而且也以陪伴者的身份帮助当事人顺利度过刑事追诉阶段。总而言之，高级层面的忠诚义务就是要求辩护律师为实现有效辩护的目标，尽可能地做好自己的工作。在笔者看来，消极的忠诚义务属于初级法律职业伦理的范畴，而积极的忠诚义务则对应于中级和高级的法律职业伦理。

（二）消极的忠诚义务

消极的忠诚义务是辩护律师最低限度的忠诚义务，也就是要求律师不损害、不出卖、不危及当事人的基本利益，不违背、不背离当事人的基本意愿。① 由此可见，消极的忠诚义务是从避免辩护律师"背叛"当事人这一最坏的角度来展开的，因此，消极的忠诚义务是律师执业的底线。如果律师违反这一底线义务，便要承担相应的行业惩戒责任，在有些国家还要承担刑事责任。②

消极的忠诚义务的首要特征在于"消极性"，即以律师的"不作为"为基本属性。之所以要求辩护律师首先要承担消极的忠诚义

---

① 参见陈瑞华《论辩护律师的忠诚义务》，《吉林大学社会科学学报》2016 年第 3 期。

② 例如在德国和美国，律师严重辜负客户信任的行为会被看作严重的违法行为。参见［美］迪特里希·鲁施迈耶《律师与社会：美德两国法律职业比较研究》，于霄译，上海三联书店 2014 年版，第 123 页。

务，是因为辩护律师本身是以被追诉人的法律帮助者身份参与诉讼，"律师制度被视为自由的最后堡垒——是抵抗气势汹汹的政府欺负它的子民的最后一道防线"①。因此，如果辩护律师不仅不能帮助当事人，反而还损害其利益，那这对于正在遭受刑事追诉的嫌疑人、被告人而言，无异于雪上加霜，此时，有律师还不如没有律师更为有利。

由于消极的忠诚义务是律师执业的底线，因而这一义务一般都在律师执业行为规范中被明确规定，有的还上升为立法，成为基本的法律规范。其中，一半以上都是"禁止性规范"。根据我国《律师法》《律师职业道德和执业纪律规范》《律师办理刑事案件规范》等文本，律师的消极忠诚义务主要表现为以下若干方面：一是律师不得接受自己能力范围之外的事项，例如，"律师不应接受自己不能办理的法律事务"②；"不得故意对可能出现的风险做不恰当的表述或做虚假承诺"③。二是律师接受委托后，不得随意转委托，也不得随意退出辩护，例如，"律师接受委托后未经委托人同意，不得擅自转委托他人代理"④。三是律师不得利用提供法律服务的机会牟取利益。⑤ 四是律师不得损害当事人的各项利益，例如，"律师不得超越委托人委托的代理权限，不得利用委托关系从事与委托代理的法律事务无关的活动"⑥；"律师应当谨慎保管委托人提供的证据和其它法律文件，保证其不丢失或毁损。律师不得挪用或者侵占代委托人保管的财物"⑦；"律师不得与对方当事人或者第三人恶意串通，侵

---

　① ［美］艾伦·德肖维茨：《最好的辩护》，唐交东译，法律出版社2014年版，第482页。

　② 《律师职业道德和执业纪律规范》第二十五条。

　③ 《律师职业道德和执业纪律规范》第二十六条。

　④ 《律师职业道德和执业纪律规范》第三十四条。

　⑤ 《律师法》第四十条第一款。

　⑥ 《律师职业道德和执业纪律规范》第三十二条第二款。

　⑦ 《律师职业道德和执业纪律规范》第三十五条。

害委托人的权益"①。五是律师不得泄露当事人的个人信息。② 六是律师不得接受或者开展可能存在利益冲突的代理，例如，"律师不得在同一案件中为双方当事人担任代理人，不得代理与本人或者其近亲属有利益冲突的法律事务"③。七是"律师不得违背当事人的意愿提出不利于当事人的辩护意见"④。

在忠诚义务的体系中，消极的忠诚义务是最低限度的要求，在某种意义上也是忠诚义务的主体内容。因为相较于积极忠诚义务的开放性，消极的忠诚义务具有明确的行为标准，能够对律师的执业行为产生切实的约束作用。正因为如此，违反消极的忠诚义务，存在明确的后果。正如美国学者所言，"社会可以容忍律师过于热心地代表当事人，但是一分钟都不能容忍律师对当事人的不忠"⑤。

在我国，律师违反这些禁止性规范的法律后果主要有二：一是对于律师的个人处罚，包括行业惩戒责任和行政责任，在律师制度较为发达的域外国家，律师违反忠诚义务，侵害当事人的权益，还可能构成犯罪，承担刑事责任，例如泄露职业秘密罪在德国、意大利、法国等国家是一项独立的罪名；二是程序性制裁，即律师行为违反刑事诉讼程序，导致原审判程序被二审法院宣告无效，原判决被撤销。

（三）积极的忠诚义务

对于辩护律师而言，仅仅不损害当事人的利益远远不够。为了发挥作为法律帮助人的作用，律师还应在不损害当事人利益的基础上，称职地开展各项辩护活动，为维护当事人的利益作出相应的努

---

① 《律师法》第四十条第二款、《律师职业道德和执业纪律规范》第三十七条。

② 例如"律师应当保守在执业活动中知悉的国家秘密、商业秘密，不得泄露当事人的隐私"。《律师法》第三十八条、《律师职业道德和执业纪律规范》第三十九条。

③ 《律师法》第三十九条、《律师职业道德和执业纪律规范》第二十八条、《律师办理刑事案件规范》第十三条亦有详细规定。

④ 《律师办理刑事案件规范》第五条。

⑤ 参见［美］蒙罗·H.弗里德曼、阿贝·史密斯《律师职业道德的底线》，王卫东译，北京大学出版社 2009 年版，第 135 页。

力，否则，律师在司法程序中的作用就与普通公民一般，其独特价值将难以得到体现。所以，所谓的"积极的忠诚义务"，就是指律师为了被告人的利益、权利和意愿全力以赴地开展辩护。对此，也有日本学者将其称为"最好的辩护"①。

在笔者看来，积极的忠诚义务应当包含两个层次的要求：一是尽职地辩护，满足刑事辩护的一般标准；二是尽力地辩护，最大限度地维护当事人的利益，尽可能地达到理想的辩护效果。这两个层次之间具有紧密的关系，在程度上依次递进。从应然层面上看，二者的关系是：尽职地辩护是每个律师通过积极行为都能实现的，应成为判断律师行为是否存在缺陷的标准；尽力地辩护则是更高的目标，是律师充分发挥主观能动性，为实现理想的辩护效果而作出的最大努力。总而言之，尽职辩护是尽力辩护的前提。

所谓"尽职辩护"中的"尽职"，是指律师履行了作为辩护人的基本职责，即"坚持维护当事人的合法权益""提出犯罪嫌疑人、被告人无罪、罪轻或者减轻、免除其刑事责任的材料和意见，维护犯罪嫌疑人、被告人的诉讼权利和其他合法权益"②。具体而言，为了实现尽职辩护，辩护律师至少应当满足以下几个方面的要求：一是具备开展刑事辩护所必须的法律知识、技能和经验，正所谓"忠诚意味着能够胜任代理事务"③；二是勤勉地行使各项辩护权④；三是与被告人进行及时的沟通与交流；四是为辩护做好准备工作；五是提出的辩护意见符合一般法理和实践经验；六是认真参与刑事诉讼各项过程。不同的辩护律师在专业知识和实践技能等方面的水平

---

① ［日］佐藤博史：《刑事辩护的技术与伦理》，于秀峰、张凌译，法律出版社2012年版，第29页。

② 参见《律师办理刑事案件规范》第二、第五条。

③ ［美］德博拉·L. 罗德、小杰弗瑞·C. 海泽德：《律师职业伦理与行业管理》，许身健等译，知识产权出版社2015年版，第67页。

④ 美国律师职业行为规范中专门规定了"勤勉规则"，例如律师要及时、毫不迟延地开展辩护工作，限制工作任务，确保对接受委托的工作有充足的时间和精力。参见 The West Virginia Rules of Professional Conduct Rule 1. 3 Diligence。

参差不齐，因而在为当事人提供法律服务的质量上也不可能整齐划一。确立"尽职辩护"的目的在于，确保当事人在接受不同水平律师的服务时，能够获得一般水平的法律帮助，从而使得律师的"技术性"功能得以发挥。因此，在笔者看来，"尽职辩护"的各项要求可以成为判断律师辩护行为是否存在缺陷的一般标准。如果一个辩护行为被认定为无效辩护，那么其行为必须首先在技术层面存在瑕疵，即没有满足尽职辩护的一般要求。

所谓"尽力辩护"中的"尽力"，是指律师在尽职辩护的基础上，充分发挥主观能动性，为维护当事人的利益和意志作出了最大努力。在笔者看来，尽力辩护并非一定要取得十分理想的辩护效果，但是律师在辩护的过程中必须尽职尽责、尽心尽力。在尽力辩护的过程中，有两个因素发挥了至关重要的作用：一是律师本身的专业知识、实践技能和辩护经验；二是律师个人的敬业精神。前者有助于律师通过尽力辩护，调动各方面的资源和条件，为当事人争取理想的辩护结果，后者则保证当事人可以在过程中享受满意的服务。尽管尽力辩护是一种开放性的律师执业状态，难以有统一的认定标准，但笔者认为，以下两个案件中的律师达到了尽力辩护的状态。

案例一是"福建念某案"中张律师的"专业化辩护"。该案关键证据涉及极为专业的化学知识，对于这些难以为普通人所掌握的专业问题，张律师走访了中国香港地区享有极高声誉的毒物专家，并在该专家的帮助下，找到了控方鉴定意见中的重大漏洞，并以此为依据提出"被害人死于氟乙酸盐鼠药的意见可靠性存疑"，并成功说服法官接受该辩护意见。最终在被告人被四次宣告死刑之后，辩护律师成功地帮助念某获得了无罪判决。[1] 在本案中，张律师顶住外界的强大压力，面对艰涩难懂的专业知识，及时向专业人士请教，并在法庭辩护中主动运用各项权利，引入专家辅助人的帮助，积极地说服法官，最终穷尽一切手段为当事人争取了最好的结果。在笔

---

[1] 参见陈瑞华《刑事辩护的艺术》，北京大学出版社 2018 年版，第 46—52 页。

者看来，这些得益于张律师扎实的专业知识和丰富的实践经验，是尽力辩护的一种体现。

另一个案例便是"江某案"中李律师的"陪伴式辩护"。有关该案的实体辩护情况暂且不论，在与被告人江某相处过程中，"李律师坚持与被告人江某进行不间断的会见。江某被羁押在另一个城市，李律师在长达一年半的时间里，风雨无阻，保持每两周会见一次的频率，与江某进行充分的沟通、交流和协商"①。在本案中，李律师对于当事人而言，不仅是法律上的帮助者，更是身心的陪伴者。在当事人人身自由受限，倍感焦虑时，律师充分考虑、尊重当事人的个人意愿，及时汇报案件的处理情况，并通过不间断的会见，给予其心理安慰，帮助其顺利走出刑事追诉程序。在笔者看来，这种"陪伴式辩护"是忠诚义务的最高境界。

当然，从现实的角度讲，"尽力辩护"不可能在每个案件中都能实现，其实现的程度受律师的办案时间、执业经验、所获报酬等多方面因素的影响。因此，"尽力辩护"应当是律师努力实现的理想目标。

四　实现忠诚义务的主要规则体系

忠诚义务属于辩护律师的职业伦理，而职业伦理有多种表现形式，既包括非规范性的形式，也包括规范性的形式。其中，非规范性的形式一般包括社会伦理道德，对律师执业发挥的是倡导性作用，并没有直接的约束力。而规范性的形式则是将律师职业伦理转化为具有一定约束力的规范性条文，通过设定明确的义务、执业标准而对律师的执业行为产生规范、约束和指引的作用。当然，不同性质

---

① 参见陈瑞华《刑事辩护的艺术》，北京大学出版社 2018 年版，第 174—175 页。

的规范性文件在约束力上各有不同。常见的规范性形式主要有以下五种：一是行业规范，这些规范由律师协会制定，例如中华全国律师协会颁布的《律师职业道德和执业纪律规范》《律师办理刑事案件规范》；二是部门规章，例如司法部出台的《律师违法行为处罚办法》；三是司法解释，例如2021年《最高人民法院关于适用〈中华人民共和国刑事诉讼法〉的解释》（以下简称《刑事诉讼法司法解释》）涉及规范律师执业的相关规定；四是国际公约，例如《关于律师作用的基本原则》中涉及大量有关律师等法律职业人员的伦理要求；五是法律，例如《律师法》《刑事诉讼法》中存在的有关调整律师执业的法律规范。应当说，这些有关调整律师执业行为的规则既是职业伦理的外部表现形式，也是其实现方式，同时也是学者研究的对象。

如上文所述，积极的忠诚义务是一种具有开放性的义务，是辩护律师需要发挥主观能动性、尽职尽责去努力追求的一项目标，因此，我们无法对积极的忠诚义务提出明确的标准，只能为律师完成这一义务指明方向、确立目标。相较于积极的忠诚义务，消极的忠诚义务落脚于不背叛当事人，不损害当事人的利益，不违背当事人的意愿。这些一般都具有明确的执业要求，因此这些体现消极忠诚义务的要求能够通过禁止性的规则固定下来，成为律师执业所应遵循的基本规则。正因为如此，在实现忠诚义务的具体规则中，体现消极忠诚义务的规则较为明确、占据了较大篇幅，也是律师职业伦理中最主要的规则。

因此，本书选取加以研究的规则多体现为消极的忠诚义务①，主要有规避利益冲突规则、保守职业秘密规则、辩护观点协调规则、审慎退出辩护规则。之所以选择这些规则，主要有两方面的考虑：一是这些规则在当前我国的规范性文件中已有明确的体现，有相应

① 辩护律师的利益冲突规则、保守职业秘密规则、退出辩护规则的目的都是不损害当事人的利益，体现的是消极的忠诚义务；辩护律师与当事人辩护观点的冲突与协调一般发生在律师为维护当事人的利益，实现积极的忠诚义务的过程中。

的立法根据，是较为成形的律师执业行为规范，并在实践中对律师的执业行为产生了规范和约束的作用；二是与这些规则相关的律师执业实践在当前存在诸多问题，引发了较大争议，是当前实务界较为关注的问题。

当然，除此之外，律师履行忠诚义务还离不开许多其他的规则，比如调整委托人与律师关系成立的规则，称职、勤勉、沟通规则，处理与委托人财物关系的规则等。由于这些规则目前在我国尚未成形，以及文章篇幅有限，本书分论部分暂且不对这些规则加以探讨。

（一）规避利益冲突规则

忠诚义务的第一要义是辩护律师应忠实于当事人的利益。但如果当事人与律师之间的利益存在冲突，或者多个当事人之间的利益存在冲突，律师应当如何处理？利益冲突规则就是规范、指引和调整律师处理利益冲突问题所确立的行为规范。在律师的职业行为规范中，利益冲突规则的数量最为庞大、内容最为复杂、运用也最为灵活，被视为律师职业的中心道德问题。①

在刑事辩护领域，目前我国立法已经确立了两条利益冲突规则，即禁止双方代理与禁止同案被告人共同代理。这两项规则已成为律师处理利益冲突问题的最为重要的依据。但是，实践中的情况远比立法规定的复杂，大量新出现的利益冲突问题对律师处理当事人与其他主体的利益，以及律师履行忠诚义务都产生了很大影响，亟待新的规则、新的理论加以解决，同时律师开展具有利益冲突的代理行为对刑事司法程序正当性的影响也成为理论上的新课题。

（二）保守职业秘密规则

保守职业秘密是律师职业伦理中最基本的规则，它直接体现了

---

① 王进喜：《美国律师职业行为规则：理论与实践》，中国人民公安大学出版社2005年版，第85页。

律师对当事人的忠诚义务。一方面，保守职业秘密是律师对当事人所应承担的基本义务，是维系律师与当事人之间信赖关系的基础；另一方面，保守职业秘密是辩护律师面对公权力机关所享有的基本权利，是抵御追诉方"探知案件信息"的武器。

当前，我国已在多个规范性文件中确立了保守职业秘密规则，但是，在一些最基本的问题上，目前仍存在诸多争议和缺陷，如职业秘密的范围、保守职业秘密的属性、保密义务的例外以及违反保密义务的法律后果。这些问题是本书主要的研究内容。

（三）辩护观点协调规则

在刑事辩护的过程中，辩护律师与被告人存在观点的冲突时有发生，既有可能是辩护目标的冲突，也有可能是辩护策略的冲突。前者例如，在"李某案"中，被告人当庭认罪，但辩护律师做无罪辩护。[①] 后者例如，被告人要求申请非法证据排除，但辩护律师认为，申请非法证据排除无益于其利益的维护。

所谓辩护观点冲突的协调规则就是处理、解决辩护律师和被告人观点冲突的基本规则。对于这一问题，域外国家多是通过设立辩护权的分配规则，使得辩护律师与被告人分别就各项权利的行使拥有最后的"决定权"。目前，我国尚未确立辩护权的分配规则，但是，根据2017年《律师办理刑事案件规范》的要求，无论如何辩护律师都不得违背当事人的意志作不利于当事人的辩护，这应当是辩护律师和当事人在处理辩护观点冲突方面的底线。

（四）审慎退出辩护规则

忠诚义务贯穿于律师与当事人关系存续的始终，尤其是在当事人作出重大选择或者利益可能受到影响的时刻，辩护律师在当事人

---

① 赵蕾:《李庄案辩护：荒诞的各说各话?》,《南方周末》2010年8月12日第A4版。

的身边并为其提供必要的法律帮助，是忠诚义务的应有之义。这也意味着，在代理当事人开展刑事辩护的过程中，律师不得随意解除与当事人的关系、不得随意退出辩护，而置当事人的利益于不顾。

律师退出辩护，意味着与当事人合同关系的终止。在这一过程中，律师不仅要受到合同的约束，还需要基于忠诚义务对当事人承担相应的注意义务，例如以对当事人利益产生最小影响的方式退出辩护，在退出之时承担相应的辅助义务。

第 二 章

辩护律师忠诚义务的三种模式

　　基于现代律师职业的发展，世界主要法治国家的辩护律师对于当事人都普遍遵循着"忠诚义务"，也称为"忠实义务"的职业伦理。不少学者也将忠诚义务视为辩护律师的"第一职业伦理"。① 所谓"忠诚义务"，在应然状态上，是指辩护律师既要维护当事人的利益，又要尊重当事人的意志。尽管目前学界对于辩护律师履行忠诚义务已经基本达成共识，但是，由于忠诚义务本身较为抽象，对于如何实现以及实现的方式、侧重和程度，目前仍然存在争议。

　　如 2017 年由中华全国律师协会修订发布的《律师办理刑事案件规范》第五条对原有的"律师独立辩护"条款作出重大改变，明确要求律师"按照有利于当事人的原则开展工作，不得违背当事人的意愿提出不利于当事人的辩护意见"，那么，辩护律师可否违背当事人的意愿作有利于当事人的辩护？又如，在"杭州保姆纵火案"中，辩护律师党某不惜以退庭向法庭抗议，有人认为，为了委托人的利益，律师不惜自陷风险，值得肯定；也有人认为，在法庭审理如此关键的环节，律师一走了之，置委托人于不顾，应当被谴责。再如，

① 参见陈瑞华《论辩护律师的忠诚义务》，《吉林大学社会科学学报》2016 年第 3 期；欧卫安《辩护律师的伦理：以忠诚义务为视点》，《西南师范大学学报》（人文社会科学版）2005 年第 6 期；宋远升《刑辩律师职业伦理冲突及解决机制》，《山东社会科学》2015 年第 4 期。

关于备受争议的《刑事诉讼法》第三十九条"律师向犯罪嫌疑人、被告人核实证据"条款，有人认为，基于忠诚义务，律师应当向当事人核实全部证据；也有人认为，为了避免当事人违背事实翻供、串供，影响被告人供述的真实性，律师向当事人核实证据的范围应受限制。[①] 其实，上述这些争议都涉及一个共同的理论问题，那就是如何理解并实现忠诚义务。在比较法的视野下，许多法治国家的律师职业伦理中都体现了忠诚义务，但是，在多方面因素的影响下，不同国家在这一义务的定位与实现上存在差异，也面临着不同的理论争议与现实挑战。

基于此，本章以美国、德国和日本三国的律师职业伦理作为考察的样本，发现这三国律师践行着三种不同的忠诚义务模式。其中，作为"当事人利益代言人"的美国律师，践行着"完全的忠诚义务"；作为"独立司法机关"的德国律师，承担着"不完全的忠诚义务"；在混合式诉讼制度的日本，随着第二次世界大战后整体诉讼模式的改变，辩护律师的忠诚义务也呈现出一种混合美德两国律师职业伦理的特征，笔者称其为"混合的忠诚义务"。在立足本土资源，回应我国现实问题时，我们显然无法将某一种模式完全照搬。但秉承"中国的问题，世界的眼光"这一理念，在对我国辩护律师的忠诚义务进行重塑之前，有必要对上述三种不同的忠诚义务模式进行系统的分析，并以此为参照，确定辩护律师忠诚义务在我国的定位。

一　美国"完全的忠诚义务"模式

所谓"完全的忠诚义务"，是指辩护律师全面地忠诚于当事人，

[①]　参见朱孝清《再论辩护律师向犯罪嫌疑人、被告人核实证据》，《中国法学》2018 年第 4 期。

以促使当事人利益实现的最大化作为执业的基本准则。完全的忠诚义务在美国律师执业的多个方面均有体现，为对这一模式有基本把握，本章将通过以下具体制度加以分析。

（一）完全的忠诚义务模式的基本特征

1. 在辩护权的分配与行使中，辩护律师尊重当事人的意志。当事人的委托与授权是美国律师参与诉讼、行使辩护权的直接根源。如果没有当事人的委托，即使是在重罪案件中，律师也无法依法律规定或法官指定参与诉讼。① 因此，律师的辩护权不仅要为被告人的利益行使，也要受其意志的约束。尽管学界对辩护权的分配一直存在大量争议，但基于"被告人个人最终承担法律后果"的基本事实，被告人优先选择成为被遵循的规则②，即一切涉及被告人基本权利，包括对诉讼结果可能产生重要乃至决定性影响的、涉及当事人人格尊严或者精神利益的事项③，都由当事人本人决定。除此之外的策略性的或者战术性的诉讼事项，则由辩护律师自主决定。当然，律师对这些事项的决定，需反映委托人意志，并以最好地完成委托人的选择为使命。④

2. 在利益冲突的处理上，辩护律师应优先考虑当事人的利益与意志。在执业过程中，辩护律师可能面临多种利益的冲突，最常见的是以下三种：一是当事人利益与大众利益的冲突，基于职业伦理的优先性，美国律师一般优先考虑当事人的利益，避免受到大众伦理的影响。二是当事人利益与自身利益的冲突，职业伦理通常要求

① 参见王兆鹏《美国刑事诉讼法》，北京大学出版社 2016 年版，第 382—383 页；陈学权《被告人能否拒绝指定辩护问题研究》，《当代法学》2021 年第 1 期。

② 参见［美］伟恩·R. 拉费弗等《刑事诉讼法》（上册），卞建林、沙丽金等译，中国政法大学出版社 2003 年版，第 656 页。

③ Michael Mello, "The Non-Trail of the Century: Representations of the Unabomber", *Vermont Law Review*, Vol. 24, 2000, p. 495.

④ 参见［美］伟恩·R. 拉费弗等《刑事诉讼法》（上册），卞建林、沙丽金等译，中国政法大学出版社 2003 年版，第 656 页。

律师应尽量避免这种情形，难以避免时，则应及时退出辩护，不得损害当事人的利益。三是多个当事人之间可能的利益冲突，原则上律师应当拒绝接受当事人之间可能存在利益冲突的案件。但如果提前征得当事人的同意，律师也可继续代理。① 由此可见，在处理利益冲突时，美国律师始终要将当事人的利益放在首位，并可依当事人的意志灵活处理。

3. 在退出辩护上，辩护律师的自由被严格限制。作为平等的民事主体，美国律师与委托人通过签订合同形成"律师与当事人之间的关系"，但在解除或终止合同时，律师的自由却被严格限制。只有在特定以及较为紧迫的情形下，律师才可退出案件；必要时，律师退出案件还需经法官同意。对律师退出辩护的严格限制，意味着即使当事人的要求不尽合理甚至不合法，律师也不能擅自把工作交给他人，或随意退出辩护。② 如此设定的目的在于对当事人的利益予以最大限度的保护，避免律师随意退出辩护，给当事人的利益带来负面影响。

4. 在履行忠诚义务的过程中，辩护律师所受限制较少。刑事诉讼是多元价值实现的过程。基于忠诚义务，律师可以最大限度地维护当事人的利益，但考虑到其他价值，律师的执业行为也要受到一定限制。关于律师的执业边界，目前已经达成共识的有：律师不得向法庭提交明知是虚假的证据，不得毁灭、伪造证据，不得唆使、威胁证人提供虚假证言……但在实践中，有关律师的执业边界，还存在较大的解释空间。③

---

① 有关美国律师处理利益冲突的详细研究，参见美国律师协会《美国律师协会职业行为示范规则（2004）》，王进喜译，中国人民公安大学出版社 2005 年版，第27—28 页。

② 参见［美］迪特里希·鲁施迈耶《律师与社会：美德两国法律职业比较研究》，于霄译，上海三联书店 2014 年版，第124 页。

③ 参见李奋飞《论辩护律师忠诚义务的三个限度》，《华东政法大学学报》2020年第3 期。

真实义务和坦诚义务是美国律师对法庭承担的两大基本义务。但是在一些具体的问题上，实践中仍然存在较大争议。例如，被誉为"现代法律职业伦理之父"的美国学者弗里德曼教授曾在论文《刑事辩护律师职业伦理三难困境》中，探讨了美国律师在实践中可能面临的三个最难的问题，即明知控方证人的证言是可靠的，辩护律师可否通过交叉询问使该证人的可信度受到怀疑？明知辩方某个证人可能会作伪证，辩护律师可否让该证人出庭作证？明知客户将利用所提供的法律建议作伪证，辩护律师可否还向该客户提供建议？[①] 对此，弗里德曼教授以公认的半信半疑的态度总结道：对抗制及其所带来的必然结果通常要给这些问题带来肯定的答案。[②] 只要有证据支持被告人的诉讼利益，律师就可以通过诉讼技巧为被告人的利益争辩。向法庭提交证据也是如此，除非明知某一证据是虚假的，否则并不影响律师向法庭提交。因为律师的使命是帮助委托人发出声音，而非检验证据的真实性。[③] 因此相比于对法庭的义务，维护当事人的利益始终被认为是首要乃至唯一的目标。

（二）完全的忠诚义务模式的制度基础

1. 律师作为"当事人利益的代理人"的身份定位。在身份定位上，美国律师自传统以来便不具有任何公法色彩，是通过为委托人提供法律服务而获得报酬的市场主体，又被称为"雇来的枪"（the hired-gun）。[④] 尽管在美国律师协会出台的《职业行为示范规范》（*Model Rules of Professional Conduct*）中，美国律师

---

① Monroe H. Freedman, "Professional Responsibility of the Criminal Defense Lawyer: The Three Hardest Questions", *Michigan Law Review*, Vol. 64, 1966, p. 1469.

② 参见［美］门罗·弗里德曼《对抗制下的法律职业伦理》，吴洪淇译，中国人民大学出版社 2017 年版，第 34 页。

③ 参见柏恩敬、刘思达整理《律师刑事辩护中的职业伦理——中美比较制度与实践对话录》，《交大法学》2018 年第 2 期。

④ Josepf Allegretti, "Have Briefcase Will Travel: An Essay on the Lawyer as Hired Gun", *Creighton Law Review*, Vol. 24, 1991, p. 776.

还被认为是"服务于法律制度的职员""对司法质量富有特殊职责的公民"①，但这些身份带给律师的义务极其有限，主要是对法庭的坦诚义务和尊重义务。甚至有观点认为，"律师对法庭的服务，就是通过其对委托人利益的维护来进行的"②。正如美国联邦大法官莱维斯·鲍威尔在判决中提到，"辩护律师要做到最好地为公众服务，不是通过代表国家利益，或者与国家利益一致，而是通过提升'当事人的独家利益'"③。由此可见，当事人利益代理人的身份，决定了美国律师在执业中只对当事人负责，对其他主体无须承担过多的义务。

2. 当事人主义的刑事诉讼模式。美国是当事人主义的代表：控辩双方高度对抗，在相互竞争中帮助法官发现"最好的事实"④，并推动刑事诉讼的进程。高度发达的当事人主义对平等武装提出了实质性的要求，一方面，要求辩护律师更加充分地参与诉讼，因为"辩护律师的能力绝对会影响审判的结果"⑤；另一方面，也期待律师与被告人形成更加紧密的内部关系，与控诉方进行更好的抗衡。因此，美国律师职业伦理在设定时，仅强调维护被告人的利益，充分实现被告人的辩护权，以此避免"一心二用"，为控辩双方的平等对抗创造条件。

3. 自主性的律师职业发展传统。美国律师职业伦理的形成也深受律师职业发展传统的影响。在美国社会走向现代化的过程中，资

---

① 参见美国律师协会《美国律师协会职业行为示范规则（2004）》，王进喜译，中国人民公安大学出版社 2005 年版，序言。

② 王进喜：《辩护律师对法庭的真实义务》，载李宝岳主编《律师参与辩护、代理存在问题及对策》，中国政法大学出版社 2005 年版，第 180 页。

③ 焦海博、徐玉涵：《工具主义法律观在美国法律职业危机中的影响及其对我国的启示》，《山东社会科学》2012 年第 4 期。

④ James J. Tomkovicz, "An Adversary System Defense of the Right to Counsel against Informants: Truth, Fair Play, and the Massiah Doctrine", *University of California Davis Law Review*, Vol. 22, No. 1, 1988, pp. 39 – 40.

⑤ William T. Pizzi, "Understanding Prosecutorial Discretion in the United States: The Limits of Comparative Criminal Procedure as an Instrument of Reform", *Ohio State Law Journal*, Vol. 54, 1993, pp. 1354 – 1355.

本主义理性市场的发展是最主要的推动力。律师行业也正是在这种理性的市场中，通过竞争逐渐发展起来，并达到高度的职业化程度。在这一过程中，对律师执业的规范，主要依靠律师的自我约束，以及随后出现的律师协会。公共行政发展的滞后使得律师在发展的过程中较少地受到公共力量的影响，也使其在公共义务的承担上与其他职业没有太大的区别。与其他服务业一样，对客户忠诚并提供有效的服务是美国律师职业的主流观念①，这一观念也深刻地影响着美国律师职业伦理的塑造。

4. 律协主导下的法律人才培养方式。作为一种专业化的法律人才，律师必须经历系统的法学教育，法学教育也对律师的职业伦理产生了重要影响。在美国的法律职业中，私人执业律师无论在事业形态、自我认同还是在数量上都构成了其核心和主干，因而美国又被称为"被律师把持下"的国家。② 美国律师协会主导了美国法律人才的培养，比如，律师协会制定的职业伦理规范被所有法律执业者所接受；又如，律师协会带头推动法律职业伦理教育标准文本的起草、倡导法学院开设法律职业伦理课程。③ 律协主导下的法律人才培养方式，决定了美国的法律职业伦理普遍以律师职业伦理为基础，而律师职业伦理的首要内容就是妥善处理与委托人的关系，履行对委托人的义务。与此同时，接受这一教育成长起来的法官、检察官也将律师对当事人的义务视为理所应当，充分尊重与理解律师全面服务于当事人，并为律师履行义务营造良好的法律职业共同体的氛围。

---

① 参见［美］迪特里希·鲁施迈耶《律师与社会：美德两国法律职业比较研究》，于霄译，上海三联书店 2014 年版，第 142、187 页。

② 参见王进喜《美国律师职业行为规则理论与实践》，中国人民公安大学出版社 2005 年版，序言。

③ 参见刘坤轮《法律职业伦理教育必要性之比较研究——以美国、澳大利亚、加拿大和韩国为比较》，《中国法学教育研究》2014 年第 4 期。

（三）完全的忠诚义务模式的理论反思

完全的忠诚义务以高度尊重当事人的主体性地位为前提，有利于充分维护当事人的利益，实现平等武装、充分对抗。但是，辩护律师因践行完全的忠诚义务也在美国社会引发了长期的争论。可以说，"有关辩护人在刑事诉讼中的角色定位以及由此所引发的职责争论的历史，就如同辩护人的历史一样悠久"[①]。具体来说，对这一模式的争论主要有以下三点。

其一，完全的忠诚义务过分强调当事人利益，忽视了社会公共利益，与大众伦理存在直接冲突。与此相关的最为经典的案例是发生在 1973 年的"纽约快乐湖谋杀案"。在这一案件中，两位律师根据被告人的陈述，发现了警方尚未找到的两位被害人的尸体，他们既没有主动告知警方，也没有在被害人亲属的苦苦哀求下开口。后来当被害人的尸体被发现后，律师虽然以"相关信息受客户与律师的特权保护、受律师职业誓言约束"为由，解释保持沉默的原因，但仍遭到了来自全社会的责难和亲人的不理解。与社会公众的态度截然相反，两位律师的行为得到了法官和纽约州律师协会的认可，并被美国律师界视为英雄。[②] 这一案件引发了美国律师界对于律师职业伦理的极大争论。一方面，他们肯定律师需要遵守不同于大众伦理的职业伦理；另一方面，职业伦理的例外及范围也开始被给予极大的关注：在维护当事人利益之外，律师是否还应维护一定的社会公共利益？对当事人利益的维护是否已经走得太远，而使律师缺乏基本的社会正义感？[③] 该案发生后，1983 年美国律师协会在制定律

[①] 参见林钰雄《刑事诉讼法》（上册），中国人民大学出版社 2005 年版，第 160 页。

[②] 《他拒绝透露当事人杀人抛尸信息，却成为律师界英雄》，2018 年 2 月 17 日，http：//www. sohu. com/a/223055903_ 809024，2022 年 10 月 18 日。

[③] 参见［美］门罗·弗里德曼《对抗制下的法律职业伦理》，吴洪淇译，中国人民大学出版社 2017 年版，第 2 页。

师职业规则时，为律师保守职业秘密设置了例外，在 2002 年修订时，又将该例外的范围进一步的扩大。由此可见，完全的忠诚义务正在受到限制，律师也要兼顾社会公共利益。

其二，完全的忠诚义务导致律师过于依附当事人的意志，律师职业的独立性难以保证。独立性被认为是律师职业的基本特征。① 一方面，独立性意味着律师与客户始终要保持一定的距离，避免外界因当事人的行为、品性而对律师产生负面影响；另一方面，独立性还是律师作出专业判断的保证，避免因距离当事人太近而受其影响。根据完全的忠诚义务，律师不仅要维护当事人的利益，还要尊重甚至依附于当事人的意志，辩护律师的专业判断和自主决定仅体现在一些技术性和策略性的事项上，这将使得律师难以充分发挥作为专业人士的作用，难以为客户提供有效的服务。② 基于此，一些学者批评美国的律师制度是扭曲的，律师缺乏基本的独立性，所提出的意见不如英国出庭律师那般不牵扯个人因素和利害关系。③

其三，完全的忠诚义务是美国律师职业伦理中"工具主义法律观"（instrumental view of law）的体现，给律师的职业声誉带来了负面影响。之所以如此认为，是因为大多数律师仅仅将自己视为实现当事人利益的工具。④ 同时，律师对待法律规则也趋向于一种工具性的态度，即工具性地操作法律规则，采取任何可以实施的手段，直到明显违法或者规避法律惩罚。⑤ 与这种试探性地、非确定性地运用

① 参见［美］迪特里希·鲁施迈耶《律师与社会：美德两国法律职业比较研究》，于霄译，上海三联书店 2014 年版，第 121 页。

② 参见［美］伟恩·R. 拉费弗等《刑事诉讼法》（上册），卞建林、沙丽金等译，中国政法大学出版社 2003 年版，第 656 页。

③ 参见林钰雄《刑事诉讼法》（上册），中国人民大学出版社 2005 年版，第 160 页。

④ 焦海博、徐玉涵：《工具主义法律观在美国法律职业危机中的影响及其对我国的启示》，《山东社会科学》2012 年第 4 期。

⑤ 参见［美］W. 布拉德利·温德尔《法律人与法律忠诚》，尹超译，中国人民大学出版社 2014 年版，导言。

法律所不同的，是秉承法律的精神，按照普遍被理解和接受的法律本意行事，尊重法律规则本身确定的含义，这样的运作方式或许才是法律人应当选择的。为了当事人的利益，纯粹以工具性的态度对待法律规则，是不尊重法律的表现。这使得原本对律师抱有较高期待的美国公众对律师的满意度大大降低，律师的社会地位也远不如以前，由此引发的法律职业危机成为 20 世纪 90 年代以来美国学界最为关注的问题之一。

二　德国"不完全的忠诚义务"模式

所谓"不完全的忠诚义务"，是指辩护律师作为"独立的司法机关"，不完全地忠诚于当事人，即律师忠诚于当事人的利益，但并不完全听命于当事人的意志；律师履行忠诚义务受到多方面的制约。为了对这一模式有直观的认识，本章也将通过具体的制度予以分析。

（一）不完全的忠诚义务模式的基本特征

1. 律师与被告人均有权独立行使辩护权，律师不完全受被告人意志的约束。在德国，辩护律师享有法律规定的诉讼权利，"以自己的名义参与诉讼，行使辩护人的权利，并对自己的辩护行为承担责任"[1]。为了维护被告人的利益，辩护律师可以在辩护策略的安排上违背被告人的意志。比如，即使被告人不愿意某位证人曝光，辩护律师也可申请该证人出庭；即使被告人觉得自己精神正常，辩护律师也可申请对其进行心理调查。[2] 当然，德国律师执业的独立性可能导致被告人与辩护律师之间存在分歧，危及两者之间的信赖关系。

---

[1]　邵建东主编：《德国司法制度》，厦门大学出版社 2010 年版，第 238 页。

[2]　参见［德］克劳思·罗科信《刑事诉讼法》，吴丽琪译，法律出版社 2003 年版，第 150 页。

被告人也有权随时解除关系，并与其他律师签订合同。① 因此，律师如果不想与当事人处于紧张的关系状态，就要尽量与当事人协商，当事人也可以在选择听从律师意见与解除关系之间作出选择。②

2. 在处理利益冲突时，辩护律师承担"二元责任"。在德国，大众伦理与职业伦理的冲突并没有在美国那么明显。辩护律师的"二元责任"要求律师既要避免因利益冲突而辜负客户的信任，又要避免违背应当遵守的行为规则。因此，一方面，在当事人利益与公共利益可能发生冲突时，律师并非理所当然地优先考虑当事人的利益。而在作为义务辩护人的情况下，律师甚至还要优先考虑公共利益。③ 另一方面，在接受可能存在利益冲突的代理时，哪怕已经征得了客户的同意，律师也会因损害司法程序适当性的外观而受到处罚。由此可见，在接受代理时，德国律师不仅要考虑当事人的利益，也要考虑社会公共利益以及司法程序的适当性。

3. 在退出辩护上，辩护律师原则上有随意退出的自由。关于律师退出辩护的权限，一些学者认为，辩护律师可以在任何时候退出案件，"如果信任关系被破坏，或者合同中有一方不愿意继续维系这种关系，律师退出辩护不能构成对职业伦理的违反"④。德国职业伦理对律师继续服务客户的义务甚至少于一般的合同法对合同双方的义务要求。由此可见，相较于美国律师，德国律师在退出时的自由度比较大。

4. 在履行忠诚义务的执业过程中，律师要受到公共义务的严格约束。相较于完全的忠诚义务，不完全的忠诚义务最突出的特征在

---

① 参见［德］薄逸克《德国刑事诉讼程序辩护人的功能及地位——至今仍具话题性的一个争论》，吴俊毅译，《高大法学论丛》第 6 卷第 1 期。

② 参见吴俊毅《辩护人与其当事人的关系——以德国法为中心的探讨》，《法令月刊》第 54 卷第 1 期。

③ 参见吴俊毅《辩护人与其当事人的关系——以德国法为中心的探讨》，《法令月刊》第 54 卷第 1 期。

④ 参见［美］迪特里希·鲁施迈耶《律师与社会：美德两国法律职业比较研究》，于霄译，上海三联书店 2014 年版，第 124 页。

于，律师履行忠诚义务时，存在较多的限制或者例外。关于这一点，德国学者笼统地指出，"律师工作的内容及界限依相关私人及公众利益的权衡而定"①，如辩护律师不得阻碍发现真相、避免在法庭上制造错误的假象，并避免向法官作出与自己知道的事实不相符的陈述；又如，假设被告人已经向律师承认有罪，那么律师就不得提出"有证据证明无罪"的意见，而只能主张"证据不足的无罪辩护"。② 概括而言，辩护律师所说的必须是真实的，但没有义务说出全部的真实。相比于美国律师，德国律师对法庭承担更高的义务，律师要为自己的主张负责，不得违背已有的认知，并要获得法庭信任。

（二）不完全的忠诚义务模式的制度基础

1. 律师作为"独立司法机关"的身份定位。德国律师通常被视为"独立的司法机关"③。根据这一定位，在辩护律师与被告人之间，辩护律师不是被告人的代理人。一方面，根据《德国刑事诉讼法》的规定，辩护律师并非在任何情况下都可代理被告人，一般仅在有明文规定的情况下，辩护律师才可以代理被告人行事④；另一方面，辩护律师的辩护权来源于法律的规定，而非被告人的授权，辩护律师和被告人可分别行使权利，如律师和被告人在法庭上都可以发表意见或向证人提问。⑤ 既然不是被告人的代理人，且可以独立行使辩护权，辩护律师就不必依附于当事人的意志。但作为被告人的

---

① ［德］克劳思·罗科信：《刑事诉讼法》，吴丽琪译，法律出版社 2003 年版，第 149 页。

② 参见［美］迪特里希·鲁施迈耶《律师与社会：美德两国法律职业比较研究》，于霄译，上海三联书店 2014 年版，第 127 页。

③ ［德］托马斯·魏根特：《德国刑事诉讼程序》，岳礼玲、温小洁译，中国政法大学出版社 2003 年版，第 61 页。

④ 例如《德国刑事诉讼法》第 145a 条、第 234 条、第 350 条第 2 项、第 387 条第 1 项、第 411 条第 2 项。参见《世界各国刑事诉讼法》编辑委员会编译《世界各国刑事诉讼法》（欧洲卷），中国检察出版社 2016 年版，第 306 页。

⑤ 参见《德国刑事诉讼法》第 257 条、第 240 条。

辅助者，辩护律师参与诉讼应当忠实于被告人的利益。而在辩护律师与其他诉讼参与人之间，独立的司法机关的定位使得辩护律师要承担公法上的任务，即辩护律师在执业的过程中，应避免破坏司法秩序，并负有"尊重、维护司法核心领域的功能、效率以及促进刑事司法有效性的责任"①。这些任务体现在律师执业规范的具体制度中，构成了律师履行忠诚义务的限度，其核心便是律师的真实义务。

2. 职权主义的刑事诉讼模式。职权主义是德国刑事诉讼的典型特征，在由德国法官主导的刑事诉讼程序中，控辩双方对程序推进、事实发现的影响降低，二者之间的对抗程度也远远不如美国。在这种情况下，通过辩护律师来加强辩护方的力量，进而维持控辩平等的必要性降低，辩护律师也没有必要通过对被告人意愿的高度重视来维持其内部的一致性。此外，对实质真实主义的追求，使得所有诉讼参与者都要承担帮助法庭发现真实的义务，辩护律师也因此具有更强的独立性，并被赋予更高要求的真实义务，以促进实质真实的发现。②

3. 科层式的律师职业发展传统。在职业发展传统上，德国律师具有与美国律师完全不同的路径：公共力量主导并控制着法律职业的发展，并将法律职业的诸多功能纳入行政和司法机构的轨道内。所以，在德国早期，法律职业人员就被视为公务员，被塑造为忠于权威、担负维护公共利益责任的官员。③尽管通过后来的再社会化，律师不再具有公务员的身份，但早期的官方色彩仍然在律师的职业伦理中留下了深刻的印记，如高度强调律师身份的独立性，与当事人或者客户之间保持一定的距离，注重对公共利益的维护。

---

① 吴俊毅：《辩护人与其当事人的关系——以德国法为中心的探讨》，《法令月刊》第 54 卷第 1 期。

② Michele Taruffo, "The Lawyer's Role and the Models of Civil Process", *Israel Law Review*, Vol. 16, No. 1, 1981, p. 6.

③ ［美］迪特里希·鲁施迈耶：《律师与社会：美德两国法律职业比较研究》，于霄译，上海三联书店 2014 年版，第 183 页。

4. 以法官为核心的法律人才培养方式。在德国的法律职业传统中，包括司法官员在内的公务员在德国占据多数，这使得德国的司法文化主要是以法官为中心。① 德国法学教育的培养目标也不是代表当事人的律师，而是凌驾于当事人之上的法官。与法学教育相关的各项制度都是以这一目标为出发点。② 即使是检察官、律师以及高级公务员也需要接受与法官相同的法学职业教育。③ 虽然德国高校法学院自 2003 年改革后，开始重视法律人才培养中的"全方位工作能力"，突破了原来只重视培养法官素质的做法，但是，长期以来，以法官为培养目标的法学教育，对德国律师职业伦理的影响仍然存在，对公共利益的维护占据重要的地位。

（三）不完全的忠诚义务模式的理论反思

不完全的忠诚义务根源于德国本土的司法资源。近年来，随着两大法系之间的交流不断加深，尤其是在当事人主义的影响下，德国国内对律师的身份定位以及相关的职业伦理也展开了大量反思，并提出了一些新的理论学说。

其一，律师作为"限制的机关"理论。限制的机关理论来源于对独立司法机关理论的反思：作为"独立的司法机关"，律师在公法上的任务内涵不清，极易导致国家对于辩护律师的恣意干涉。而限制的机关理论对律师在公法上的任务予以了初步界定，即"实施辩护的有效性、司法的有效性以及联邦德国的安全"④。在这一定位下，公法上的任务尽管得到了一定的明确，但仍然过于抽象，难以

---

① 参见宋冰编《读本：美国与德国的司法制度及司法程序》，中国政法大学出版社 1998 年版，第 212 页。

② 参见邵建东《德国法学教育最新改革的核心——强化素质和技能》，《比较法研究》2004 年第 1 期。

③ 参见郑永流《知行合一经世致用——德国法学教育再述》，《比较法研究》2007 年第 1 期。

④ 吴俊毅：《辩护人与其当事人的关系——以德国法为中心的探讨》，《法令月刊》第 54 卷第 1 期。

对律师执业予以有效的指引和规范，也难以体现律师相比于法官、检察官在履行这一义务上的不同。因此，这一理论虽对律师作为司法机关的身份提出了质疑，但仍然存在较大的解释空间。

其二，律师作为"一方利益代理人"理论。这一理论首先认为，将律师视为司法机关是无法理解的，混淆了控辩双方之间天然的对抗性，应当让辩护律师回归到本来的位置，即受被告人指使和控制的代理人。① 根据这一定位，应当承认律师的权利来源于被告人，必须按照被告人的指示行事，甚至在一定程度和范围内有说谎的权利，且律师开展辩护的目的仅在于维护当事人的利益。

一方利益代理人理论否定了律师的官方属性，主张废除律师维护当事人利益的限制，高度强调律师的忠诚义务。该理论虽然极大地提升了忠诚义务的地位，但在德国国内也面临诸多挑战。有学者认为，这一理论忽视了机关理论的优势：作为司法机关的身份，有助于律师获得法官和检察官的信赖，这也是其诉讼权利得以扩张的基础。② 如《德国刑事诉讼法》第 147 条最初仅规定辩护律师享有阅卷权，原因就在于律师是自主性的司法单元，执业行为受到严格规范，相比于被追诉人更值得信赖。③ 如果辩护律师不具有司法机关的身份，那么司法机关就不会再把他视为平等的一方，给予充分参与和平等咨询的机会。④

其三，"契约理论"。独立机关否定论的另一种观点是契约理论，这一理论同样反对将律师视为独立的机关，而认为这无非是民法上处理事务的契约。因此，辩护律师绝对不应独立于当事人，而应完

---

① 参见［德］克劳思·罗科信《刑事诉讼法》，吴丽琪译，法律出版社 2003 年版，第 151 页。

② 参见［德］薄逸克《德国刑事诉讼程序辩护人的功能及地位——至今仍具话题性的一个争论》，吴俊毅译，《高大法学论丛》第 6 卷第 1 期。

③ 参见陈学权《论被追诉人本人的阅卷权》，《法商研究》2019 年第 4 期。

④ 参见［德］薄逸克《德国刑事诉讼程序辩护人的功能及地位——至今仍具话题性的一个争论》，吴俊毅译，《高大法学论丛》第 6 卷第 1 期。

全依赖当事人的指示行事，除非该行为受民法等相关规范的约束。例如，"禁止辩护律师实施诈欺、伪证、伪造文书、诽谤、侮辱等"①。

契约理论突出强调了律师维护当事人利益的职责，且明确律师应当尊重当事人的意愿。此外，契约理论还强调律师在履行义务时要受民法约束，不得实施欺诈等民法上视为不正当的行为，这也是对律师的一种限制。当然对于这一理论也有反对的观点，如当事人不是专家，没有足够的能力界定所有利益，如果律师一味听从当事人的指示，辩护将失去有效性。另外，契约理论也与德国现行的诸多制度存在抵触，如这一理论无法对违背被告人意志而实施的强制辩护制度进行解释，也违背了律师不得随意代理被告人行事的规定。②

三　日本"混合的忠诚义务"模式

美国"完全的忠诚义务"与德国"不完全的忠诚义务"是一组相对应的概念，日本律师职业伦理在某种程度上是对上述两种模式的混合，因而将其称为"混合的忠诚义务"模式。

（一）日本律师职业伦理发展的演变

从整体上看，日本律师职业伦理经历了一个发展变化的过程。在早期职权主义的传统中，日本律师被宪法赋予了"人权维护者"的形象，这里的"人权"既包括眼前被告人的权利，也包括潜在委

---

① ［德］克劳思·罗科信：《刑事诉讼法》，吴丽琪译，法律出版社2003年版，第149页。

② 参见［德］克劳思·罗科信《刑事诉讼法》，吴丽琪译，法律出版社2003年版，第149页。

托人以及所有市民的权利。① 因此，日本律师最初在身份上就具有公益的色彩。第二次世界大战后，随着在制度上引入美国的当事人主义，强调提高被告人的主体性地位，律师的职业伦理也随之发生改变。在继续要求律师承担真实义务的同时，也开始注重其作为"一方当事人"的身份，强调律师要对被告人承担义务。例如，日本《律师法》第 1 条规定："律师在保持自由且独立立场的基础上，对委托人负有诚实履行职责的义务。"于是在这一阶段，辩护律师的职业伦理就存在两大基本义务：一是基于独立的立场而承担真实义务，二是基于与委托人的关系而承担守密义务。日本学者将这两大义务形象地比作椭圆的两个中心点，律师要在这二者之间寻找平衡：既要忠于事实，又不能背叛被告人。② 近年来，日本律师的职业伦理还在发生动态的变化。原本具有平等位置的两个中心点，逐渐变成了以与委托人关系为基础的一个中心点，即辩护人只负有与委托人关系中的诚实义务，而不负有帮助法院、协助搜查机关弄清事实的义务，律师在刑事诉讼中的各项活动，都应以对当事人的诚实义务为前提。③

由此可见，日本律师的职业伦理在整体上经历了较大的变化：从原来的偏向德国到之后的偏向美国。表面看来，日本目前倡导的以委托人为中心的职业伦理与美国似乎异曲同工。但事实上，日本刑事辩护的实践远比此复杂，有关忠实义务和真实义务的争论此起彼伏。尤其是在实践中，国选辩护人的比例很高，大量公共资源被投入到刑事辩护中④，这使得辩护律师的官方属性更为明显。此外，受早期职权主义传统的影响，实质真实的价值观对律师仍有很大影

---

① 参见〔日〕佐藤博史《刑事辩护的技术与伦理》，于秀峰、张凌译，法律出版社 2012 年版，第 12 页。

② 参见〔日〕村冈启一《辩护人的作用及律师的伦理》，尹琳译，《外国法译评》1998 年第 2 期。

③ 参见〔日〕村冈启一《辩护人的作用及律师的伦理》，尹琳译，《外国法译评》1998 年第 2 期。

④ 参见〔日〕森际康友《司法伦理》，于晓琪、沈军译，商务印书馆 2010 年版，第 157—158 页。

响。因而，笔者认为，日本律师承担的并非完全的忠诚义务，而是混合式的忠诚义务。

（二）混合的忠诚义务模式的基本特征

混合的忠诚义务的特征在于，一方面要求律师视当事人的利益为中心；另一方面又要求其承担较高的公益义务。接下来，本章也将结合具体的制度展开分析。

其一，在辩护权的分配方面，权利的不同属性决定了律师是否需要尊重被告人的意愿。在日本刑事诉讼法的权威教材中，辩护律师的权限被分为两类，一类是代理权，即代理被告人开展诉讼行为的权限；另一类是固有权，即与代理无关的权限。对于代理权，在有些情形下，只要没有被告人本人的意思表示就不能代理，如申请回避权、提起上诉权；而在有些情形下，辩护律师享有独立代理权，即使违背被告人明示的意思也可以代理，如调取证据请求权。对于固有权，辩护律师一般都可独立行使。① 关于辩护权的行使，立法对律师的行为给予了明确的规定，这使得当律师与委托人的观点不一致时，存在一个相对确定的判断标准。

但实践中，有关辩护权分配的问题在日本仍然饱受争议。有学者认为，在本质上这是两种辩护观的"较量"，一种是监视人式的辩护观，另一种是代理人式的辩护观。前者认为，辩护人应客观地看问题，为了取得最好的结果，辩护方针应该由作为专家的律师来决定；而后者则认为，辩护人的任务是最大限度地实现委托人的意愿，所以辩护方针应该由委托人本人决定。对于这两种辩护观，根据日本律师职业伦理，律师在处理案件时"必须努力保持独立的立场"，即使违背被告人的意思也要维护被告人的利益。② 因而，监视人式的

---

① 参见［日］田口守一《刑事诉讼法》，张凌、于秀峰译，中国政法大学出版社2010年版，第189页。

② 参见［日］田口守一《刑事诉讼法》，张凌、于秀峰译，中国政法大学出版社2010年版，第187页。

辩护观更为权威。①

其二，在履行忠诚义务的限度方面，真实义务是律师不可回避的义务。真实义务与忠诚义务之间的冲突，是日本律师职业伦理中最富争议的话题。对此，通说认为，辩护人一般不负有积极协助发现真实的义务，但也不得积极实施歪曲事实的行为。② 但这两大义务也有发生冲突的可能，尤其是在对真犯人的无罪辩护和替身犯人的有罪辩护这两种较为极端的情况中，两大义务的冲突达到了极致。面对这一冲突，一般认为，辩护律师负有的真实义务，是"诉讼上的真实"，对于真正的犯人，如果有罪证据不足，律师可以做证据不足的辩护，甚至可以提出被告人不在现场等积极的无罪主张，尽管这一主张与辩护律师的认知并不一致。而对于替身犯人，也应当允许辩护人以证据不足为由提出无罪主张，尽管这一主张与委托人的意志不一致。在上述情形下，辩护律师对两大义务的履行都没有做到两全其美。为了避免尴尬局面的发生，实践中，律师通常应努力劝导被告人，根据真实情况提出辩护意见。在日本律师看来，如此行为并不是为了协助法院发现真实，而是为了最终履行积极的诚实义务。③

（三）混合的忠诚义务模式的理论争论

总体而言，日本律师的忠诚义务给人"模棱两可"的感受。由于深受美国律师职业伦理的影响，日本律师及学界普遍认为，应当最大限度地履行忠诚义务，辩护人的公共义务仅限于遵守适当且正确的程序原则，如日本学界的"圆形理论""诚实义务中心论"等

---

① 参见［日］后藤昭《辩护人委托权与自己决定》，肖萍译，《云南大学学报法学版》2007 年第 6 期。

② 参见［日］佐藤博史《刑事辩护的技术与伦理》，于秀峰、张凌译，法律出版社 2012 年版，第 37—38 页。

③ 参见［日］佐藤博史《刑事辩护的技术与伦理》，于秀峰、张凌译，法律出版社 2012 年版，第 45 页。

主张都有所体现。但在实践中这些观点又遭到检察机关的谴责。① 辩护律师仍受到真实义务的严格约束。

之所以会出现理论与实践脱节的问题，是因为日本刑事诉讼法虽然在制度上引入了当事人主义，但是当事人主体性地位这一核心要素却没有在日本真正得以确立，律师全力维护当事人利益的目标难以完全实现。有学者将这种未完成的改革状态称为"模拟的当事人主义"②。尽管目前日本的辩护实践与司法理论之间还存在不小差距，但笔者认为，在宏观层面，真实的当事人主义取代模拟的当事人主义是未来的发展趋势。如此一来，以忠诚义务为核心的"圆形理论""诚实义务纯化论"也将会从理论变成实践，成为律师"活"的职业伦理。

四　我国辩护律师忠诚义务的定位

（一）三种忠诚义务模式对我国的启示

三种忠诚义务模式是笔者根据美国、德国、日本三国律师执业行为规则所进行的类型性划分，具有相对性而非绝对性。三种模式之间存在共同之处：如律师都要对当事人承担忠诚义务，也都要承担一定的公益义务，如真实义务。因此，忠诚义务和公益义务是律师的两大基本义务，这是普遍达成的共识，也是我国理解并实现忠诚义务的基础。

与此同时，透过美、德两国对律师职业伦理的反思，观察日本律师职业伦理的发展，我们也可以发现：完全的忠诚义务模式与不

---

① 参见［日］村岗启一《辩护人的作用及律师的伦理》，尹琳译，《外国法译评》1998 年第 2 期。

② 参见［日］村岗启一《辩护人的作用及律师的伦理》，尹琳译，《外国法译评》1998 年第 2 期。

完全的忠诚义务模式也在不断的发展、变化，并且相互影响。① 如美国律师要对社会责任给予更多关注，要维持律师执业的独立性与专业性；德国律师则要回归到与当事人之间最基本的关系上来，重视对当事人义务的履行，充分实现作为帮助者或者辅助人的职能。与此同时，忠诚义务的定位与实现也是多方面因素共同作用的结果，离不开本土的司法资源。因此，我国在重塑忠诚义务时，既应当厘清忠诚义务内部维护当事人利益与尊重当事人意志之间的关系，也应当处理好忠诚义务外部与公益义务之间的关系。与此同时，还应充分考虑我国律师的身份定位、刑事诉讼模式、律师职业传统等因素对忠诚义务可能产生的影响。

（二）我国辩护律师职业伦理的发展演变

辩护律师的职业伦理在我国也经历了一个发展变化的过程。伴随着《律师法》《律师办理刑事案件规范》等规范性文件的修改，我国辩护律师的职业伦理先后经历了四个阶段。

第一阶段：作为"国家法律工作者"的律师。1980 年公布的《律师暂行条例》是我国首部规范律师执业的规范性文件，在这一条例中，律师被定位为"国家法律工作者"，属于国家工作人员。② 在这一时期，辩护律师以维护公共利益为核心，忠诚义务的概念尚无体现。如律师承担了与法官、检察官相同程度的公益义务，律师对公民权益的维护位于国家、集体的利益之后。③ 又如，律师对公民权益的维护仅限于合法层面，非法利益或者律师自认为的非法利益均不受律师保护，律师在很大程度上可随意退出辩护。④

---

①　参见蔡元培《当事人中心主义与法庭中心主义的调和：论我国辩护律师职业伦理》，《法制与社会发展》2020 年第 4 期。

②　参见熊秋红《新中国律师制度的发展历程及展望》，《中国法学》1999 年第5 期。

③　1980 年《律师暂行条例》第一条。

④　1980 年《律师暂行条例》第六条。

第二阶段：作为"为社会提供法律服务"的律师。1996 年公布的《刑事诉讼法》在我国引入了"抗辩式"的因素，力图实现两造（指诉讼双方）的平等对抗①，这无疑对辩护律师提出了更高的要求。作为国家法律工作者的辩护律师显然因承担过多的国家义务，而难以纯粹站在辩护方的立场与控方平等对抗。于是 1996 年《律师法》修改，将律师定位为"为社会提供法律服务的执业人员"。这一时期，律师对当事人利益的维护开始受到重视，如律师对"当事人合法权益的维护"被放在了"维护法律正确实施"的前面；律师的独立性、社会性和专业性均得到了加强；保守职业秘密规则、利益冲突规则、随意拒绝辩护禁止规则等律师执业规则开始初步确立。② 此外，律师维护公共利益的使命也在一定程度上被削弱，律师不再以忠于国家利益为使命，律师通过业务宣传社会主义法制的任务也被删除。1996 年《律师法》在律师身份定位上的改变应当说是一次重大进步，它遵循了律师职业发展的内在规律，明确了律师与法官、检察官在职业伦理上的界限，也为夯实辩方力量、实现平等对抗创造了条件。

第三阶段：作为"为当事人提供法律服务"的律师。2007 年《律师法》修改时，律师的身份再一次发生改变，成为"为当事人提供法律服务的执业人员"。这一定位使得律师的执业目标最终得以明确，"当事人"才是律师服务的对象，"维护当事人的利益"才是律师工作的中心。2007 年《律师法》还明确律师为当事人提供法律服务，是基于接受委托或者指定，而非法律授权。此外，立法还进一步规范利益冲突的代理，并规定律师只能从有利于被告人的角度提出辩护意见，这些都增强了辩护律师维护当事人利益的义务。

第四阶段：辩护律师职业伦理的最新发展。近年来，随着司法

---

① 参见原立荣《我国抗辩式刑事诉讼中的权力冲突》，《政法论坛》2008 年第 2 期。

② 参见 1996 年《律师法》第二十九条第二款、第三十三条、第三十四条。

改革的不断推进，辩护制度得到重大发展，辩护律师的职业伦理也发生了新的变化。尤其是在律师与委托人的关系方面，《律师办理刑事案件规范》在2017年修订时作出重大改变：删除了原有的"独立辩护人条款"，确立了"不得违背当事人的意愿提出不利于当事人的辩护意见"的"双重不得"规则。这意味着辩护律师不仅要维护委托人的利益，而且要尊重委托人的意愿，最起码不得违背委托人的意愿。这显示出我国在辩护律师职业伦理的发展上向前迈出了一大步：从原来偏向德国的"独立辩护人理论"，逐步转向美国的"尊重委托人意志论"；强化了律师的忠诚义务，为律师最大限度地维护委托人的利益创造了条件。尽管如此，当前我国的一些规范性文件中仍然存在与律师身份定位不相符的规定，如《律师法》第二条要求律师"应当维护法律正确实施，维护社会公平和正义"，但未明确律师履行这一义务的具体内容和限度，这也在一定程度上使得忠诚义务的边界难以被准确界定。此外，当维护委托人的利益与上述义务出现冲突时，应当如何化解，也并不明确。

通过梳理，可以看出，我国辩护律师的职业伦理经历了公益义务不断削弱、忠诚义务不断强化的发展过程。忠诚义务的产生、发展与强化与我国律师身份定位、律师制度的改革存在密切关系。应当说，越强调辩护律师作为现代社会独立职业的属性，其维护公共利益的责任与义务就越被淡化，对当事人的忠诚义务就越能得以体现。[1]

（三）"受限的忠诚义务"模式在我国的提出

经历了近四十年的发展，辩护律师的忠诚义务在我国已基本成形，并得到社会的普遍认可。但是，由于一直以来对职业伦理的重视不足，有关律师的职业教育也处于较为落后的境地，再加上

---

[1]　参见陈瑞华《辩护律师职业伦理的模式转型》，《华东政法大学学报》2020年第3期。

公益义务的内涵与外延尚不清晰，实践中我国律师对忠诚义务的践行呈现出两种极端行为：一种是过分履行忠诚义务，即律师为维护当事人的利益，不惜采取一切手段，甚至突破法律的底线。近些年来，我国司法实践中频频发生并引起广泛关注的"死磕派"律师大都属于这种情形。在某种意义上，过分履行忠诚义务是一部分律师过度商业化的表现，在通过法律服务交换报酬的过程中，一味关注当事人的利益，而忽视了刑事司法的整体利益。另一种则是完全背离忠诚义务，即律师以独立辩护人自居，不以维护当事人的利益作为执业的首要目标，甚至违背当事人的意志、损害当事人的利益，如辩护律师当庭违背被告人的意志，提出比公诉方主张的更为严重的罪名。

上述两种极端的行为表明，关于忠诚义务的定位，需要处理两方面的问题：一是律师履行忠诚义务的限度应如何确定？二是律师维护当事人的利益与尊重当事人的意志之间的关系应如何处理？综合域外三种模式的启示，同时立足我国本土资源，笔者认为，有必要将我国辩护律师的忠诚义务定位为"受限的忠诚义务"。所谓"受限的忠诚义务"是指，辩护律师应全力维护当事人的利益、尊重当事人的意愿，同时也应受到有限的公益义务的约束。

其一，辩护律师应承担积极的维护利益义务，即在法律不禁止的范围内，最大限度地履行忠诚义务。忠诚义务是律师的首要职业伦理，原则上说，只要法律不禁止，律师就可以采取一切方式维护当事人的利益。但辩护律师应当以法律人普遍的、惯常的、符合立法本意的方式理解与解释法律，避免曲解法律。

其二，辩护律师应承担消极的尊重意志义务。在执业中，辩护律师应充分发挥作为专业人士的作用，进行独立判断、提出专业意见。当维护利益与尊重意志可能存在冲突时，律师首先应与当事人充分沟通、交流与协商，尽可能消除冲突与分歧，达成一致意见。如果已经尽到充分的协商义务，仍然难以达成共识，那么，律师要么选择退出辩护，要么应秉持消极的尊重意愿义务，对当事人予以详细告知，并在不违背当事人明示意愿的情形下开展辩护。

其三，辩护律师应承担有限的公益义务。有限的公益义务在内容上应当是明确且具体的，包括以下四方面的内容：一是消极的真实义务，比如律师不得毁灭、伪造证据，不得唆使、引诱、威胁证人作伪证；二是维护法律秩序的义务，比如听从法官指挥、遵守法庭礼仪、通过程序内的方式解决争议，注意庭外言行；三是维护司法廉洁性的义务，比如不得以任何方式向法官行贿、不得与法官有不正当的往来；四是防止严重社会危险发生的义务。

上述三方面之间的关系是，"积极的维护利益义务"与"消极的尊重意志义务"构成了忠诚义务的基本内涵，是对忠诚义务两大要素特征的描述。对于当事人的利益，辩护律师应当尽职尽责地、积极主动地予以维护，而对于当事人的意志，辩护律师则应当做到不违背、不背离。两相比较之下，辩护律师对于当事人利益的维护，是一种积极的、较高程度的义务；而对于当事人意志的尊重，则是消极的，只要做到不违反即可。当然，我们也鼓励律师通过与当事人协商、交流与沟通，最终实现积极尊重当事人意志的状态。第三方面的"有限的公益义务"则是律师履行忠诚义务的行为边界，通过明确具体的内涵，为律师执业划清界限。

那么，与美国、德国、日本三种模式相比，"受限的忠诚义务"模式有何特点？

首先，与美国相比，我国尊重律师在提出专业意见和开展执业活动上的独立性，不要求律师必须完全听从当事人的意志，但应当与当事人进行充分的沟通和协商，以不直接违背当事人的意志作为底线。同时，我国律师履行忠诚义务受到的限制更多，尤其体现在真实义务和防止严重社会危险发生的义务上。

其次，与德国相比，传统的脱离当事人的意志、独立开展辩护活动的"独立辩护人理念"在我国已基本被抛弃，因此对当事人利益的充分维护，尤其是对当事人意志的尊重，在我国律师职业伦理中有更明确的体现。此外，在对法庭义务、维护公共利益义务方面，我国律师也无须如德国律师般承担过高的要求，这些义务对于我国律师而言并非主要义务。

最后，与日本相比，为了避免出现模棱两可的问题，我国尝试明确忠诚义务和公益义务的主从关系、对公益义务的内涵进行明确界定，以此为律师的执业行为划定更为清晰的边界。

第 三 章

辩护律师忠诚义务的正当性

　　律师对当事人负有忠诚义务，是各国律师职业伦理普遍达成的共识。可以说，自成文的职业行为规范出现以来，忠诚义务就一直存在，并持续至今。[①] 那么，辩护律师为何要承担忠诚义务？从性质上看，忠诚义务属于律师职业伦理，因此，首先有必要讨论律师职业伦理的正当性。对此，目前，法理学界已经展开了一些研究，大体上形成了以下几种代表性的观点：一是法律的开放性理论，即由于法律体系、法律标准以及法律在适用过程中具有开放性，越是娴熟掌握法律知识与专业技能的人士，就越有能力利用这一特性为客户争取利益。但是，如果不当利用或滥用这种开放性，将其作为谋取私利的工具，就不仅会使得普通民众对法律人产生普遍的不信任，而且也会给法律实践带来道德危机。因此，为了避免法律被滥用，就需要对律师予以必要的道德限制。[②] 二是功利主义理论，根据该理论，"道德上正确的行为也是大多数人创造最大利益的行为"。如广泛的保密规则便于律师获知保密信息，这一规则对于律师为当事人提供法律咨询，促

---

　　① Carol Rice Andrews, "Standards of Conduct of Lawyers: An 800 - Year Evolution", *SMU Law Review*, Vol. 57, No. 4, January 2004, p. 1385.
　　② 参见李学尧《忠诚于法律的职业伦理——破解法律人道德困境的基本方案》，《法制与社会发展》2016 年第 4 期。

成法律纠纷的解决具有极大的促进作用。① 三是义务论，在这一理论中，"道德上正确的行为一般被认为是符合普遍的、可推及的义务原则"。而在寻找这些符合普遍化、一般化的义务时，"忠诚义务、善良义务以及公正义务等都被视为这种义务的典型形式"②。

　　虽然上述学说对于解释法律职业伦理都存在一定局限性③，但都从某一个角度揭示了律师职业伦理对于律师行为进行约束、规范与指引的作用。那么，为什么忠诚义务是律师最为重要的职业伦理？尤其是对于为犯罪嫌疑人、被告人提供法律服务的辩护律师而言，为什么要如此强调他们的忠诚义务？对此，目前学界尚未有系统的研究。④ 笔者认为，有必要站在当下中国实践和理论的语境下，对辩护律师忠诚义务的正当性予以深入的挖掘和系统的梳理。

一　辩护律师走向社会化的体现

　　作为一种社会职业，律师行业的发展深受社会变迁的影响。一方面，在不同的历史时期及不同的社会制度下，律师被期待发挥的作用存在差异；另一方面，"国家意志和理念也对律师制度的发展产生了极大的影响"⑤。具体到我国，随着改革开放、社会制度的逐渐

———————

　　① 参见［美］德博拉·L. 罗德、小杰弗瑞·C. 海泽德《律师职业伦理与行业管理》，许身健译，知识产权出版社 2015 年版，第 6、9 页。

　　② 参见［美］德博拉·L. 罗德、小杰弗瑞·C. 海泽德《律师职业伦理与行业管理》，许身健译，知识产权出版社 2015 年版，第 5—20 页。

　　③ 例如，"功能主义"理论强调多数人的利益和偏好，难以对个人权利的保护予以解释；再者，多数人的偏好可能有多种，该理论无法将那些建立在非理性、偏执的偏好与那些以社会利益价值为着眼点的偏好区分开来。"义务论"的缺陷在于不够明确，难以解决一些牵涉相互抵触价值的伦理困境。

　　④ 对"忠诚义务正当性"的讨论，参见陈瑞华《论辩护律师的忠诚义务》，《吉林大学社会科学学报》2016 年第 3 期。

　　⑤ ［日］佐藤博史：《刑事辩护的技术与伦理》，于秀峰、张凌译，法律出版社 2012 年版，第 18 页。

转型和市场经济的日渐发展，律师制度也发生了重大变化。不仅律师的身份经过多次变化，从国家法律工作者转变为法律代理人，律师执业的机构从具有国家属性的法律顾问处，转变为参与市场竞争、自负盈亏的律师事务所，而且律师协会也逐渐脱离行政机关，成为越来越具有独立性和自主性的自治组织。上述这些与律师身份相关的去国家化、去行政化的改变，都决定了律师对国家和社会的责任在逐渐被削弱，对私人的义务和责任则在逐渐加强。所以，从这个角度讲，辩护律师的忠诚义务是其走向社会化的体现。

（一）"社会化"转向的形成

从中华人民共和国成立直至改革开放初期，我国一直处于国家与社会高度一元化的"大一统"局面。这种局面的特征是："国家公权极度强大，国家职能涉足一切领域，国家利益也统摄一切其他利益"①。与此相对应的是，民间力量较为弱小，所有组织都处于国家监督和管理之下；它们依附或者归属于国家公权，而不具有独立性。② 在这种国家权力垄断的社会中，任何组织和公民都是实现国家利益的主体，包括售货员、公交车司机等在内的各行各业的工作人员都具有公职属性，他们所承担的工作都被视为维护国家利益。

在这种情况下，律师被视为"国家的法律工作者"，被要求维护国家利益并促进法律的实施，显然也是理所应当。在这一时期，尽管辩护律师以维护当事人的利益为己任，并与代表国家权力的检察机关处于对抗之中，但是，对于属于国家公职的辩护律师而言，这种对抗的形式意义远远大于实质意义。维护当事人的利益更多地只是法庭上基于角色的划分而承担的任务。此时，律师对当事人的忠

---

① 张志铭：《回眸和展望：百年中国律师的发展轨迹》，《国家检察官学院学报》2013 年第 1 期。

② ［德］托马斯·海贝勒、诺拉·绍斯米卡特：《西方公民社会观适合中国吗?》，《南开学报》（哲学社会科学版）2005 年第 2 期。

诚义务无从谈起。

当然，这种"大一统"的局面随着我国改革开放以及政治、经济、社会的发展，发生了很大的变化。尤其是在改革开放后的十余年时间里，随着国家权力的后撤、政治环境的宽松，再加上社会经济的发展、民间力量日益强大，由此所带来的便是国家一统局面被打破，"国家和社会的二元格局逐渐形成"①。该二元格局的特点是：一方面，"官方和社会、私人领域不断分化，国家从部分社会领域退出，这扩大了社会空间和自治范围"②，社会主体自主活动的权利得到充分的尊重、确认和保护③；另一方面，国家利益、集体利益以及个人利益得到区分，国家利益涵盖其他一切利益的局面被打破，国家利益只由专门的一部分人来维护。与此同时，国家利益和集体利益天然地具有正当性、合法性以及优先性的思维方式被质疑和批判的精神所替代。

在这种社会大背景下，律师行业也从依靠国家编制和国家经费的体制中脱离出来，成为一种社会化的职业。此时，律师不再属于国家公职，而是以法律专门职业者的身份为社会、为当事人提供法律服务，并从当事人那里获得维持生计的报酬。此时，转变身份的律师显然就不再对国家负责，也不再以维护国家利益作为首要职业目标，而是转向客户利益。于是，专门强调维护委托人利益的忠诚义务逐渐得以培育并发展起来。

（二）律师作为法律代理人的身份定位

市民社会的兴起、"国家与社会"的二元划分是现代（西方国

---

① 参见张志铭《回眸和展望：百年中国律师的发展轨迹》，《国家检察官学院学报》2013 年第 1 期。

② 参见［德］托马斯·海贝勒、诺拉·绍斯米卡特《西方公民社会观适合中国吗？》，《南开学报》（哲学社会科学版）2005 年第 2 期。

③ 参见郭道晖《多元社会中法的本质与功能——第二次亚洲法哲学大会评述》，《中外法学》1999 年第 3 期。

家）律师走向社会化，并实现制约与监督公权进而维护私权的基础。① 只有对公权进行有效的制衡，才能真正保护私权。正因为如此，才有学者提出，"律师是最可能立足于权利批评权力的立场上来进行法的思维并捍卫法律尊严的主体"②。正如在日本，律师天然地被视为"在野党"，是"为了引起争论而发表反对意见的人"③。在我国社会结构发生变化的过程中，律师身份也先后经历了两个巨大的转变。

第一个转变是从"国家化"走向"社会化"。历经《律师法》的诸次修改，我国律师在身份上经历了从"国家法律工作者"到"为社会提供法律服务的执业人员"，再到"为当事人提供法律服务的执业人员"的变化。这一身份变化的趋势是，律师的"对公属性"逐渐削弱，律师走向社会化，成为一种独立的社会化职业。

第二个转变是从"绝对的独立性"走向"相对的独立性"。这里的"独立性"主要是相对于当事人而言。根据 2000 年《律师办理刑事案件规范》第五条的规定，"律师担任辩护人或为犯罪嫌疑人提供法律帮助，依法独立进行诉讼活动，不受委托人的意志限制"④。基于此，辩护律师在开展辩护活动时，完全独立于当事人，不受当事人的约束，独立地发表辩护意见，即律师是"独立的辩护人"。但是，这种定位存在很大的问题，既忽视了律师辩护权的来源，也忽略了对被告人个人意志的尊重，在实践中引发了律师与当事人当庭发生冲突的难题。于是《律师办理刑事案件规范》在 2017 年修改时作出调整，修改后的第五条第三款明确规定，"律师在辩护活动中，

---

① 参见［日］谷口安平《程序的公平和正义》，王亚新、刘荣军译，中国政法大学出版社 2002 年版，第 14 页。

② 参见［日］谷口安平《程序的公平和正义》，王亚新、刘荣军译，中国政法大学出版社 2002 年版，第 14 页。

③ ［日］佐藤博史：《刑事辩护的技术与伦理》，于秀峰、张凌译，法律出版社 2012 年版，第 7 页。

④ 2000 年《律师办理刑事案件规范》第五条。

应当在法律和事实的基础上尊重当事人意见，按照有利于当事人的原则开展工作，不得违背当事人的意愿提出不利于当事人的辩护意见"，且第十二条第二款规定，"律师与当事人或者委托人就辩护或代理方案产生严重分歧，不能达成一致的，可以代表律师事务所与委托人协商解除委托关系"。这一调整意味着辩护律师不再完全地独立于当事人，而要受到当事人意见的约束。与此同时，这也在某种程度上决定了律师在身份上不是"独立辩护人"，而是"法律代理人"，辩护律师与当事人之间的关系与民事代理并没有本质的区别。因此，作为代理人的辩护律师，既要维护当事人的合法权益，也要尊重当事人的基本意志。"尊重意志"因素的引入是对忠诚义务内涵的一次重大发展。

（三）律所作为自负盈亏的市场主体

在律师作为国家法律工作者时期，律师的工作机构是法律顾问处，这是受国家司法行政机关组织领导和业务监督的事业单位。[①] 这一单位由国家核拨编制、核发经费设立，在经费管理上实行的是统收统支的行政包干式的管理方式。在这一时期，"律师承办业务，由法律顾问处统一接受案件，并统一收费，律师也要接受法律顾问处分配的任务"[②]。

随着改革开放和国家经济的发展，社会对法律服务的需求日益增长，这种行政化的管理方式严重阻碍了律师群体的发展，于是律师执业机构在机构名称、组织形式以及经费管理等方面都发生了变化。在机构名称上，法律顾问处陆续更改为律师事务所。在组织形式上，从1988年开始，司法部开始创办合作制律师事务所，要求"不占国家编制、不要国家经费……民主管理……律师事务所财产归

---

① 1980年《律师暂行条例》第十三条。
② 1980年《律师暂行条例》第十七条。

集体所有"①。之后，随着经济体制的进一步发展，合伙律师事务所的试点工作也逐渐推行。直到 2000 年，所有国办所均脱钩改制为自收自支的律师事务所，这标志着中国律师业彻底走向了市场。② 随着这一组织形式的变化，律师经费的管理方式也发生了重大调整，从过去的统收统支行政包干式的管理制度转变为"自收自支、自负盈亏"的经费管理办法。③ 进入 21 世纪后，随着中国加入世界贸易组织，对外开放的程度不断扩大，法律服务市场的业务种类和数量急剧增多，为了应对这一需求，我国律师队伍呈现突飞猛进的发展趋势，律所的数量与日俱增。截至 2022 年 6 月，全国共有律师 60.5 万人，律师事务所 3.7 万余家。④ 这些律所呈现百花齐放的发展态势：在组织形式上，既有合伙所、个人所，也有国资所；在规模上，既有综合大所也有精品小所；在文化氛围和主攻业务上都各具特色。

时至今日，面向社会大众、参与市场竞争已是所有律所的基本特征。作为自负盈亏的市场主体，由于不再有国家经费的支持，任何律所都直接面向客户，为客户提供各种形式的法律服务，并以此收取费用、维持运营。这意味着客户与案源是律所生存的唯一依靠。基于此，为了实现生存、获得发展，作为律所成员的律师必须以维护客户的利益作为执业的根本目标，最大限度地满足客户的要求。否则，失去了客户和案源的律所在竞争激烈的市场中无疑将会被淘汰。

---

① 参见熊秋红《新中国律师制度的发展历程及展望》，《中国法学》1999 年第 5 期。

② 戴舒扬、彭熙海：《我国律师事务所发展模式探讨》，《西部法学评论》2013 年第 4 期。

③ 参见熊秋红《新中国律师制度的发展历程及展望》，《中国法学》1999 年第 5 期。

④ 参见邢翀《司法部：截至 2022 年 6 月，全国共有律师 60.5 万人》，2022 年 7 月 29 日，http：//zw. china. com. cn/2022 – 07/29/content_ 78346929. html，2022 年 9 月 19 日。

（四）律协作为具有高度自治性的社会组织

律师协会是律师的自律性组织，对于律师行业的发展发挥着至关重要的作用。从理论上讲，律师协会越发达，律师的行业化和自治化水平就越高，律师就越少地受到外界的干预。但是，与美国律师协会（American Bar Association）这种"内生型律师组织"不同，我国的律师协会自诞生之日起就由国家主导，呈现出"建构型律师组织"的特点，也因此存在受公权力过分干预的问题。① 随着律师市场化水平的不断提高，我国律师协会也越来越走向独立性和自主性。

早在律师作为国家法律工作者时期，司法行政机关对律师工作直接领导，有关律师调配、考核、惩戒、经费管理等事项，均由司法行政机关负责。律协协会的职责是"维护律师的合法权益，交流工作经验，促进律师工作的开展，增进国内外法律工作者的联系"②。随着律师在身份上逐渐脱离国家编制，律师事务所的自主性不断提高，司法行政机关开始侧重宏观指导，不再干预律师事务所内部人财物等具体事务。1993 年，我国律师管理方式发生重大变化，建立了"两结合"的管理体制，即司法行政机关的行政管理和律师协会的行业管理相结合，并提出逐渐向司法行政机关宏观管理下的律协行业管理体制过渡。③ 在随后的实践发展中，我国律师协会在管理职权、领导班子组成等方面都不断完善。

在管理职权方面，随着司法行政机关的逐渐"后退"，律师协会的职权范围不断扩大，管理内容日益实质化，从早期仅负责律师之间的交流，逐渐发展为负责对律师进行业务培训、开展会员奖惩等。

---

① 参见蒋超《通往依法自治之路——我国律师协会定位的检视与重塑》，《法制与社会发展》2018 年第 3 期。

② 参见 1980 年《律师暂行条例》第十九条。

③ 参见陈宜《"两结合"律师管理体制的经验总结与深化》，《中国司法》2019年第 2 期。

　　在领导班子组成方面，早期的律师协会名义上是律师的自律组织，但实质上具有公权力的性质。例如，律师协会的领导一般是司法行政机关的负责人，或者律师协会与司法行政机关就是"两套牌子，一班人马"。后来，律师协会在经费、人员与工作场地等方面都与司法行政机关彻底分开。一方面，律师协会的领导班子逐渐全部由执业律师担任；另一方面，领导班子由会员大会选举产生，其选任受司法行政机关的影响也逐渐减少，基本上体现了全体律师的自由意志。

　　律师协会从行政化走向行业化，一方面体现了分散运作的律师业开始形成一种整体的力量以强化自身对社会的影响；另一方面体现了律师业真正走向自治自律，成为一种独立的现代职业。这意味着，律师在执业中可以尽可能地摆脱司法行政机关的影响，避免承担不必要的国家责任和社会负担，可以真正将维护当事人的利益放在首要，更好地实现律师的个人价值和律师业的行业价值。

二　对当事人与律师力量不平衡的矫正

　　尽管所有律师都应当履行忠诚义务，但是，相比于民事律师和非诉律师，人们往往更为强调、重视辩护律师的忠诚义务，有关忠诚义务的讨论也多在刑事辩护领域展开。那么，为什么要如此突出辩护律师的忠诚义务？这是因为，辩护律师与当事人通常处于不平等的地位。相对于当事人而言，辩护律师无论在心理状态还是专业技能上都属于明显的强者。在强者与弱者的交往中，强者很容易侵犯或者损害弱者的利益。为了使这种强弱不平衡的差异缩小，需要忠诚义务对辩护律师施加外部的约束。它虽外化为外部约束，但实为一种本能，正如康德所说，"良心是一种根据道德准则来判断自己的本能，它不只是一种能力，它是一种本能"。

（一）当事人与律师力量不平衡的表现

在民法领域，律师与当事人之间是平等的民事主体关系，二者通过自由协商约定彼此的权利义务；而在职业伦理中，律师却被要求承担许多不平等的义务。比如，委托人可以拒绝已经委托的律师继续为其辩护或者代理，而律师接受委托后，无正当理由的，不得拒绝辩护或者代理；又如，辩护律师在一般情况下不得接受可能存在利益冲突的代理，除非获得委托人的同意；再如，辩护律师对当事人要承担保守职业秘密的义务，即使在委托关系结束后，这一义务仍然存在。

那么，律师职业伦理为什么要在合同之外为律师设定这些看似不平等的义务？除了上述这些律师都要遵守的执业行为规范外，学界对辩护律师的忠诚义务予以了更多的关注和强调，许多在民事和非诉业务中不存在或被认为是理所当然的问题，在刑事辩护中却广泛存在并引发了许多讨论，比如当事人与辩护律师辩护观点的冲突与协调、辩护律师对"客户"的识别、辩护律师履行忠诚义务的边界，等等。那么，为什么辩护律师在履行忠诚义务时更容易出现问题？为什么要对辩护律师的忠诚义务予以格外强调？

要回答上述问题，就必须回到律师与当事人之间的关系上。在法律层面，律师与当事人属于地位平等的民事主体，两者基于自由意志约定彼此的权利与义务。但事实上，两者处于实质的不平等的状态中。尤其是在辩护律师与被追诉人之间，这种不平等往往体现得更为明显。

首先，在法律知识与辩护技能方面，辩护律师作为专业人士占据优势。相较于辩护律师，当事人作为法律的门外汉，通常难以对那些具有高度专业化、复杂化和具体化的法律问题加以判断，更难以对律师的执业活动进行评判和监督。

其次，在信息获取方面，人身自由的受限与被剥夺使得当事人难以获知外界信息，当事人与律师也处于信息严重不对称的状态，当事人要想获得各种信息，只能依赖辩护律师的告知。

再次，在辩护权的行使方面，辩护律师享有独特的优势，如包括会见权、阅卷权等在内的特定权利只能由辩护律师行使，这意味着要想使这些权利发挥应有的效力，当事人只能且必须依赖辩护律师。

复次，在心理状态方面，当事人身陷囹圄，通常难以保持理性、冷静和稳定的心理状态，极易受到侦查机关、公诉机关、审判机关以及其他人员的影响；而辩护律师则相对超脱，可以理性地作出判断。

最后，在与办案机关的交流方面，辩护律师更具有说服办案人员的机会和能力。尽管在刑事诉讼的过程中，当事人也有与办案人员交流、作出辩解的机会，但是，嫌疑人、被告人在我国更多地被视为证据来源，而非辩护权的行使主体，办案人员往往更青睐于他们所做的有罪陈述，更容易将无罪辩解作为他们逃避惩罚的"谎言"。在这种情况下，对于有利于当事人的证据与意见，相较于当事人而言，由辩护律师作为相对中立的利益无关方提出，会更容易被办案人员接受和信服。

由此可知，当事人与辩护律师在诸多方面都存在不平等，这些不平等决定了两者之间存在明显的强者与弱者的划分。这种强弱关系带来的直接后果是，作为强者的辩护律师很容易损害当事人的利益。比如，辩护律师利用当事人不懂法律，敷衍塞责、消极怠工；倚仗当事人的信赖，实施欺骗活动甚至利用当事人谋取私利①；随意退出，置当事人的利益于不顾，这些行为会使被告人在刑事诉讼中"腹背受敌"。可见，被告人在刑事诉讼中处于双重弱者的境地：面对以国家力量为后盾的追诉机关与面对作为强者的辩护律师，被告人都是弱者。对于追诉机关，刑事司法通过构建辩护制度、赋予检察机关客观义务加以平衡；对于辩护律师，则需要对其施加必要的外部限制。

---

① "山东律师孟某案"就是一则典型的案例。参见王巍《涉嫌诈骗委托人 1500 余万 山东一律所主任被批捕》，2018 年 10 月 11 日，http://k.sina.com.cn/article_1625232640_60df150004000cd3q.html，2022 年 10 月 18 日。

（二）忠诚义务作为对律师的外部约束

辩护律师在处理与当事人的关系时，一般要受到三方面的约束：一是私法层面的合同约束；二是法律条文的强制约束；三是律师职业伦理的行业规范约束。就目前来看，为了矫正与平衡律师与当事人之间不平等的状态，仅仅依靠合同约束和法律约束，并不能取得最好的效果。

首先，在私法层面，尽管合同的双方基于自由意志就权利义务进行约定，但作为弱者的当事人或其家属一般很难与专业的律师进行平等协商。实践中通行的格式合同大多将当事人的自由意志排除在外。更何况，合同约定的事项本身具有有限性和相对性，当事人无法对律师从事合同之外的，对第三人实施的可能影响其利益的行为施加影响。除此之外，即使律师违反合同，未完全履行约定的辩护工作，甚至实施了损害当事人利益的行为，律师最多被要求退费，无须承担任何惩罚性或者补偿性赔偿。违约责任的轻微与无力不仅无法对律师履行合同起到积极的督促作用，反而还会在一定程度上引发律师随意违约，不注重对合同义务的履行。

其次，在法律层面，立法通常只能将律师最为重要的义务确立下来，而无法对各项义务都做到事无巨细的规范。再者，当前立法只笼统规定了律师应当维护当事人的利益，而没有规定律师违反义务的法律后果，这也使得立法对于律师义务的确立仅具有宣示的意义。在规范性约束无法完全发挥作用的情形下，要想对处于弱者的当事人加以保护，对辩护律师与当事人之间不平衡的关系予以矫正，就必须依靠合同约定或者法律规范之外的其他约束，而忠诚义务就是对作为强者的辩护律师的一种约束。相比于合同约束和法律规范，忠诚义务对于律师所发挥的约束作用主要表现在以下两点。

一是忠诚义务贯穿于律师与当事人关系发展的始终，能够对律师执业的方方面面发挥调整的作用。其一，忠诚义务是律师职业伦理的核心，并贯穿于律师执业的整个过程之中，指导律师开展每一项辩护工作。其二，在一些重要且常见的领域，忠诚义务体现在具体规则的设置之中，对律师的执业过程予以更为专业、细致和具体的指导。其三，忠诚义务不仅作用于律师与当事人关系存续期间，而且在关系结束后仍然发挥"余热"，对当事人的利益予以全面与持久的保护，最能体现忠诚义务的保守职业秘密义务就是律师对于当事人的一项持续性的义务。

二是忠诚义务使律师的行为能够符合道德上的要求。虽然忠诚义务属于律师职业伦理的范畴，而职业伦理本身具有"非道德"的特征①，不完全与大众道德相容，但职业伦理与大众道德之间仍具有紧密的联系。道德上的"善"会对职业伦理的设定产生影响，从业者也应通过"职业伦理来保障其职业技术理性中的道义性成分发挥到最高的程度"②。例如，在西方律师业发展的早期，律师为穷人提供免费的服务只是一种道德行为，到后来发展成为律师的职业伦理，并演变成为现代社会的法律援助制度。③ 抛开职业伦理的属性，"忠诚"首先是人际交往领域的一种道德品质，其内涵包括信守承诺、不得背信弃义或者欺骗他人。有美国学者认为，律师与当事人首先应是"朋友"关系，离不开人与人之间交往的最基本的规则。正是朋友之间的信任、依赖与忠诚，才使得律师与当事人之间保持长期稳定的关系。④ 此外，在律师与当事人之间的关系建立时，当事人通过支付报酬来换取律师提供忠诚服务的承诺，而当事人正是基于对于这一承诺的依赖，才向律师披露重要信息，并放弃向其他人寻求法律代理的机会。⑤ 基于当事人的这种合理依赖，律师对当事人坚守

---

① 参见李学尧《非道德性：现代法律职业的困境》，《中国法学》2010 年第 1 期。

② 孙笑侠：《职业伦理与大众伦理的分野——为什么要重塑我们的法律职业伦理》，《中外法学》2002 年第 3 期。

③ 参见张耕《法律援助制度比较研究》，法律出版社 1997 年版，第 7 页。

④ W. Bradley Wendel, "Public values and professional responsibility", *Notre Dame L. Rev*, Vol. 75, No. 1, October 1999, p. 30.

⑤ Michael K. Mcchrystal, "Lawyers and Loyalty", *WM. & Mary L. Review*, Vol. 33, No. 2, February 1992, p. 393.

忠诚也具有道义上的责任。从反面来看，对信赖自己的人实施不忠诚的行为往往被认为是应被谴责的。而在重视诚信的现代商业社会中，不忠的社会风气无疑也会破坏有序的竞争秩序。① 对于辩护律师而言，"普遍的不忠"会使得潜在的客户不愿聘请律师，这也会大大降低律师在司法程序中的作用。

三 辩护效果实现最大化的保证

所谓"辩护效果"，是指辩护律师在刑事诉讼中通过行使辩护权、开展一系列的辩护活动所产生的影响。毋庸置疑，辩护效果首先与嫌疑人、被告人的权益保护息息相关。辩护律师积极履行忠诚义务，有助于当事人获得有效辩护，取得最好的辩护效果。除了事关当事人的利益，辩护律师作为诉讼参与人也对整个刑事诉讼价值的实现发挥着重要的作用，这也属于辩护效果的表现之一。

关于刑事诉讼的价值，自 20 世纪 90 年代以来，学界已经展开了充分的讨论，并形成了许多富有影响的作品。② 其中被人广泛接受的观点是，刑事诉讼价值应指刑事诉讼程序在设计和运行中所体现的一种过程价值，应当主要包括内在价值（程序公正）与工具价值（结果公正）两方面，而效益价值（程序经济性）则属于次级价值。③ 刑事诉讼价值是任何一项刑事司法制度所要实现的目标，同时也对每一项刑事司法制度的构建发挥着指导作用。忠诚义务作为辩

---

① Michael K. Mcchrystal，"Lawyers and Loyalty"，*WM. & Mary L. Review*，Vol. 33，No. 2，February 1992，p. 393.

② 参见龙宗智《刑事诉讼价值模式论析》，《现代法学》1993 年第 2 期；陈光中、郑旭《追求刑事诉讼价值的平衡》，《中国刑事法杂志》2003 年第 1 期；马贵翔《公正·效率·效益——当代刑事诉讼的三个基本价值目标》，《中外法学》1993 年第 1 期。

③ 参见陈瑞华《刑事诉讼的前沿问题》（上册），中国人民大学出版社 2016 年版，第 35—36 页。

护律师的职业伦理，也对刑事诉讼价值的实现具有积极的促进作用。

（一）辩护律师的忠诚义务与实体正义

"实体正义"是刑事诉讼的外在价值或工具价值，又称"结果的正义"，它是指法庭通过刑事审判活动所制作的裁决符合正义的要求。实体正义的评价标准通常有三：一是裁判的"客观性标准"；二是裁判的"形式正义标准"；三是裁判的"适当性标准"。[①] 尽管裁判结果最终是由法官作出，但是，从动态的角度来看，裁判结果是刑事诉讼程序整体运行的产物。辩护律师履行忠诚义务，既是对当事人履行义务的过程，也是行使辩护权、影响裁判者作出结果的过程。辩护律师履行义务对于实体正义的实现具有促进作用，主要表现在两方面。

其一，在审前阶段，律师积极参与有助于促进证据取得的全面性和合法性。根据证据裁判主义的基本要求，任何裁判都应建立在证据的基础上。在刑事诉讼中，绝大部分证据都来源于审前的侦查阶段和审查起诉阶段，而这一阶段主要是由侦查机关和追诉机关主导的行政化的调查和审查程序，被告人在大多数情况下只能被动地接受和配合。辩护律师作为被告人的帮助者，通过积极地履行忠诚义务，一方面，可以督促侦查机关全面收集证据，也可以通过行使调查权，主动发现有利于被告人的证据或者线索；另一方面，还可以站在被告人的立场，对追诉机关的取证行为进行监督，避免违法或不适当的取证行为影响证据的合法性与真实性，并将"被污染"的证据排除于法庭之外。

其二，在审判阶段，律师积极参与有助于法官"兼听则明"，避免冤假错案。基于忠诚义务的基本要求，辩护律师要站在当事人的立场提出有利于犯罪嫌疑人、被告人的证据与意见。这对于控诉方

---

① 参见陈瑞华《刑事诉讼的前沿问题》（上册），中国人民大学出版社 2016 年版，第 183—186 页。

提出的意见而言，无疑是另一个"故事"。两个不同的"故事"相互竞争，有利于法官"兼听则明"，在对冲突和争议的讨论中逐渐接近真实。因为"对抗是探明'真相'的最佳方法"。[①]

当然，可能有人提出质疑：对于那些事实上有罪的嫌疑人、被告人，辩护律师履行忠诚义务，提出有利于当事人的证据和意见，无疑是给法官正确认定事实制造障碍，在这种情况下，律师履行忠诚义务是否会阻碍实体正义的实现？答案显然不是。首先，实体正义所要追求的是法律真实而非客观真实。法律真实虽不是本体论意义上的真实，却是经过法定程序，通过合乎法律规定的证据，并根据人类的理性所认定的真实。因此，也许嫌疑人、被告人可能事实上有罪，但是，如果辩护律师认为现有证据不足以认定其有罪，法官最终作出无罪判决，我们也应当认为，这一裁判符合法律真实。其次，辩护律师在对当事人承担忠诚义务的同时，也负有消极的真实义务，即律师不得向法院提交虚假的证据、不得帮助作伪证、不得误导法官。只要律师不违背这些基本的义务，就应当认为律师已经就实体真实的实现履行了基本的义务，因此，不能苛责律师与法官、检察官承担相同的真实义务。

（二）辩护律师的忠诚义务与程序正义

"程序正义"是独立于程序结果的刑事诉讼程序的内在价值。这一价值体现了"刑事诉讼活动不仅是一种以认识过去发生的事实真相为目标的活动，而且也包含着一种程序道德价值目标的选择和实现过程"[②]。根据学界现有研究，程序正义包含程序的参与性、裁判者的中立性、程序的对等性、程序的合理性、程序的及时性以及程

---

① Tomkovicz J. , "An Adversary System Defense of the Right to Counsel against Information: Truth, Fair Play, and the Massiah Doctrine", *U. C. Davis Law Review*, Vol. 22, No. 1, September 1988, pp. 1 – 92.

② 陈瑞华：《刑事诉讼的前沿问题》（上册），中国人民大学出版社 2016 年版，第 170 页。

序的终结性六大要素。① 辩护律师作为刑事诉讼的重要参与主体，通过履行忠诚义务，从以下三方面对于程序正义某些要素的实现发挥积极作用。

其一，辩护律师履行忠诚义务可以使当事人充分地参与到诉讼中。在刑事诉讼中，被追诉人的权利一般最容易受到侵害，因此保证被追诉人的程序参与权是衡量刑事诉讼正当性最重要的标准。正如美国学者贝勒斯（Bayles M. D.）所言："人们至少有理由期望，在作出关系他们的判决之前，法院听取其意见，即他们拥有发言权。某人被允许参与诉讼也表明别人尊重他，即他受到了重视。"② 被追诉人参与刑事诉讼最主要的方式是行使辩护权，但是，基于各方面的原因，被追诉人通常难以亲自行使，因此就需要辩护律师来帮助被追诉人行使这一权利。在某种意义上，辩护律师相当于被追诉人行为能力的延伸。律师越是充分地行使辩护权，就越能替代被追诉人充分地参与诉讼，进而对裁判的作出施加影响。此外，2017 年《律师办理刑事案件规范》正式明确辩护律师应当"尊重当事人的意志"，这意味着被追诉人不再被动地接受律师行使辩护权所带来结果，而是积极地参与到辩护活动的开展过程中，并对参与诉讼的方式进行选择。这一变化无疑会进一步提高被追诉人参与诉讼的能力，促进被告人主体性地位的实现。

其二，辩护律师履行忠诚义务可以促进控辩双方实现实质的平等对抗。"两造对立，法官居中"是刑事审判程序中横向构造的基本样态。其中，"两造对立"不仅是形式上的对立，更是实质上的对立。但是，在刑事诉讼中，被追诉者个人与国家追诉机器之间的实力落差永远是难以回避的现实。刑事诉讼中辩护人制度的目的就在于为当事人引入专业的"外援"，弥补这一差距。但是，存在辩护人

---

① 参见陈瑞华《刑事诉讼的前沿问题》（上册），中国人民大学出版社 2016 年版，第 234—238 页。

② ［美］迈克尔·D. 贝勒斯：《法律的原则——一个规范的分析》，张文显等译，中国大百科出版社 1996 年版，第 35 页。

或者辩护律师就一定能减少这一落差吗？在刑事辩护的实践中，尤其是在一些法律援助的案件中，许多辩护律师形同虚设，有的甚至还实施一些不利于被告人的行为，不仅不能缩小落差，反而进一步扩大差距。由此可见，要想实现控辩双方的实质对抗，就必须要求辩护律师完全忠诚于当事人，对当事人一心一意，在不损害当事人利益的底线基础之上，积极发挥作为专业人士的作用，提高与控方实质对抗的能力。

其三，辩护律师履行忠诚义务可以通过辩护权对裁判权进行有效的监督。"裁判的中立性"是程序正义的要素之一。这一要素的实现既需要法官自身践行居中裁判的身份定位，也离不开辩护权对裁判权的制约。例如，当法官不当限制甚至剥夺当事人的法定诉讼权利，或者作出不当的行为或决定时，辩护律师以合理的方式向法官表达意见，以避免当事人的权益受到忽视或侵害。这既是履行忠诚义务的表现，也是对裁判权进行监督的方式。如果没有忠诚义务的约束，辩护律师可能会因为担心得罪法官，不敢或不愿指出。在缺少辩护方约束的情况下，正当法律程序中等腰三角形的一角缺失，作为居中顶点的法官也将难以保持中立，或主动或被动地偏向一方。

（三）辩护律师的忠诚义务与诉讼效率

法谚有云："迟来的正义非正义。"刑事诉讼不仅要获得公正的结果、实现正当的程序，而且要提高诉讼效率。正如美国学者波斯纳（Richard Allen Posner）所说，"正义的第二种含义——也许是最普通的含义——是效率……在一个资源稀缺的世界里，浪费是一种不道德的行为"[①]。诚然，单纯就诉讼效率而言，行政化治罪程序的效率是最高的。没有辩护律师或者辩护律师的法律帮助流于形式，

---

① ［美］理查德·A. 波斯纳：《法律的经济分析》，蒋兆康译，中国大百科全书出版社 1997 年版，第 31 页。

最有利于控诉方开展追诉、办理案件。辩护律师帮助当事人行使辩护权反而还会在一定程度上影响诉讼效率，比如，过分地强调控辩双方之间的辩论或者过分地争论程序问题，可能拖延诉讼进程，使案件久拖不决。从这个角度来讲，辩护律师履行忠诚义务的确对诉讼效率难有助益。但是，从诉讼价值的位阶来看，效率是次级价值。当与被告人基本权利的保护发生冲突时，效率永远是靠后考虑的问题，即诉讼效率的提高应当以保障被告人获得有效的律师帮助为底线。在这一底线的基础上，律师履行忠诚义务也会对诉讼效率的提高产生积极的作用。

其一，辩护律师主动向当事人释明法律和证据，有助于当事人快速作出决定。刑事诉讼是一项具有固定规范和程式的活动，其中包含大量的程序规则、证据规则、法庭规则。对于非法律专业人士的当事人而言，让其准确了解、理解并运用这些规则并非易事。如果让法官在法庭上对当事人提出的专业问题一一解释，这无疑会耽误法庭时间、影响审判进行。因此，如果辩护律师在庭前与当事人进行充分的解释、说明工作，不仅有助于当事人迅速作出决定，而且也会避免出现法官当庭释法、影响诉讼效率的问题。例如，在美国，每位刑事被告人都有权获得律师帮助，但是，如果被告人明确放弃这一权利，法庭也不得强迫其接受律师帮助。为了确保法庭审理的高效进行，在被告人明确放弃律师帮助的情况下，法院可以为其指派备位律师（standby counsel）。备位律师并非被告人的辩护人，只是帮助被告人了解诉讼程序及法庭规则，或提供被告想知道的法律知识。[①]

其二，辩护律师与办案机关沟通，有助于推进诉讼进程。首先，辩护律师与办案机关充分沟通，可以及时发现争议焦点，有助于控辩双方就争议问题展开辩论，有助于法官对争议部分进行重点审查，从而有助于提高解决"纠纷"的效率。其次，辩护律师与办案机关

---

① 　王兆鹏：《美国刑事诉讼法》，北京大学出版社 2016 年版，第 382—383 页。

积极协商，可以帮助当事人作出适当的程序选择，既可以减少当事人的诉累，又有助于提高效率。这一点在我国大范围推广的认罪认罚从宽制度的当下，有极为突出的体现。认罪认罚从宽制度以效率为价值导向，被告人通过认罪认罚获得程序上的从简和实体上的从宽。辩护律师通过与办案机关积极协商，充分了解办案机关掌握的证据情况，对于那些证据充分、争议余地不大的案件，一方面，可以向办案机关争取对当事人最有利的结果；另一方面，也可以在向当事人充分说明的情况下，作出适当的程序选择。

四　律师行业实现可持续发展的要求

经过不断的发展变化，律师行业在脱离国家编制后，成为一种社会化的职业，完全参与市场竞争。在这种情况下，小到律师个人，大到律师行业，要想实现可持续发展，都必须与其他行业一样，获得良好的职业声誉和口碑，实现其应有的行业价值。作为律师首要职业伦理的忠诚义务在这一过程中发挥了重要作用。

（一）律师个人履行义务获得经济收入

与医生、教师等所有其他社会职业一样，辩护律师也是一种通过为他人提供法律服务而获得报酬的职业。基于"受人之禄、忠人之事"的朴素道理，辩护律师从当事人或其近亲属处收取报酬，自然就要忠诚于当事人，为维护其意志和利益而服务。因为只有有效地维护了当事人的利益，取得了较为理想的诉讼结果，当事人才会认为值得给付费用；只有积极地尊重了当事人的意愿，当事人才会愿意支付报酬。尽管在有些案件中，与律师签订委托合同并支付报酬的并非当事人本人，但是，律师真正的服务对象仍然是当事人。

辩护律师获得收入是基于履行义务，律师获得收入的高低取决于义务履行的程度和效果。在律师收费制度方面，国家发展改革委、司法部于 2006 年制定并发布了《律师收费管理办法》，此后全国所有省市都据此制定了地方性政府收费指导价的标准。① 尽管存在官方的指导收费标准，但是，实践中辩护律师的收费与其他法律服务一样更多的还是依靠市场调节。在市场的作用下，不同辩护律师之间的收费标准存在非常大的差异，而这一标准一般根据执业年限、社会口碑、以往代理案件的效果、社会影响力等多方面因素确定。其中以往代理案件的效果与质量是最为关键的要素之一。因此，忠诚义务与律师收入是相互促进、相互影响的关系。辩护律师积极履行忠诚义务，帮助当事人获得理想诉讼结果的可能性越高，就越能获得更高的收入。反过来，辩护律师预计获得的报酬越高，作为一种激励机制，也越能促使其开展辩护活动、维护当事人的权益。正如美国学者所说，"金钱决定了律师时间的走向"②。

　　在我国刑事辩护的实践中，也不排除一些辩护律师收取了高额的费用，但不为当事人尽心辩护，甚至没有履行基本的职责。这一行为既是违约行为，也违背了忠诚义务。实践中较为常见的是当事人要求律师退还费用，并向律协投诉，要求对律师展开调查、给予惩戒。尽管实践中并不是所有这样不尽职的律师都得到了处理，但是，这种行为显然不具有持久性。一方面，辩护律师会因为当事人的投诉而受到调查与可能的惩戒；另一方面，当事人的投诉也会对律师的声誉产生极大的负面影响，在注重口碑的律师业这无异于"自断后路"。

（二）律师引导当事人避免实施非法行为

　　作为当事人权利的保护者，辩护律师有义务引导当事人在法律

---

　　①　参见李国民《律师收费是否需要"指导"》，《检察日报》2010 年 5 月 19 日第5 版。

　　②　Ramsey Clark，"The Lawyer's Duty of Loyalty：To the Client or to the Institution？" *Loyola University of Chicago Law Journal*，Vol. 16，No. 3，1985，pp. 459 –474.

的框架内作出最符合其利益的选择。但是，在有些情况下，当事人可能为了自己的利益而超越法律，实施一些不当行为，比如要求律师收买证人或帮助其毁灭、伪造、隐藏证据，或向侦查机关作出虚假的供述。对于当事人的这些要求，辩护律师基于消极的真实义务显然应当拒绝，并尽力说服其不要实施。但是，辩护律师单纯的劝说行为并不一定能发挥作用，即使辩护律师以退出辩护相"要挟"，当事人仍然可能作出上述行为。如果辩护律师对当事人尽职尽责，获得了当事人的充分信任，并对维系当事人的利益足够重要，面对辩护律师的"退出"，当事人还会无动于衷吗？从这个角度来看，辩护律师的忠诚义务能够在一定程度上引导当事人避免作出违反基本规则的决定，这对于促进刑事司法的顺利进行也能够发挥积极的作用。

这一作用机制来源于经济领域中的"退出（Exit）"理论。根据这一理论，当稳定且忠实的消费者停止购买厂商的商品后，厂商为了避免经济损失的扩大，就会考虑导致消费者停止购买的原因。此时，消费者就获得了"发出声音（Voice）"的机会，消费者可以对产品的不合理以及不满意之处表达意见。而对于这些意见，厂商的理性回应应当是针对不足之处加以改进，提高产品的综合质量。因此，从这个角度来看，消费者的"退出"对于厂商提高生产质量具有积极的促进作用。[1]

将这一"退出"理论延伸至辩护律师与当事人的关系中，可以发现，在律师"退出"对当事人的影响程度上，忠诚义务的作用至关重要。辩护律师对当事人越是忠诚，对当事人利益和意愿的维护发挥的作用越大，与当事人之间的信赖关系就越是紧密，就越能对当事人的行为选择产生影响。这一影响既可以引导当事人作出最符合其利益的决定，也可以纠正当事人的不当违法行为，引导其避免

---

[1]　Albert O. Hirschman, *Exit, Voice, and Loyalty*, Cambridge：Harvard University Press，1970，pp. 77 – 105.

实施违反刑事司法制度的行为，从而使得整个刑事诉讼程序得以顺利进行。

（三）律师职业获得社会信赖实现长远发展

虽然辩护律师履行忠诚义务是个人行为，但是，作为职业群体中的一员，每一个个体的行为对律师职业的声誉都有着极为重要的影响。律师职业要想实现可持续的发展，既要得到客户的信任，也要获得社会的信赖。

一方面，辩护律师恪守忠诚义务，通过在个案中的表现，赢得社会中潜在客户的信赖。这会使得每一个不特定的个人在遭遇法律困境时，敢于并乐于向律师求助，从而促进律师在社会中发挥更大的作用。反过来看，如果律师对某一个当事人不忠诚，甚至实施一些损害当事人利益的行为，这不仅会毁掉这个案件，而且长此以往，最终也会毁掉社会对律师的信任。如果与没有辩护律师的被告人相比，有辩护律师的被告人反而获得更加不利的诉讼结果[1]，那么辩护律师存在的意义又是什么？他们又如何获得社会信赖以实现长远的发展？

另一方面，对于辩护律师这一职业，社会中始终存在一种质疑的声音，即"辩护律师为何要为坏人说话？"对此，有人将辩护律师称为"恶魔"。对于普通大众而言，这一质疑很容易理解，毕竟在刑事诉讼中，有罪判决率远远高于无罪判决率，绝大部分刑事被告人最终都被认定为有罪，因而辩护律师的确是在为"坏人"说话。但是，对于律师所发挥的作用，我们不仅要看到律师维护了这些当事人基于宪法而享有的基本权利，同时也应当看到作为法律专业人士，律师并没有与当事人"沆瀣一气"，其在履行忠诚义务的同时，也恪守了公益义务，并通过对当事人的影响，积极引导当事人避免实施

---

① ［日］佐藤博史：《刑事辩护的技术与伦理》，于秀峰、张凌译，法律出版社2012年版，第27页。

违反法律规定的行为，这对于促进整个刑事司法制度的利益也是有意义的。因而，从这个角度来看，辩护律师不仅仅追求对个人权益的维护，而且也避免整个刑事司法的利益受到损害。这或许是对律师这一职业质疑的一种回应和解释。

第 四 章

辩护律师忠诚义务的行为边界

　　根据积极的忠诚义务，辩护律师要努力维护委托人的利益、尊重委托人的意志，尽职尽责尽力地开展辩护。即便律师要全力促成委托人利益的实现，通常情况下也不得从事以下行为：唆使、引诱证人作伪证；以程序之外的方式对法官施加不正当的影响；扰乱法庭秩序、贿赂法官；帮助委托人实现非法利益。由此可知，在辩护律师的职业伦理中，忠诚义务不是绝对的，律师履行忠诚义务也并非不受限制，而必须要在一定的界限或者范围内进行。这一界限就是律师所要承担的其他的一些义务，这些义务的存在也许会阻碍律师最大限度地履行忠诚义务，但是，这些与忠诚义务有竞争关系的义务对于律师而言是不可放弃的，是必须承担的底线义务。一旦违反，例如帮助委托人毁灭、伪造证据，向法官行贿等，律师不仅会承担职业惩戒责任、遭受行政处罚，严重时还可能构成犯罪。那么，这一义务到底应当如何定义？它包含哪些具体的要素？

　　从比较法的视角来看，两大法系国家的律师在忠诚义务之外都需要承担类似的义务。在英美法系国家，律师作为法庭的职员（officers of the court）除要履行对当事人的义务之外，还应服务公共利益，这集中体现为对法庭的义务。例如，律师要无条件地尊重法官①、要对法庭承担一定的坦诚义务和真实义务。而在大陆法系国家，律师自身的公共属性使其要承担更多的公法义务。例如，相比于美国律师，德国律师对法官的责任更多，表现出更多的"驯服"。即使法官有时先入为主，对证人提出了带有诱导性的问题，律师在多数情况下也不会提出反对，因为担心冒犯法官的权威。② 可见，尽管两大法系国家在律师的定位和职责方面的规定有所不同，但在客户之外，对法律秩序、法庭以及社会利益承担必要的义务是普遍存在的。这些义务与忠诚义务都是律师职业伦理不可缺少的部分。

对此，目前我国《律师法》《律师办理刑事案件规范》等规范性文件中都有相应的体现，比如，"律师应当维护法律正确实施，维护社会公平和正义""律师必须以事实为根据，以法律为准绳"，律师在执业活动中不得故意提供虚假证据或者威胁、引诱他人提供虚假证言，以及不得扰乱法庭秩序，或煽动当事人采取扰乱公共秩序等非法的手段解决争议。③

尽管目前我国立法中已经存在上述规定，但实践中不乏律师在执业的过程中实施各种越过"红线"的行为。例如，有以"收买法官、权钱交易"为表现的"勾兑派"律师④，有以"不尊重法官、扰乱法庭秩序"为主要手段的"死磕派"律师⑤，有"不考虑实际辩护效果，提出大量不合法、不合理、不常规诉讼主张"的"形式

---

① Comment to ABA Model Rules of Professional Conduct, Rule 3.5.

② 参见［美］弗洛伊德·菲尼、［德］约阿希姆·赫尔曼、岳礼玲《一个案例两种制度——美德刑事司法制度比较》，郭志媛译，中国法制出版社 2006 年版，第307 页。

③ 参见《律师法》第二、第三、第四十条。

④ 实践中直接行贿、诱导当事人行贿或受当事人委托行贿的情形均存在，例如山东孟律师多次向被告人近亲属索要钱财意在疏通关系；2019 年四川自贡代律师诱导当事人行贿，当地律师协会给予公开遣责的行业纪律处分。

⑤ 关于"死磕派律师"的实践乱象，参见王立峰《正常律师转向"死磕派"律师之秘籍》，2017 年 8 月 7 日，https：//www.sohu.com/a/162811705_ 809024，2019 年5 月 28 日。

派"律师①，还有在庭外以各种方式给法官施加不正当影响的"行为艺术派"律师②……这些律师虽以履行忠诚义务为名，但其所实施的行为在正常的法治秩序下难以真正维护被告人的利益，甚至还会起到相反的作用。即使在一些特殊的情形下，办案机关迫于各方面的压力，满足了被告方的预期诉求，但这是以损害司法权威或破坏法治秩序为代价的。这种利益实现的方式既在正当性上存在不足，也不具有持久性和示范性。因此，即使是为了履行忠诚义务，这种没有底线、没有边界的辩护行为也应当被谴责，并值得反思。

那么，到底应当如何确立律师忠诚义务的边界？根据对立法和司法实践的观察，有学者提出了建立在"'维护当事人合法权益'基础之上的'律师的社会责任'"说③，有学者认为，律师要对法庭承担"真实义务"④；还有学者认为，忠诚义务的边界应当是维护法律实施的义务，包括禁止破坏司法人员的廉洁性、消极的真实义务以及律师身份的独立性。⑤ 笔者认为，上述研究都是对律师忠诚义务边界的有益探索，但同时也都只揭露了边界的某个侧面，既不全面，也略显松散，尚未形成统一的体系。这也导致目前律师忠诚义务的边界模糊、内容缺漏，难以对律师的执业行为进行全面、

---

① "杭州保姆纵火案"中律师党某以要求指定杭州市中级人民法院以外法院异地管辖为由，要求法院停止审理案件。后因申请被驳回，党律师擅自离庭。在笔者看来，申请异地管辖并不是一个明智的选择，退一步讲，即使有权提出申请，被驳回后也不应当以"离庭"的方式表示抗议。参见王婧祎、杨林鑫、马小龙《保姆纵火案庭审中断背后：党琳山4次"抗议"法官发言》，2017年12月21日，https://baijiahao.baidu.com/s?id=1587379076239443161&wfr=spider&for=pc，2019年5月28日。

② 参见李奋飞《论"表演性辩护"——中国律师法庭辩护功能的异化及其矫正》，《政法论坛》2015年第2期。

③ 参见黄长江《律师社会责任的再审视——以衡平委托人与委托人之外的社会公共利益冲突为视角》，《法治研究》2009年第11期。

④ 参见李宝岳、陈学权《辩护律师对法庭的真实义务》，《中国司法》2005年第9期。

⑤ 参见陈瑞华《论辩护律师的忠诚义务》，《吉林大学社会科学学报》2016年第3期。

有效的约束。实践中，律师因违规执业而遭受行政处罚或纪律惩戒的案例不在少数。①

由此可见，清晰地划定忠诚义务的边界，对于规范律师执业具有重要意义。基于此，本章将在学界现有研究的基础之上，对辩护律师忠诚义务的边界作一系统的讨论。笔者将这种与忠诚义务有竞争性的义务定义为"公益义务"，在分析该义务由来的基础上，对其基本内涵和实现方式进行逐一讨论。

一　忠诚义务边界的确立

基于律师的身份定位，律师要向当事人履行职责，但"律师绝不因履行职务，而被视为等同于委托人及其主张"②。这说明，律师虽不能以"独立辩护人"自居③，但也应与委托人保持身份上的相对独立性。一方面，与当事人可能为争取最好的结果而"不择手段"不同，作为法律专业人士的律师必须在法律的框架下开展辩护；另一方面，与当事人只需考虑自己的利益不同，作为刑事诉讼重要参与主体的律师，除了要维护委托人的利益，还要在一定程度上维护司法体制的有效运行。这些都是律师在忠诚义务之外所应当承担的义务。其中，前者具有消极性，多为律师履行忠诚义务时的禁止性行为规范；后者则带有一定的积极性，是律师在参与刑事诉讼的过程中所应促进的利益。

---

① 根据全国律协的通报，每月报送的典型惩戒案例都有数十件，主要涉及妨碍作证、行贿或诱导当事人行贿、发表不正当言论、扰乱法庭秩序、违规会见等情形。

② ［日］佐藤博史：《刑事辩护的技术与伦理》，于秀峰、张凌译，法制出版社2012年版，第31页。

③ 参见陈瑞华《独立辩护人理论的反思与重构》，《政法论坛》2013年第6期。

（一）公益义务的提出

在刑事诉讼中，辩护律师与委托人、侦查人员、检察官、法官等多方主体都会产生关系。根据关系的面向，可以将其划分为两类：对内关系与对外关系。所谓"对内关系"，是指辩护律师与被告人作为辩护方的内部关系。在对内关系中，律师基于委托代理关系而向委托人承担履约义务，基于职业伦理而承担忠诚义务。而所谓"对外关系"，则包括辩护律师与侦查人员、检察官等办案主体之间所形成的关系。面对这些主体，辩护律师也要承担相应义务。比如，辩护律师要尊重司法权威、遵守法律秩序、维护司法的廉洁性；辩护律师不得损害实体正义的实现；辩护律师不得帮助当事人实施可能损害公共利益的行为。对于上述这些内容，笔者称其为"公益义务"。之所以如此定义，有两方面的考虑：其一，公益义务意指"对公义务"，区别于辩护律师对委托人所承担的"对私义务"；其二，"公益"是指与法律秩序和司法利益相关的公共利益，区别于委托人的私人利益。

域外国家的律师职业行为规范中虽不存在"公益义务"的概念，但也有一些与之相似的义务。比如，对法庭的尊重和服从；律师对法庭的"真实义务"，美国称为"坦诚义务"；除此之外，还有"对司法过程的监视义务"和"公共义务"①，例如日本《律师法》规定律师的使命是"维护基本人权，实现社会正义"②等。由此可见，除了对当事人的忠诚义务，律师在对外关系中承担一定的维护社会公共利益的义务在世界范围内都是普遍存在的。

---

① 这种术语表达主要在日本。参见［日］佐藤博史《刑事辩护的技术与伦理》，于秀峰、张凌译，法制出版社 2012 年版，第 42 页。

② 参见［日］田口守一《刑事诉讼法》，张凌、于秀峰译，中国政法大学出版社 2010 年版，第 187 页。

（二）公益义务的理论基础

近些年来，随着《律师法》的数次修改，我国律师身份的"公法色彩"逐渐变弱，以服务当事人为主要内容的"私人属性"逐渐增强，忠诚义务作为辩护律师的首要职业伦理已被公众普遍接受。既然如此，辩护律师为何还要承担公益义务？

1. 律师作为法律执业者的身份

律师之所以以辩护人的身份参与刑事诉讼，首先是因为律师得到了被告人的授权，而授权的基础则是律师具有法律执业的资格，是法律领域的专业人士。这意味着，与被告人基于趋利避害行使辩护权而可能具有盲目性、随意性或非理性不同，律师是通过专业的知识和技术维护委托人的利益。这也决定了律师必须在法定的程序内，以法律规定的方式参与争辩、说服法官，从而影响法官作出有利于己方的裁决。如果律师动辄试图以程序外的、非适当的，甚至违反法律的方式达到维护委托人利益的目的，那就与不懂法律的普通人没有任何区别。如此一来，律师的专业性不仅无法体现，司法程序的有序性和可预测性也难以保证。因此，律师在维护委托人利益的同时，负担必要的公益义务是其作为法律专业人士的自然延伸。正如有学者所言，"不能因律师群体的市场属性否定其职业特征，也不能因该群体容易受到经济利益的诱惑而忽视其在维护法律正确实施方面发挥的有效作用"[①]。

2. 律师正常执业依赖有效的司法程序

对于律师而言，通过运用专业的知识和专门的技能解决纠纷既是律师的专长，也是其谋生的手段。如果人们都通过同态复仇、私力救济等司法程序外的方式解决纠纷，那么律师就可能失去发挥作用的平台。所以，律师实现自身的职业价值依赖于良好的司法程序。司法程序越是公正、有效、独立，律师就越能最大限度地通过专业

---

① 谭文键：《论律师的辩护豁免权》，《东方法学》2018 年第 6 期。

技能发挥作用、实现职业的价值。反过来，由于辩护律师是诉讼程序的重要主体，司法程序的有效运行离不开律师的参与。所以，从这个角度来讲，律师正常执业与司法程序有序运行之间是相互促进、相辅相成的关系。因此，为了获得更加良好的司法环境，律师在履行忠诚义务的同时，应当尽可能地致力于促进司法功能的实现，最起码不得损害其实现。比如，实体真实是刑事诉讼的基本价值，律师维护被告人利益的行为不能背离这一价值；又如，诉讼效率是司法程序所要实现的基本价值，律师也不得滥用诉讼权利，导致司法程序久拖不决。

3. 律师行业实现长远发展的内在要求

伴随着《律师法》的修改，律师的身份定位从"国家法律工作者"变为"为当事人提供法律服务的执业人员"，至此，律师成为通过提供法律服务获取报酬，参与市场竞争并自负盈亏的市场主体。在获取报酬的方式上，律师与商人别无二致，都是通过提供服务、满足委托人的要求而获得报酬。但是，一直以来，律师并不被认为是经济利益至上主义的商人，法律服务也不仅仅是一种生计[①]，而是与医生救人、教师育人一样，是具有重要社会价值的活动。因为这些职业在满足执业者个人经济需求之外，还对社会发展发挥了至关重要的作用。正是因为这种特殊职业使命和价值的存在，律师职业才能获得超出一般社会行业的尊重与肯定。而要实现这些使命，实现律师行业的长远发展，律师就必须避免日趋严重的商业化的侵蚀，避免将经济利益视为唯一，避免唯"被告人的利益"马首是瞻，从而避免被认为是无底线的"魔鬼代言人"。为了实现上述目标，律师在为委托人提供法律服务、满足其诉求时，就必须遵守基本的法律和职业准则，对委托人以外的主体履行基本的公益义务。

　　[①]　有关律师职业主义的讨论，参见印波《法槌下的正义——审判中心视野下两大法系辩审关系探析》，人民法院出版社 2018 年版，第 31 页。

（三）公益义务与忠诚义务的关系

忠诚义务与公益义务是辩护律师在对内关系和对外关系中所要承担的义务，是律师职业伦理中的两大基本义务。整体而言，辩护律师的首要义务不是公益义务，而是忠诚义务。但是，在忠诚义务履行的过程中，公益义务会对其产生一定的影响。

首先，在通常情况下，两大义务分别在律师的对内与对外关系中发挥作用，二者"各行其是"。在对外关系中，律师要尊重法官、遵守法庭秩序、维护法官的廉洁性，这是公益义务的基本要求。在对内关系中，律师要忠实于委托人的利益和意愿。从义务的具体内涵来看，两者并没有冲突。辩护律师履行忠诚义务在一定意义上还要以履行公益义务为基础。律师如果因为不履行公益义务而被限制或被剥夺了辩护人的资格，那就失去了维护被告人利益的机会。例如，辩护律师因为不尊重法官、扰乱法庭秩序而被责令退出法庭，那么律师也不可能及时、有效地维护被告人的利益。

其次，当公益义务与忠诚义务发生冲突时，公益义务构成了忠诚义务的例外或边界。例如，当被告人及其近亲属要求律师单方面接触法官、宴请法官或者给法官送礼时，律师应当如何回应？一般而言，作为禁止性或者消极性行为规范的公益义务是底线，是律师在履行忠诚义务时不可突破的义务。换言之，律师不得以法律明文禁止的方式去实现委托人的利益，比如，不得毁灭、伪造证据，不得唆使、引诱证人作假证，不得向法官行贿，不得帮助委托人实现非法利益。辩护律师履行公益义务本身并不会损害被告人的正当利益，满足消极忠诚义务的基本要求，只是公益义务本身会对积极忠诚义务的实现予以一定的限制。

最后，律师履行公益义务不能脱离忠诚义务。即使辩护律师履行公益义务，也不能否认律师首要且根本的职责仍是忠诚义务，换言之，"律师的公共义务不能离开对被告人的任务"①，律师应在实现忠诚义务的过程中履行公益义务。如果脱离对委托人的义务，比如律师没有获得委托人的授权、没有辩护人的资格、无法参与诉讼，那么其履行公益义务就无从谈起。另外，辩护律师要尊重法官，这既是公益义务的要求，也是实现忠诚义务的前提。因为在一个正常的司法环境下，对法官越是尊重，对当事人也就越忠诚，越容易在法官自由裁量的范围内获得有利于被告人的结果。② 但是，尊重法官并不意味着一味顺从、配合法官，而忽视被告人的利益；也不意味着在被告人的权利受到不应有的忽视时，辩护律师为了不得罪法官，而默不作声或者视而不见。这种一味顺从法官而忽视被告人利益的做法，不是公益义务所要求的，同时也是对消极忠诚义务的违反。

以上是忠诚义务与公益义务之间的一种应然状态，即律师应以忠诚义务为核心，公益义务只是律师执业的边界。但是，当前在我国的立法与实践中，却存在过分强调公益义务的倾向，主要表现为以下两个方面。

一是过分强调维护法律实施的义务。在律师作为"国家法律工作者"时期，《律师法》曾要求律师"维护法律正确实施，维护社会公平和正义"，并要"以事实为根据，以法律为准绳"。在律师的身份经历了若干次的变化后，其职业目标或任务仍然没有发生根本性的变化。无论是 1996 年的《律师法》，还是 2007 年、2017 年的《律师法》，它们在律师职业目标的设定上，都保留着原先的规定。③与此同时，《法官法》《检察官法》对法官、检察官职业目标的规定

①　［日］佐藤博史：《刑事辩护的技术与伦理》，于秀峰、张凌译，法律出版社2012 年版，第 26 页。

②　当然，现在很多"死磕"派律师专门以挑战法官的方式为被告人争取权益，有的时候这种做法还屡屡奏效。但笔者认为，这是一种非正常的现象，是在"法官不像法官、律师不像律师"的司法环境下出现的促进利益实现的"畸形"手段。尽管现在这种手段看似有效，但不是长远之道。

③　参见 1980 年《律师暂行条例》、1996 年《律师法》第一、第三条；2007 年、2017 年《律师法》第二、第三条。

也是如此。法官、检察官作为国家司法人员，基于发现真实、实现正义的职责，自然要"以事实为根据，以法律为准绳"，要"维护法律的正确实施"。但是，作为偏向于当事人一方的辩护律师，为什么也要被如此要求？为律师设置如此高的职业目标是否过于理想？"事实"既包括有利于被告人的事实，也包括不利于被告人的事实。对于有利于被告人的事实，辩护律师基于忠诚义务，不仅应当申请检察官调取证据加以证明，而且还应当尽力说服法官予以认可。而对于不利于被告人的事实，辩护律师不仅不能主动向法官提起，而且还要努力说服法官避免将其作为认定案件事实的根据。由此可见，辩护律师立场的偏向性决定了，其不可能像法官、检察官一般以维护法律实施为主要职责，而是应以最大限度地维护当事人利益为第一要义。

二是过分要求律师履行真实义务。一般情况下，辩护律师不承担积极发现真实的义务，只需避免阻碍发现真实即可。但是，我国刑事司法中的"真实至上主义"却使得律师承担了一些不应有的真实义务，有的甚至限制了辩护权的正常行使。例如，基于对不利证据进行有效质证的需要，辩护律师本应在庭前向被告人核实所有证据，但由于担心"污染"被视为"证据之源"的被告人的口供，目前实践中只允许律师核实实物证据①，除了被告人口供之外的其他言词证据均无法在庭前向被告人核实。再如，基于服务的持续性，律师接受委托后，一般不得拒绝辩护，但在委托人"故意隐瞒与案件有关的重要事实"时，就有权"拒绝辩护"。这一立法意图可能是委托人隐瞒重要事实，不利于与律师建立信任关系，也无法使律师制定更为妥善的辩护思路。这固然有一定的合理性，但是，站在委托人的角度，是否对律师和盘托出，当事人有权作出选择，律师为何能以"拒绝辩护"要挟当事人必须讲出"重要事实"？这背后恐

---

① 参见孙谦《关于修改后刑事诉讼法执行情况的若干思考》，《国家检察官学院学报》2015年第3期。

怕还是"实质真实"的理念在发挥作用。即使是律师,也有权对"不讲真话"或"不全讲真话"的被追诉人通过"拒绝辩护"加以惩罚,这无疑直接背离了忠诚义务。

由此可见,当前我国无论是在立法还是在实践中都存在过分强调律师的公益义务、轻视忠诚义务的倾向。这种倾向的背后是忠诚义务与公益义务之间关系的错位。因此,在职业伦理重塑的过程中,律师应以忠诚义务作为首要的职业伦理。也就是当一束光照向律师职业伦理时,被照亮的部分应当是忠诚义务,那些看不见的边界才是公益义务。正如第二次世界大战后,日本学者对律师职业伦理重心改变的描述那样,具有两个平等中心的"椭圆"正在变成只有一个重心的"圆形",辩护律师的真实义务逐渐被削弱,从"另外一个中心点"变成了以委托人与辩护律师之间信赖关系为基础的防御权的"一个侧面"。①

那么,如何才能实现"以忠诚义务为核心的职业伦理"?笔者认为,核心在于对公益义务的限制与淡化。对于作为边界的公益义务而言,应将"消极性"作为其基本特征,即律师的公益义务应以禁止性的消极义务为主,不应过多地要求律师在维护国家、社会或共同利益上承担积极作为的义务,以免与忠诚义务发生冲突。对于作为例外的公益义务而言,则应对例外加以限缩与明确,使得例外仅局限在一些特殊的情形,与此同时也应对例外予以确定化,避免存在过大的解释和适用空间。

二 消极的真实义务

实体真实是司法正义的价值之一,也是法官正确适用法律、作

---

① 参见〔日〕村岗启一《辩护人的作用及律师的伦理》,尹琳译,《外国法译评》1998 年第 2 期。

出公正裁判的基础。侦查机关、检察机关、辩护律师向法院提交证据材料都是为了帮助法官发现真实。但与侦查机关、检察机关通过积极作为的方式发现真实不同，辩护律师承担的真实义务是消极的、有限的、片面的，故而我们说辩护律师承担的只是"消极的真实义务"，即律师只需要不阻碍发现真实，而无须采取积极的方式促成案件真实的发现。

（一）消极真实义务的基本特征

为了体现辩护律师所承担的真实义务的特征，可以将其与侦查人员、检察人员所承担的义务加以对比。

其一，律师承担的是消极的真实义务，而办案人员肩负积极的真实义务。侦诉机关要积极发现线索、寻找证据，努力恢复案件事实的本来面目，并以"发现真实"作为唯一目标。而辩护律师不负有该项作为的义务，只需不影响或不误导办案机关发现真实。例如，不诱导当事人阻碍侦诉机关发现证据，不伪造证据，不威胁、引诱证人作伪证，或者不向法庭提交明知是虚假的证据。当然，如果当事人打算提交虚假证据，辩护律师也应积极劝阻。总而言之，辩护律师不得实施任何可能加重公诉方发现案件真实难度的行为。

其二，律师承担的是片面的真实义务，而办案人员肩负全面的真实义务。为了发现真实，公诉机关基于客观义务，一般要全面收集、审查证据并向法院提交，既包括有利于被告人的证据，也包括不利于被告人的证据。而辩护律师基于忠诚义务，只需积极发现并提交有利于被告人的证据，充分证明有利于被告人的事实。即使发现了不利于被告人的证据，辩护律师只需要置之不理或保持沉默，无须提示侦诉机关，更无须向法庭提交。当然，对于这些证据，辩护律师也不得销毁、隐匿，更不得帮助当事人实施上述行为。

消极的真实义务是律师履行忠诚义务的边界。辩护律师不承担积极的真实义务，这一点较为容易理解，因为辩护律师参与刑事诉讼的使命在于维护当事人的权益，如果要求律师如办案机关那样积极地帮助法官发现案件真实，即使是不利于被告人的证据也要向法官提交，这将使得委托了辩护人的被告人比没有辩护人的被告人更为不利。[①] 既然如此，为什么辩护律师又要承担一定的真实义务？除了律师作为法律执业者的身份，以及律师行业要实现长远发展的需要外，真实义务也是律师作为辩护人行使一些固有权利的内在要求。比如在我国、日本等国家，包括会见权、阅卷权等在内的权利虽属于被告人，但却由辩护律师来行使。作为一种信任的对价，律师也不得歪曲事实，承担一定的真实义务。

关于真实义务，目前我国立法已经作出了相关规定。例如，《律师法》规定禁止律师提供虚假证据，禁止妨碍对方当事人获取证据。[②] 除此之外，立法还为律师确立了"以事实为根据"的执业要求。[③] 但是，笔者认为，"事实"既包括有利于被告人的事实，也包括不利于被告人的事实。对于那些不利于被告人的事实，辩护律师也要主动向法院提出，并以此为根据提出不利于被告人的意见吗？如此显然违反了忠诚义务。由此可见，目前我国不仅为律师规定了真实义务，而且还有过分强调之嫌。作为忠诚义务的边界，律师只需承担消极的真实义务，即不阻碍发现真实就好。如果给律师施加更多的真实义务，甚至要求其承担积极的真实义务，就会导致忠诚义务与真实义务之间发生诸多冲突，使得律师在执业价值的选择上出现混乱。

（二）消极真实义务的具体要求

关于辩护律师消极真实义务的具体要求，笔者认为，可以从以下两个角度加以分析。其一，从证据种类的角度看，对于实物证据，律师不得毁灭、伪造、隐藏证据；对于言词证据，则不得引诱、威

---

① 参见［日］伊藤博史《刑事辩护的技术与伦理》，于秀峰、张凌译，法律出版社 2012 年版，第 37 页。

② 参见《律师法》第四十条第六款。

③ 参见《律师法》第三条第二款。

胁证人作伪证。其二，从义务对象的角度看，对于控方，律师不得妨碍其发现证据；对于法官，则不得向其提交虚假证据。

1. 不伪造、毁灭、隐匿证据

一般说来，实物证据具有较强的稳定性，通常不会因为外部环境而发生太大的变化。对于这类证据，辩护律师不得伪造、毁灭或者隐匿。这既作为律师行为规范规定在《律师办理刑事案件规范》中，也在《刑事诉讼法》中有明确的规定。一旦违反这一规定，律师就可能构成毁灭证据、伪造证据罪。①

所谓"伪造"证据，包括两方面，一是伪造证据的外部载体，即伪造出本来不存在的证据，证据本身都是虚假的；二是篡改证据的内部载体，即对证据表达事实的方式作出修改，比如篡改遗嘱的内容等。无论哪一种情形，律师的"伪造"行为都使得证据所证明的内容违背了事实真相，可能会误导法官并导致事实认定出现偏差从而作出错误的裁判。

所谓"毁灭"证据，既包括通过烧毁、撕坏、丢弃等方式使证据的外部载体从形态上完全消失，也包括通过玷污、涂划等方式改变证据的内部载体，使其无法反映证明的内容，进而无法发挥证明的作用。

所谓"隐匿"证据，则是通过隐藏等各种手段使得外界难以发现证据。应当注意的是，隐匿证据并不等同于"隐瞒"证据，前者是通过作为的手段增加外界发现它的难度；而后者则是发现了证据却没有主动提交，但也不妨碍其他人发现。前者是被禁止的，后者则是律师基于忠诚义务的正常选择。隐匿证据虽然并没有破坏证据本身，但是，其与毁灭证据一样，都会带来阻碍司法机关发现真相的后果。

2. 不帮助串供，不引诱、威胁证人作伪证

在刑事诉讼中，最常见的言词证据包括被告人供述、证人证言。

---

① 参见《刑事诉讼法》第四十四条，《刑法》第三百零六条。

由于言词证据具有较强的主观性，极易受到外界的影响，因而律师在处理言词证据时往往需要承担更多的注意义务，这也是最容易引发律师职业风险的部分。

首先，对于"串供"，目前没有明确的界定。一般认为，"串供"是指多个犯罪嫌疑人、被告人之间，或者犯罪嫌疑人、被告人与证人之间相互串通、捏造证言。由于犯罪嫌疑人、被告人多处于人身自由受限的状态，因而如果要串供，通常需要借助律师的帮助。显然，律师不得在犯罪嫌疑人、被告人之间或者其与证人之间传递信息，提供上述帮助。由此展开，律师在向被告人核实证据时，通常不能向其告知证人证言的内容；不得对被告人进行"诱导"。当然，实践中存在争议的问题是，侦诉机关将律师介入后被告人的"翻供"视为"串供"，进而对律师的正常执业进行打压。对此，学界的代表观点认为，"串供"的本质特征在于为了逃避惩罚，"违背事实、捏造口供"①。因此，对"翻供"的认定有必要视具体情况而定。从理论上讲，"翻供"是被告人的正常权利，即使被告人说假话或者保持沉默，都不能因此而对被告人施加不利后果。当然在这一过程中，律师不得帮助或者诱导被告人将"真口供改为假口供"，这显然就违背了事实，突破了消极真实义务的底线。

其次，辩护律师不得"引诱""威胁"证人作伪证。何为"引诱""威胁"，目前也存在相当的争议。侦诉机关一度对其作十分宽泛的解释，即只要律师接触证人后，证人改变证言，就认为律师的行为有引诱、威胁之嫌，并以此追究律师的责任。② 这种解释导致该条款成为对律师进行职业打击报复的工具，给律师正常行使调查核实权带来了极大的职业风险。笔者认为，对这一条的解释可以从两个方面加以把握：一是对"引诱""威胁"行为的认定；二是对

① 参见汪海燕《律师伪证刑事责任问题研究》，《中国法学》2011 年第 6 期。
② 参见张玉镶、门金玲《刑法第 306 条的理性解读》，《河北法学》2007 年第 2 期。

"作伪证"结果的认定。对于行为而言，"引诱""威胁"应当包括具体的行为表现，比如通过物质或者非物质利益引诱证人，以暴力或其他方式威胁证人。如果不存在具体的行为表现，即使证人改变了证言，也不能对律师予以苛责。对于结果而言，证人在被律师引诱或威胁后，要违背事实改变证言或者作伪证。如果证人在被引诱或被威胁后改变的证言是真实的，那么就不能追究律师的责任。当然，对于这一观点，目前存在一定争议，即如何认定证人"作伪证"。一般认为，证人违背事实改变证言即是伪证，也有学者认为，证人依据记忆提供证言，因此，证人违背自己的主观记忆作证即是伪证，而不论其是否符合客观事实。[①]

当前律师以"引诱、威胁证人作伪证"而被追责的情形比以往有所好转，但律师在向证人核实证言时，仍不免存在诸多担忧。笔者认为，核实证据是律师履行忠诚义务的必要方式，不可完全抛弃。为了减少风险，律师在接触证人时可以采取必要的保护措施，比如避免单方接触证人、邀请无关第三方作为见证人在场、全程录音录像、现场制作核实证据笔录并交由证人及见证人签字盖章。如此，当侦诉机关提出异议时，律师可以对自己的行为加以证明。

3. 不妨碍控方发现证据

在刑事诉讼中，侦诉机关通常承担全面搜集证据、发现真实的责任。作为防御方，被告方一般无须主动发现线索。但是，对于有利于被告人的证据，辩护律师基于忠诚义务，可以主动要求侦查机关调取或者向法院提出。对于不利于被告人的证据，律师则不能妨碍侦诉机关发现。具体来说，对于实体证据，律师不得隐匿；对于言词证据，由于任何知晓案情的人都有作证的义务，律师也不得唆使被告人近亲属抗拒调查，或者作出虚假证言。我国刑法对这种行

[①]　参见［日］伊藤博史《刑事辩护的技术与伦理》，于秀峰、张凌译，法律出版社 2012 年版，第 269 页。

为也作出了明确的规制。《刑法》第三百零七条规定，"以暴力、威胁、贿买等方法阻止证人作证或者指使他人作伪证的"，构成"妨害作证罪"。由此可见，阻碍侦诉机关正常开展调查活动，不仅违反消极的真实义务，也构成犯罪，需受到刑事追究。

4. 不向法庭提交明知虚假证据

尽管辩护方在我国没有举证证明的责任，但对于那些有利于被告人的证据，辩护律师也可以主动向法庭提交，只是不得提交以及不得帮助被告人的近亲属提交明知是虚假的证据从而误导法官。否则，律师就是以积极作为的方式影响法官发现真实。

由于我国律师没有举证的义务，大部分证据都是由控方收集、提取并向法庭提交，因而实践中这一问题并不突出。但是，在采取对抗制的英美法系国家，由于法官消极中立，既不负担积极的实体真实义务，又不负责主动调取证据，其裁判的对象都来自控辩双方的举证，因而辩护律师为达到有效的辩护效果，必须主动向法庭提交证据，进而对法官或陪审团的裁决产生影响。所以，"不向法庭提交明知虚假证据"在美国是律师最基本的职业行为规范之一。关于这一规范，实践中较有争议的问题是，如何理解"明知"。尽管目前仍存在不同的观点，但一般认为，律师的职责是维护被告人的利益，帮助其发出声音，而不是检验证据的真实性[1]，并且律师对证据真实性的判断也不一定准确。因此，如果律师对有利于被告人证据的真实性只是产生怀疑的话，并不影响其向法庭提交。这里律师对证据虚假性的认识必须是"明知"，需存在一定的事实基础，或者是被告人向律师明确告知。对于明知是虚假的证据，律师不得向法庭提交，如果委托人一味要求，律师应对委托人加以劝告，必要时可以拒绝辩护或退出辩护。

---

[1] 参见柏恩敬、刘思达整理《律师刑事辩护中的职业伦理——中美比较制度与实践对话录》，《交大法学》2018年第2期。

（三）与忠诚义务的冲突与协调

对于将消极真实义务作为律师履行忠诚义务的边界，目前基本上已达成共识。但是，在实践中律师履行消极真实义务仍会与忠诚义务发生冲突，如何平衡这两大义务在域外国家的律师职业伦理中有长达百年的争议。例如，被誉为"美国现代法律职业伦理之父"的弗里德曼（Monroe H. Freedman）教授曾提出律师可能面临三大最难问题①；日本在处理律师的忠实义务与真实义务关系的问题上，也经历了从"椭圆理论"到"圆形理论"的变化②，等等。其中，在美国争议比较大的问题是：委托人可能作虚假陈述，律师应当如何处理？是否应当向法院披露？③ 己方证人可能作虚假证言，律师是否应当让其出庭？④ 由于在诉讼构造和证据制度等方面存在显著差异，这些在域外备受争议的问题在我国似乎并不明显。近些年来，随着我国刑事诉讼制度改革的不断深入，在速裁程序这一新型程序中，控辩互动日渐频繁，法官的强职权审查日渐式微，律师在执业中遇

---

① 这三个问题是：辩护律师知道控方证人证言是可靠的，其可否通过交叉询问使该证人的可信度受到怀疑？辩护律师知道辩方某个证人可能会作伪证，其是否该让该证人出庭作证？辩护律师知道客户将利用他所给出的法律建议选择作伪证，其可否还向客户提供该法律建议？参见 Monroe H. Freedman，"Professional responsibility of the criminal defense lawyer：the three hardest questions"，*Michigan Law Review*，Vol. 64，1649，pp. 1469 – 1484。

② 参见［日］村岗启一《辩护人的作用及律师的伦理》，尹琳译，《外国法译评》1998 年第 2 期。

③ 主流观点认为，被告人享有宪法赋予的自我辩护的权利，其作为辩方证人向法庭作出证言的权利是不可被剥夺的，因此即使律师明知被告人可能作出虚假陈述，也不得阻止其作证。在这种情况下，基于"不作假证"的职业伦理规则，律师应当采取措施劝阻其作伪证，必要时还可以以威胁撤销代理或者告知法院的方式加以劝阻。如果被告人不听劝阻作出了虚伪的证言，并且律师也没有退出辩护的话，那么律师则不得以被告人的陈述作为论据提出法律观点。

④ 如果律师知道证人可能完全说假话，那其有权不让证人出庭。如果证人已经出庭，那么律师不能诱导或允许证人作明知是虚假的证言，或在明知是虚假证据所证明事实的基础上开展辩论。

到许多新的问题。其中一些问题便反映了消极真实义务与忠诚义务之间存在的冲突，于是如何处理这些冲突就成为当前解决问题的关键。

1. 替身犯人的认罪

司法实践中，"顶包"案件屡禁不止①，尤其是在交通肇事案件中。② 在这类案件中，律师可能就会面临两难的选择：律师明知嫌疑人、被告人为无辜者，基于维护委托人的利益，律师应当提出无罪的意见；但基于尊重委托人的意愿，律师应当为他的"顶包"行为进行遮掩，最起码不得揭穿。在这种情况下，委托人当然更愿意以尊重意愿优先，但是，这样就有可能造成冤假错案，因为在委托人"认罪"的情形下，侦查机关、检察机关以及法院对证据的审查基本上是流于形式的，很大程度上难以发现其"顶包行为"。那么此时，律师应当如何处理？笔者认为，律师首先应对委托人予以充分的劝告，以这一行为可能涉嫌包庇罪为由，要求其撤回有罪陈述。如果委托人仍然坚持，律师可以向其说明自身所承担的职业伦理，不得为其提出明知是虚假的法律意见。必要时，律师可以拒绝辩护或者退出辩护。对此，有观点认为，律师应当优先考虑对法庭的真实义务，向法庭披露被告人有罪供述的虚假性。③ 笔者并不赞同，理由在于，真实义务并不必然优先于忠诚义务，律师向法庭的披露行为将直接违反消极的忠诚义务。另外，即使在美国律师职业伦理中，律师对明知是虚假证据进行披露，也不是必须履行的义务，律师有自由选择的空间。因此，这种情况下，退出辩护或许是较为妥善的处理。

---

① 在美国辩诉交易中，被告人虚假认罪情况有很多，相关研究参见 John H. Blume、Rebecca K. Helm《"认假罪"：那些事实无罪的有罪答辩人》，郭烁、刘欢译，《中国刑事法杂志》2017 年第 5 期。

② 参见《交通肇事'顶包'案件屡禁不止：如何破解'案中案'迷局?》，2019 年 1 月 23 日，http://finance.sina.com.cn/roll/2019 - 01 - 23/doc - ihrfqzka0173433.shtml，2019 年 6 月 1 日。

③ 参见郭恒《辩护律师忠诚义务论》，博士学位论文，对外经济贸易大学，2019 年，第 144 页。

2. 无罪犯人的认罪

"实体从宽、程序从简"是吸引犯罪嫌疑人、被告人认罪认罚并选择速裁程序最重要的原因。实践中也有一些犯罪嫌疑人、被告人在事实和法律上可能都不足以被认定有罪，但其为尽快摆脱诉累，结束人身自由受限的状态，而选择认罪认罚，适用快速审理程序。在这种情况下，律师也存在两难的问题：坚持无罪辩护，劝阻委托人认罪认罚，履行了真实义务，但违背了其意志；顺从当事人的意愿，虽尊重了其意志，但可能造成事实认定或者法律适用上的错误。那么，在这种情况下，律师应当如何处理？笔者认为，当事人有权选择自己所要实现的利益。律师应当充分尊重当事人的选择，但是要对其进行充分的劝告，说明案件存在无罪的可能，说服其撤回认罪认罚。如果当事人执意如此，律师可以在尊重被告人认罪的前提下，提醒法院注意法律适用上可能存在的问题，以争取更有利于被告人的裁判结果。当然，律师在开展上述辩护活动时，应当提前向委托人说明，并征求其同意。

三　维护法律秩序

（一）维护法律秩序的主要内容

一般来说，"法律秩序是指以法律调控为主要手段而形成的社会秩序状态"[①]。在这种社会状态中，面对纠纷，人们向特定的主体提出诉求，根据法定的程序，通过法律调控的手段加以解决。良好的法律秩序是法治社会运行的基本要素。作为法律专业人士，律师负有维护法律秩序的义务。具体说来，这一义务包含两方面的要素：一是从程序法的角度来看，律师要促进司法程序的有序运行；二是

---

①　郭忠：《论法律秩序与道德秩序的相互转化》，博士学位论文，西南政法大学，2010年，第10页。

从实体法的角度来看，律师还要促进实体法律的正确适用。

1. 促进司法程序的有序运行

在笔者看来，司法程序是促进纠纷解决、推动诉讼发展的"手续""方法"和"步骤"，其中每一步都由特定的诉讼参与人参加或者完成。对于作为辩护人的律师而言，其可以基于授权行使各项诉讼权利，比如：在侦查阶段向侦查机关了解案情、提出意见、会见嫌疑人并开展相关的调查活动；在审查起诉阶段可以要求查阅、摘抄、复制案卷，可以向检察机关发表辩护意见，也可以要求调取相关证据；在审判阶段，律师可以申请召开庭前会议、全程参与法庭审判，等等。律师参与司法程序，既是行使辩护权、维护委托人利益的方式，也是维持诉讼程序正常运转的不可缺少的一部分。在这个过程中，律师应当在法律允许的范围内行使权利，不得为了维护委托人的利益，而恶意滥用权利、拖延诉讼或者以不正当的方式对法官施加法律外的影响。总而言之，司法程序既是规范化的也是独立的，律师应在法律人约定俗成理解的程序规则内行使权利，不把法律程序作为"死磕"、随意"苛责"或"玩弄于股掌"的对象。同时，律师也应在法律程序内通过行使诉讼权利的方式影响法官，排除任何程序外的影响。

2. 促进实体法律的正确适用

对于实体法律的解释与适用一般属于裁判权的范畴，但是，辩护权也会对裁判权产生制约或者存在影响。[①] 例如，在程序的选择上，被告人一旦选择普通程序，法院就不可以通过简易程序加以审理；又如，在诉讼的过程中，辩护律师会提出诸多诉讼请求，并对实体争议问题发表辩护意见，这些要求激活了裁判权，也给其提供了选择的空间。基于此，作为法律专业人士，律师被期望对裁判权的影响是积极的、富有成效的和有根据的，能够为法官正确适用法律、作出公正裁判发挥促进作用。

---

① 参见陈瑞华《辩护权制约裁判权的三种模式》，《政法论坛》2014 年第 5 期。

（二）律师对司法人员的尊重

尊重司法权威，尊重司法人员，尤其是法官，应当是现代法治社会普遍达成的共识。例如，法官在美国具有无可比拟的崇高地位，被视为"法庭的主人"，律师作为"法庭的职员"必须尊重法官，无条件服从法官的指令。即使法官出言不逊或者有不适当的行为，律师也不得以同样的方式予以回应。[①]换句话说，法官的错误并不构成律师"放弃尊重法官"的借口，无论在任何时候，辩护律师都必须尊重法官，维护法官的权威，否则就可能因触犯蔑视法庭罪受到刑事处罚。与美国律师相比，被视为"独立司法单元"的德国律师在刑事诉讼中具有更加独立的地位[②]，但是，德国律师也要尊重法官，服从法官对庭审活动的安排与指挥，在退出辩护等重要事项上必须征求法官的同意。由此可见，尊重法官是辩护律师应当遵守的最基本的职业行为规范。

但是，在2010年后，这一最基本的行为规范受到了来自律师的强烈冲击，实践中辩审冲突频频发生，诸如"贵阳小河案""广西北海案""福建吴昌龙案"等案件，均在社会上引发了强烈的关注。对此，实践中出现了不同的声音：有观点认为，上述律师不惜采取"自杀式辩护"的方式为委托人争取利益，值得敬佩。[③]也有观点认为，"当法庭已经完全丧失了程序正义，已经完全不尊重法律的时候，这个法庭的法官就不值得尊重了。因为尊重他，就等于不尊重法律"[④]。还有观点认为，即便法官存在过错，也不得采取过激的行为，破坏司法的权威，因为"承认法官个人的人性弱点并不意味着

---

① Comment to ABA Model Rules of Professional Conduct，Rule 3. 5.

② 参见林钰雄《刑事诉讼法》（上册），中国人民大学出版社2005年版，第160页。

③ 王亚中：《为什么要给掀桌子的杭州保姆纵火案被告律师党琳山致敬？》，ht-tp：//blog. sina. com. cn/s/blog_ 5d222fd10102x5cz. html，2019年6月5日。

④ 钱杨：《死磕派律师如何死磕？》，《人物》2014年第3期。

我们可以怀疑正义女神的纯洁无瑕，律师让司法体系蒙羞的任何行为必须受到谴责和惩罚"①。

对于上述观点，笔者认为，承认司法的权威性，就等于承认作出司法裁判的法官的权威性。享有裁判权的法官理应享有庭审的指挥权，参与庭审的当事人都应当尊重并服从这一权力。哪怕法官对这一权力的行使存在缺陷，律师也应当通过程序内的方式提出救济与异议。针对法官采取非理性的方式，哪怕最后实现了维护委托人利益的目标，实现了所谓的"正义"，这也是以破坏更持久的、更长远的"整体正义"为代价。因而，对司法人员的尊重应当是无条件的。正如在英美法系国家，律师与法官之间的关系无论如何解释，都必须建立在公众对于法院和司法的正直和公平的信心之上。这种信念是不可置疑的。② 那么，对于反对观点应如何回应？

一方面，对法官的尊重不是附条件的，不以法官行为的适当性为前提。作为法庭的参与者，控辩双方只有向法庭提出建议的权利，至于法官如何决定，法官的行为是否遵守法律，辩护律师只有监督权，而没有判断权。③ 即便是作为法律监督机关的检察机关在认为法官行为不当时，也不允许当庭指出。律师如果认为法庭程序违法或者其权利受到不公正的对待，应当通过程序内的上诉或者庭外的申诉等途径获得救济，而不应当以对抗法官的方式加以解决。

另一方面，履行忠诚义务不是律师不尊重法官的理由。对法官的尊重是律师参与法庭审判的前提。在正常的司法环境下，对法官的尊重更有利于促进忠诚义务。即便在一些特殊的情形下，正常行使权利被驳回或受到不应有的忽视，律师也不能为了维护委托人的利益而与法官"死磕"。因为尊重法官、维护司法权威的义务是律师的底线义务，无论在任何时候都不能被突破。

---

① 吴晨：《从法官判词看对律师言论的规制》，《中国律师》2017 年第 10 期。

② 参见印波《法槌下的正义——审判中心视野下两大法系辩审关系探析》，人民法院出版社 2018 年版，第 318 页。

③ 参见陈学权《法庭驱逐辩护律师问题研究》，《法学评论》2015 年第 5 期。

具体而言，律师对司法人员的尊重应当包括三部分。

一是对司法人员本人的尊重。这里的"司法人员"采广义的理解，既包括法官、检察官，也包括侦查人员等。"尊重司法人员"是指在与司法人员的交往中，能够有礼有节，做到基本的尊重。比如，避免与司法人员发生冲突，或者有不适当的言论；禁止侮辱、诽谤、威胁、殴打司法人员；当司法人员在行为或语言上存在瑕疵时，律师应保持必要的克制。

二是对司法人员法庭指挥权的尊重。这一义务在多个立法中都有明确的规定。首先，律师应当按时出庭，无正当理由，不得拒不按照法院的通知出庭参与诉讼，或者违反法庭规则，擅自退庭；其次，服从法官的法庭指挥，按照法官的指令举证、质证、发表意见以及参与其他诉讼活动；最后，律师当庭的言行应当适当，尽量精准表达观点，避免无理取闹，避免说出明显违法和纯属表达情绪的不适当的语言，不得发表有损司法权威的言论，不得煽动法庭与当事人之间的对立，更不得采取聚众哄闹、冲击法庭等扰乱法庭秩序的行为。

三是对司法礼仪的遵守。所谓"司法礼仪"是指"司法活动的主体在司法活动中所应当遵守的礼节、仪式和其他交流与行为的态度和方式"[①]。应当说，司法礼仪是维护司法权威的一种重要保障。律师的司法礼仪主要体现在两方面：一是法庭上的职业言行；二是律师的职业形象。前者主要包括律师要遵守法庭纪律，礼貌对待法官、检察官、对方当事人、诉讼参与人，不得使用侮辱、歧视性的语言。后者则是指律师出庭应当按规定着装。

（三）律师庭上对法秩序的遵守

法庭是律师的主战场。律师在庭上对法秩序的维护包括三方面：一是避免滥用程序权利；二是避免恶意理解实体法律；三是避免通

[①]　张勇：《律师职业道德》，法律出版社 2015 年版，第 176 页。

过程序外的方式提出异议或救济。

1. 避免滥用程序权利

所谓"避免滥用程序权利",是指在没有合理理由的情况下,律师不应随意地支持或反对一种行为。例如,在英国,律师在明知没有合法理由支持某项诉讼主张,却为了委托人的利益而刻意追求该主张时,其行为就是对法庭程序的滥用。与此类似,美国《纽约州律师职业行为规则》(*New York Rules of Professional Conduct*)明确了对无价值的主张和辩护的限制,即律师不得轻率地、没有法律根据地提出诉求或辩护。除此之外,即使为了维护委托人的利益,律师也不得使用延迟、延长诉讼或导致不必要费用等没有实质性目的的手段,也不得损害司法效率。

2. 避免恶意理解实体法律

所谓"避免恶意理解实体法律",是指律师要以通常的、符合法理的方式理解并适用法律,不得歪曲、恶意理解法律。当然,实践中对刑事实体法律可能会存在多种理解,辩护律师当然可以选择最有利于被告人的理解方式,但是,这种理解应当符合基本的解释原则、实践惯例。之所以对律师提出上述要求,是因为法律适用的适当性不仅涉及当事人的利益,也关乎社会公共利益。就像在美国,辩护律师即便把委托人的利益放在首位,也负有向法庭充分展示法律规定的义务,其中还包括对方律师未能展示的对于当事人不利的规定。①

3. 避免通过程序外的方式提出异议

所谓"避免通过程序外的方式提出异议",是指当律师认为诉讼程序违法或者辩护方的权利受到忽视、被侵害时,律师应当避免使用程序外的非理性、非常规的方式提出异议。与程序外的方式相对应的是程序内的方式,如上诉、申诉、复议等方式。通过程序内的方式,辩护律师与法官等相关司法人员进行理性的对话

---

① 参见印波《法槌下的正义——审判中心视野下两大法系辩审关系探析》,人民法院出版社 2018 年版,第 103 页。

与说服，在法定程序的范围内获得权利的救济。例如，在日本刑事司法中，当法官有违法和不恰当指挥诉讼的情形时，律师的基本义务之一便是用任何适当的、可能的手段使其改正。这里的适当手段必须以对法院进行耐心的建议与说服为本。① 由此可见，以程序内的说服手段解决争议与纠纷，法律秩序的稳定性和持久性才能得到维护和保持。

（四）律师庭外对法秩序的遵守

近些年来，一些律师在庭外的不当言行引发了社会的广泛关注。这些言行虽然发生在庭外，但由此引发的社会关注与舆论压力给法官裁判带来了难以估量的影响。与此同时，这些言行也在某种程度上给律师行业的整体形象带来了负面评价。

例如，在 2013 年"李某某强奸案"中，为李某某辩护的两位律师通过微博、博客以及接受媒体访谈的方式在网络上披露案情、公布案卷材料，包括被害人的妇科检查材料、辩护词，并指责公检法等机关存在违法乱纪行为。在律师的宣传炒作之下，社会各界高度关注，给海淀法院带来极大压力。又如，在 2010 年"药家鑫杀人案"中，被害人代理律师张某在微博上发布虚假的、误导性的信息，将被告人塑造成"官二代""富二代"的形象，使其成为舆论攻击的对象，最终被告人被判死刑。②

上述案例中，辩护律师实施行为的共同之处都是在庭外通过舆论造势、行为艺术引发社会关注，进而对法官造成强大的压力，以达到被法官重视、实现己方诉求的目的。尽管这些行为以促进法官作出有利于当事人的裁判或决定为出发点，最终是为了实现当事人

---

① 参见［日］森际康友《司法伦理》，于晓琪、沈军译，商务印书馆 2010 年版，第 157 页。

② 参见《怎看药家鑫父亲起诉张显？》，2011 年 8 月 7 日，https：//view. news. qq. com/zt2011/yaoqingwei/index. htm，2019 年 6 月 4 日。

的利益①，但是，这种以不正当方式影响法官依法办理案件的行为违反了律师庭外言论规则，影响了法官审理的独立性。虽然目前我国规范性文件已对律师的庭外言论有所规制②，但是，其内容过于粗糙、约束力不足、惩罚性后果不明，亟待予以反思和完善。

对律师庭外言论的限制及限度是一个普遍性的问题，其背后涉及"解决律师的言论自由、公众和媒体获知案件相关信息的权利和律师庭外宣传对案件公平处理的影响这三者之间的平衡"③。对此，不同国家存在不同的处理方式。接下来以美国的"控制与保护并存"模式与英国的"严格禁止"模式为例展开分析。

美国职业行为示范规则对律师庭外言论的规制包括限制和保护两个层面。所谓"限制"，是指"律师不得在庭外发表其明知或合理推断可知的会使一个理性人对正在审理的案件产生实质偏见危险的信息或意见"④，比如诉讼当事人人格、社会信誉、有无犯罪记录等。在"限制"之外，立法也对律师的庭外言论表达确立了若干标准。其一是"安全港规则"，即为了保障基本公众知情权，可以将诉讼请求和辩护观点、公共档案中包含的信息、诉讼日程的安排以及诉讼每一阶段的成果等向公众说明。其二是"回应性规则"，即针对当事人之外的其他主体所作出的言论，律师为了保护当事人免受不公正报道的伤害，有权对媒体的报道作出回应，但律师的回应仅以减轻媒体报道的影响为限。⑤

相比于美国的规定，英国对律师庭外言论的规制更为严格，他

---

① 有关律师庭外言论的可能带来的影响，参见陈实《论刑事司法中律师庭外言论的规制》，《中国法学》2014年第1期。

② 参见《律师和律师事务所违法行为处罚办法》第十四条第三款：以不正当方式影响依法办理案件的行为，包括"以对案件进行歪曲、不实、有误导性的宣传或者诋毁有关办案机关和工作人员以及对方当事人声誉等方式，影响依法办理案件"。

③ 王进喜：《律师言论的界限》，《中国律师》2013年第11期。

④ 杨天红：《律师庭外言论的规制——比较法的考察与借鉴》，《大连理工大学学报》（社会科学版）2016年第1期。

⑤ 参见吴晨《规范律师言论的域外经验和启示》，《中国司法》2017年第12期。

们明确"公平审判"的价值优于"言论自由"。如果律师庭外言论造成实质危险，使得司法程序严重受阻或产生偏颇，那么律师必须承担责任。根据 1981 年的《藐视法庭法》，律师庭外的不当言论如果对公正审判有即刻且严重的危险，根据情节可能要求其承担刑事责任。此外，德国律师的庭外言论虽没有受到法律的明确规制，但是，律师的身份定位使其具有了更多的"公法"性质，这要求他们对于涉及案件或判决的信息，不得随意泄露，不得企图以此影响司法。① 除此之外，在加拿大，由于裁判者不能对裁判行为进行辩护，立法对律师庭外就审判程序和裁决发表言论进行了限制。他们认为，"在公众眼中，律师所掌握的职业知识使得律师的判断或批评显得更重要"，律师的评论会削弱公众对司法体制基本的信赖。而当法院受到不公正的批判时，律师是唯一能够并且应该支持法院的人。②

通过上述比较法的分析可知，美国、德国等国家对于律师庭外言论都进行了或多或少的限制。在借鉴域外经验的基础上，有必要对我国律师庭外言论的规范作进一步的细化。

其一，在庭外言论的范围上，应当区分不公开审理和公开审理的案件。对于前者，应当禁止律师将任何实质性信息公开，包括当事人的个人信息、案件情节、在案证据等，除非当事人能够通过其他公开途径获知。根据《刑法》第三百零八条，违反这一规定，情节严重的，可能构成"泄露不应公开的案件信息罪"。对于后者，允许律师就案件的基本情况、诉讼环节予以公布，也可以允许律师发表适当的意见，但是，这些意见不得误导普通民众，或使其对审判产生偏见。

其二，在庭外言论的内容上，律师的言论要尽可能地保持客观、理性，避免发表误导的、不实的、歪曲的言论，也不得采取诋毁办案人员以及相关当事人声誉的方式。

---

① 参见张升星《司法言论的专业伦理与民事责任》，（台北）元照出版社 2014 年版，第 112 页。

② 参见吴晨《规范律师言论的域外经验和启示》，《中国司法》2017 年第 12 期。

其三，针对其他诉讼参与人发表的可能对己方当事人产生不利影响的言论，律师可以做适当的回应，但不可以超过必要的限度。针对这种行为，律师也可以在法庭上要求法官对该庭外发表言论的行为予以必要的警告。

在笔者看来，再严谨或详细的职业行为规范都离不开及时、有效的制裁。当前，我国律师频繁在法庭外上演"行为艺术"，热衷于通过舆论给法官施加不正当的影响，除了法庭上正常表达诉求不通畅外，最重要的原因还在于对律师庭外行为缺乏基本的规制。即使是在上述"李某某强奸案"中，律师也仅是在庭审结束后遭到律师协会的轻微制裁。①而此时，律师的不当行为给法官带来的不正当影响、给正常司法秩序带来的负面影响、给广大公众带来的误导性偏见均已造成，很难通过事后的制裁加以弥补，因此，有必要加强程序进程中对律师行为的规制。具体而言，法官作为审判程序的主导者，当发现律师存在庭外言行失当时，应当及时对其告诫，必要时可剥夺律师的辩护权，要求律师协会或者司法机关予以惩处。律师协会、司法行政机关也可以对律师从事后监管提前到事中监管，从被动监管转化为主动监管，对于辩护律师的不当庭外言行，给予及时纠正，避免给法律秩序造成负面影响。

四　禁止破坏司法人员的廉洁性

（一）维护司法人员廉洁性的基本要求

维护司法人员的廉洁性是公民的基本义务，对于律师而言，更是如此。破坏司法人员的廉洁性不仅直接触犯了律师的职业行为规范，

---

① 李某某案件中的 6 位律师因涉嫌违反律师执业规范而被调查处理，他们将不公开审理的案件情况通过网络公之于众，属于不当披露案情，同时也侵犯了当事人的隐私。给予涉案律师公开谴责的行业纪律处分，并建议司法行政机关给予相应的行政处罚。参见《北京律师协会：李天一案 6 名律师违规行为被处理》，2014 年 1 月 20 日，http：//ah. sina. com. cn/news/wltx/2014 - 01 - 21/105089562. html，2019 年 6 月 4 日。

也有可能构成犯罪。因而，维护司法人员的廉洁性是律师最基本的义务。

但是，近年来，一些律师在诉讼过程中与司法人员形成了不正当关系，如通过请吃饭、送钱、送物"拉关系"，以及办"关系案""金钱案"。① 在绝大多数的情况下，律师通过各种方式与司法人员保持"良好"乃至"不正当"关系的目的是得到司法人员的关照，更好更快地促成有利于当事人的诉讼结果。这种行为虽然是以实现当事人的利益为目的，但从根本上损害了司法的权威性，破坏了正常的司法秩序，也严重阻碍了正当程序的实现。因为"程序的公正本身应当包含这样一个前提，即案件的裁判中不含有裁判者个人的利益，法官也不得借裁判案件谋取任何私利"②。毫不夸张地说，律师以这种损害司法人员廉洁性的行为获得执业利益，对于律师职业的发展而言，无疑杀鸡取卵、饮鸩止渴；对于司法秩序而言，则无疑是从源头上进行了污染。

因此，维护司法人员的廉洁性是律师最基本的行为规范。其一，这里的"司法人员"采广义的理解，包括司法程序中任何行使公权力的人员，包括法官、检察官，也包括公安人员等。其二，律师不仅自己要维护司法人员的廉洁性，而且也要劝告、阻碍或者不得帮助委托人及其近亲属破坏司法人员的廉洁性。其三，维护司法人员的廉洁性包括多方面的要求，比如规范与司法人员的日常交往、禁止以任何方式向司法人员输送利益以及禁止与司法人员进行任何交易。

（二）规范与司法人员的日常交往

与司法人员日常交往的规范属于律师职业伦理调整的范畴。对此我国《律师执业管理办法》《律师协会会员违规行为处分规则

---

① 参见杨柳《斩断法官与律师的不正当关系》，《瞭望新闻周刊》2004 年第 18 期。

② 李本森主编：《法律职业伦理》，北京大学出版社 2016 年版，第 80 页。

(试行)》等规范性文件从正面规范与反面惩处两个角度对其作出了规定，主要包括以下两大规则：一是会见司法人员规则，即律师应当在办公场所会见法官、仲裁员，避免私下接触；确有必要会见的，应当避免单独会见，可以对会见过程进行录音或文字记录。二是禁止打探规则，即律师不得利用与司法人员以及其他有关工作人员的特殊关系，打探办案机关内部对案件的办理意见。违反这些规则的，律师将被给予中止会员权利六个月以上一年以下的纪律处分；情节严重的，将被给予取消会员资格的纪律处分。[①]

规范律师与司法人员日常交往的规则作用于律师的整个执业过程，具有持续性、日常性和独立性。律师只要与司法人员有不正当的交往，无论是否正在办理案件，也无论是否获取了不当利益，都应当受到惩罚。

规范律师与司法人员日常交往的背后体现了防微杜渐的理念。尽管不按规则见面或者打探案情本身看似并没有对司法人员的廉洁性造成多大的损害，但事实上，这种行为既会使得外界对司法人员的廉洁性和司法程序的正当性产生怀疑，如果不加约束，也极有可能会发展成为行贿、不正当利益输送等更为严重的行为。因此，规范律师与司法人员的日常交往具有重要的意义。

（三）禁止与司法人员有任何交易

除了直接向法官行贿，实践中最常见的是律师与司法人员之间进行"交易"。交易的形式有多种，概括而言主要有以下两种：一是司法人员向当事人推荐、介绍律师作为辩护人，或者暗示更换辩护律师，律师给予司法人员一定"回扣"；二是司法人员向当事人及委托的律师提供咨询意见或法律意见，律师则给予司法人员相应的"专家咨询费"。从表面上看，这种交易基于双方的自由意志，很多律师也认为这种行为实属正常，并没有违法违规，也没有侵犯司法

---

① 参见《律师协会会员违规行为处分规则（试行）》第三十一至三十三条。

人员的廉洁性。其实，这种"交易"是不正当的，其表面上是"交易"，实则为一种"利益输送"，本身也是利用司法人员的"影响力"和工作的"便利"。这种行为使得法官可以将自身职业的"影响力"转化为"经济利益"，从根本上还是损害了司法人员的廉洁性。况且，在这种情况下，法官极有可能继续不当行使权力，给律师的执业活动提供"方便"。

（四）禁止以任何形式向司法人员行贿

行贿是司法实践中侵犯司法人员廉洁性最常见、也是最严重的方式。通过行贿换取司法人员的优待、照顾，甚至使其滥用职权，是最典型的"权钱交易"，直接损害了司法的廉洁性。实践中，向司法人员行贿的方式有很多，既包括给予各种形式的经济利益，例如直接给予金钱、代金券（卡）、贵重物品、有价证券；出资装修住宅；购买商品、报销费用；安排娱乐、旅游①，也包括性贿赂，以及出借交通工具、通信工具或者其他物品。除了向司法人员行贿，也存在向司法人员的近亲属或相关人行贿的情形。无论以哪些方式行贿，也无论向谁行贿，律师都应当坚决避免，坚守维护司法人员廉洁性这一底线。律师除了本人不得向司法人员行贿外，也要坚决避免向当事人及其近亲属介绍贿赂或者指使、诱导其行贿。如果当事人及其近亲属提出这方面的要求，律师也应当采取各种方式拒绝。与此同时，律师也应劝告当事人及其近亲属避免实施损害司法人员廉洁性的行为。

五　避免社会公共利益严重受损

（一）维护社会公共利益的基本特征

作为辩护人，律师本身并没有积极维护社会公共利益的义务。

---

① 参见杨柳《斩断法官与律师的不正当关系》，《瞭望新闻周刊》2004 年第 18 期。

对于社会公共利益，律师与普通公民承担一样的义务，并没有特殊之处。但是，在律师与当事人交往的过程中，如果发现当事人的行为可能会对社会公共利益造成严重损害，律师应在一定限度内避免该损害的发生。总而言之，律师对社会公共利益的维护不是积极的、主动的，而是表现为以下两方面的特征。一是消极性。辩护律师本身并不负担积极促进社会公共利益实现的义务，律师只需要避免社会公共利益受损，即避免自己的行为直接损害或帮助损害社会公共利益。二是有限性。实践中，委托人的行为或不法委托的程度可能是多样的，原则上律师对于知晓的与委托人相关的信息都应当承担保密的义务。只有在社会公共利益可能遭受严重损害的情形下，律师的保密义务才能被豁免。因此，律师在帮助避免社会公共利益受损方面的作用是有限的。

（二）防止严重社会危险的发生

通常情况下，律师对委托人要承担保守职业秘密的义务，这是律师最基本的义务。但是，当委托人的行为可能给他人人身、财产以及社会安全造成重大损害时，这一保密义务就出现了例外。例如，根据我国《刑事诉讼法》，对于委托人或者其他人准备或者正在实施危害国家安全、公共安全以及严重危害他人人身安全的犯罪事实和信息①，律师应当及时向司法机关报告。显然，在委托人可能实施对社会造成重大危险的行为时，律师不得再为委托人保守职业秘密，否则就是为其提供"不作为"的帮助，是对其行为的默许。在对社会危险防止的程度方面，我国和域外采取了不同的方式。我国律师被要求积极报告，并阻碍这一行为发生。而在域外国家，比如美国，则赋予了律师自由选择的权利，即在不承担保密义务的前提下，律

---

① 参见《刑事诉讼法》第四十八条、《刑事诉讼法司法解释》第六十七条、《律师法》第三十八条、《律师办理刑事案件规范》第六条、《律师执业管理办法》第四十三条。上述对律师保密义务事由的规定都一致。

师可以选择报告，也可以选择不报告，这由律师自己决定。当然，无论是哪一种情形，律师都不能默许严重社会危险的发生。

（三）避免被利用实现非法利益

作为法律专业人士，律师的使命在于通过合法的方式维护当事人的"程序内"权益。笔者认为，"程序内"的权益比合法权益的范围更广，在合法权益之外还存在一种权益，即根据事实或者法律，当事人本不该享有该权益，但律师通过正常行使程序权利，使得当事人获得了该利益。比如，被告人事实上有罪，但是，律师通过申请非法证据排除，向法院主张证据不足、尚未达到"排除合理怀疑"的证明标准，请求法院宣告其无罪。对于这些"程序内"的权益，律师都可以为当事人积极主张。但是，对于那些明显违法的委托或者可能利用律师的服务从事非法行为的请求，律师则应当予以拒绝。比如，当事人要求律师毁灭某项证据，或者要求律师向法官行贿，或者利用律师的法律服务向第三人进行欺诈，这些行为都是假借律师之手或破坏正常的司法秩序，或侵犯法官的廉洁性，或引发新的社会矛盾与纠纷。总而言之，这些都是对社会公共利益的损害，都是法律上所不允许实现的利益。因而，对于这些要求，律师应当坚决拒绝，并予以劝告，必要时还可以以退出辩护作为劝诫的"砝码"。当然，如果上述努力均无果，那么律师就可以选择退出辩护，既避免被利用实现非法利益，也避免自身深陷执业风险之中。

第 五 章

忠诚义务的实现（一）：
规避利益冲突规则

在美国等律师职业伦理较为发达的国家，利益冲突多被认为是律师执业中最普遍的问题，是律师职业的"中心道德议题"①。但是在我国，这一问题却甚少被关注，尤其是在刑事诉讼领域。但近年来，在刑事辩护与代理中，我国律师的利益冲突问题也已经开始出现。

如在2008年"上海杨佳袭警案"中，被告人袭击了上海市闸北区公安分局的多名警察，在侦查阶段其被指定由上海明江律师事务所某谢姓律师提供法律援助，但该律师同时也是闸北区公安分局所在的闸北区政府的法律顾问。对此，有观点认为，谢律师既为受害人所在单位提供法律服务，又为被告人辩护，"让人不放心"。② 又如在2016年"北京雷洋案"中，被害人的家属对涉案警察孔某委托的北京大成（上海）律师事务所的律师提出质疑。理由是他们先前已与大成律师事务所长沙分所的律师有过接洽，该律师知晓案情及

---

① 参见［美］詹姆斯·E.莫利泰尔诺《律师职业责任》，中信出版社2003年版，第22页。

② 参见吴杭民《谢某某担任杨佳辩护人，让人不放心》，《检察日报》2008年7月23日。

诉求。大成律师事务所在"接待"被害人后，又接受孔某的委托，违反了法律禁止双方代理的规定，侵害了被害方的利益。① 上述两个案件都涉及律师的利益冲突问题，并引发了广泛的争论。

关于刑事律师利益冲突的规制，《律师法》《刑事诉讼法司法解释》《律师办理刑事案件规范》等规范性文件中已经确立了一些基本的规则，比如禁止双方代理、禁止为同案多个被告人代理、禁止与本人或近亲属有利益冲突的代理，等等。学界对于这一问题也有了一定的研究。有学者致力于对域外利益冲突基础理论、制度以及案例的引介②；有学者立足于我国现有的利益冲突规则，从较为宏观的视角分析律师执业中存在的问题并提出解决的方案③；也有学者从律师事务所管理、律师执业风险等角度展开研究。④ 在我国律师利益冲突规范尚不完备、律师执业实践尚不明朗的情况下，上述研究对我国律师利益冲突问题的厘清产生了积极作用，其作为一个学术问题越来越受到学界的关注。尽管如此，对于律师的利益冲突，尤其是刑事律师在辩护与代理中存在的利益冲突，现有研究仍缺乏深入的、专门的以及立足本土实践的揭示。

其一，刑事律师的利益冲突执业行为具有双重属性。一方面，该行为涉及是否合乎职业伦理；另一方面，由于运行于刑事诉讼程序中，该行为也影响司法程序的合法性，可能引发程序违法甚至无

---

① 参见王和岩《雷洋家属质疑涉案警员律师存利益冲突》，2016 年 6 月 28 日，http://china.caixin.com/2016‐06‐28/100959471.html，2021 年 11 月 1 日。

② 参见王进喜《美国律师职业行为规则理论与实践》，中国人民公安大学出版社 2005 年版；美国律师协会编《美国律师职业行为标准规则》，俞兆平、姜福丛译，中国政法大学出版社 1997 年版。

③ 参见李本森《律师管理路在何方？——律师执业中的利益冲突立法及完善》，《中国律师》2001 年第 4 期；许身健《法律职业伦理》，中国政法大学出版社 2019 年版，第 174—184 页；黄翔宇《我国律师执业的利益冲突规则——对我国现行制度的分析》，《黑龙江省政法管理干部学院学报》2011 年第 4 期。

④ 参见北京市律师协会编《律师利益冲突管理与公益法律服务》，北京大学出版社 2010 年版。

效。因此，对这一问题的研究需要从职业伦理和刑事程序规则两个视角展开，而以往的研究仅将其视为律师的职业伦理问题，忽视了刑事诉讼这个基本的运行场域。其二，对于利益冲突的规制，我国司法实践已经积累了相应的经验，体现了刑事律师与办案机关的实践自觉，这些经验亟待从理论上加以必要的总结与反思。其三，关于利益冲突的执业行为，实践中存在大量争议，例如同一律师可否为同案多个被害人担任代理人；曾为法人担任代理人的律师，可否担任合规监管人，等等。对此，现有的规范并不能提供有效的指引，有必要在规则层面加以进一步的细化。有鉴于此，本章拟立足我国司法实践，对刑事律师的利益冲突规制展开研究。

一　利益冲突规制的理论基础

一般而言，所谓"利益冲突"，是指律师在提供法律服务的过程中，与当前客户在客观上存在潜在相反利益的取向，即使律师所采取的法律行动或提供的法律服务从律师的角度来讲确实是最大限度地有利于客户，却并不能消除由于存在潜在的相反利益而造成这种利益上的冲突和紧张关系。[①] 而"利益冲突规制"就是为调整、处理和规范利益冲突而开展的一系列活动。作为自由的法律职业者，律师原本应当根据自己的意愿，自主决定是否接受当事人的委托，不受外界的限制，但在职业伦理层面却要受到利益冲突的规制。从经济效率的角度看，利益冲突规避也是一项高成本的活动，尤其是在律师事务所规模日益扩大、律师流动频繁的今天，律师与律师之间、律师与律师事务所之间的利益关系错综复杂。为了规避利益冲突的执业行为，律师可能要放弃接受委托的机会，这对律师事务所

---

① Robert H. Aronson, James R. Devine and William B. Fisch, *Problems*, *Cases and Materials in Professional Responsibility*, St. Paul：West Publishing Company, 1985, p. 314.

与律师而言，都是一种"不利益"。既然如此，现代律师职业伦理为何还要坚持利益冲突规则？为何还将其视为"中心道德议题"？利益冲突规制的背后存在怎样的理论基础？

（一）律师的消极忠诚义务

"最大限度地维护当事人的利益"，是利益冲突规制的基本逻辑前提。判断是否存在"利益冲突"，就是以是否与"当事人的利益"发生冲突作为标准。之所以如此，还是基于律师对于当事人的忠诚义务。例如，美国律师被认为对当事人负有"绝对的忠诚"，如果律师的执业行为受到了其他利益的"干扰"，那么这一"绝对的忠诚"就会受到影响，当事人也被认为难以获得律师"全部的努力"。[①] 更进一步讲，对律师利益冲突执业行为的规制，更主要的还是律师对当事人的消极忠诚义务，即不得损害当事人的利益。

其实，利益冲突本身并不必然直接导致对当事人的不利，只是利益冲突的存在很有可能引发律师的不当执业行为，这些行为有可能使得当事人遭受损害，最典型的就是泄露职业秘密行为。例如，一位律师同时为多位被告人担任辩护人，各方被告人在刑事责任的认定上可能存在冲突。此时，律师若为其中一位当事人竭尽全力，则必然难以顾全其他。而律师在为一方当事人争取最好结果的同时，可能会不自觉地利用其所掌握的其他当事人的情况，这对其他当事人来说无疑会是一种损害。

除了实质性的损害，利益冲突规制还是维系当事人与辩护律师信赖关系的重要保障。[②] 如果担心律师可能为其他有利益冲突的当事人服务，那么就可能难以放下戒备之心，不敢向律师和盘托出，更不愿意与律师充分协商沟通，如此一来，辩护律师为当事人服务的

---

① 参见［美］伟恩·R. 拉费弗、杰罗德·H. 伊斯雷尔、南西·J. 金《刑事诉讼法》（上册），卞建林、沙丽金等译，中国政法大学出版社 2003 年版，第 676 页。

② Christine Paker and Adrian Evans, *Inside Lawyers' Ethics*, Cambridge：Cambridge University Press，2007，p. 151.

质量、辩护的效果也都会受到影响。

（二）司法程序的理性运行

作为司法程序的重要参与者，刑事律师的执业行为不仅影响当事人权益的维护，也直接决定了司法程序运行的效果。例如在美国，"对抗制"是诉讼结果值得信赖的前提，如果律师接受存在利益冲突的委托，当事人也因此没有获得律师有效的协助，控辩双方实质对抗的程度就会被削弱，那么通过充分对抗发现真实和实现公正审判的目标就会受到影响。[①] 正因为如此，美国法院在判决中明确地指出，"确保刑事审判是在符合职业道德标准的范围内进行，以及确保法定的诉讼程序对所有参与者都是公正的"，构成了法院自己独立的利益。[②]

诚然，我国刑事司法程序在"对抗性"上并没有达到这么高的程度，但是利益冲突的执业行为同样会影响司法程序在我国的理性运行。试想，如果刑事诉讼允许一位律师同时为被害人与被告人服务，即使最后的判决符合实体规范，这样的裁判过程会让人信服吗？这样的结果会具有权威性吗？

规避利益冲突的执业行为，其背后的逻辑是"诉讼角色的各司其职"，即在设定好的诉讼角色中，每个人都按照自己的角色要求行事、履行各自的角色职责，如此，整个程序便能有序、理性地运行。在刑事诉讼中，刑事律师的角色职责就是在法律的框架下尽全力为当事人服务，无论是被害人及其近亲属的代理人，还是被追诉人的辩护人。如果律师因其他利益干扰，未能充分实现角色职责或者陷入多重角色的冲突之中，那么原本设定的角色就会被弱化，程序的平衡也将难以维持，进而带来诸如控辩不对等、被害人地位被忽略、辩护律师追诉人化等结构性的问题。如此一来，司法程序的合理性

---

① 参见［美］詹姆斯·J. 汤姆科维兹《美国宪法上的律师帮助权》，李伟译，中国政法大学出版社2016年版，第46页。

② See *Wheat v. United States*, 486 U. S. 153, 108 S. Ct. 1692, 100 L. Ed. 2d 140 (1988).

和权威性也会受到质疑。

（三）律师职业形象的维护

律师职业形象对于律师而言有着至关重要的作用。在理想的状态下，律师被认为是为当事人排忧解难、全力维护当事人合法权益的法律专业人士。但是利益冲突的执业行为会使得律师的这一形象受到影响。

其一，利益冲突可能影响律师立场的专一性。律师对当事人的忠诚义务是一种具有排他性和专属性的义务。如果律师接受两个利益可能存在冲突甚至对立的当事人的委托，那么其对任何一个当事人都无法履行不可分割、持续不断的忠诚，这违背了忠诚义务的基本要求；同时，也给公众留下了"一人侍二主"的印象，会让公众对律师是否提供了称职的服务产生怀疑，哪怕律师并没有受到不利的影响，这种质疑也难以避免，律师对当事人"专一的外观"已然受到损害。

其二，利益冲突可能影响律师判断的独立性。作为专业的法律人士，律师应根据事实和法律从专业的角度提出法律意见，维护当事人的利益。但当存在不一致、相冲突的多方利益时，受自身利益或其他当事人利益的影响，律师在提出意见时可能就会掺杂其他考虑，不再仅从专业的角度进行思考。如此，律师进行专业判断的独立性便会减损，提出意见的有效性也将难以得到保证。[①]

二　利益冲突的基本类型

在执业的过程中，与客户利益相反的"潜在利益取向"可能有多种表现形式、来源于多方主体，比如律师自身或其近亲属的利益、

[①]　参见陈瑞华《有效辩护问题的再思考》，《当代法学》2017 年第 6 期。

第三方的利益（如支付律师报酬的人）、律师已经或正在代理的其他当事人的利益、律师所在律师事务所的利益等。应当说，律师执业行为规范越完善，对客户权益的维护就越充分，利益冲突规则所规制的"相反利益取向"的范围也就越为广泛。① 基于社会生活的复杂性，律师可能面临的利益冲突情形无法完全穷尽，因此，对利益冲突有必要采取一种类型化的研究思路。在这一方面，美国的律师利益冲突规则较为成熟。

在美国律师的职业行为规范中，根据利益冲突是同时发生还是前后发生，可以将利益冲突划分为"同时性的利益冲突"（simultaneous representation）和"连续性的利益冲突"（successive representation）。② 其中，同时性的利益冲突侧重保护的是律师正在代理的委托人的利益，为了避免律师的"忠诚"在不同的委托人之间被分割，律师被禁止从事任何不利于现行委托人的一切代理活动，无论这一代理活动与律师正在代理的事项是否存在关系。例如，律师正在为某被告人辩护，那么在其他任何诉讼中律师都不得代理被害人。与同时性的利益冲突不同，连续性利益冲突关注的是委托人秘密信息的保护。律师在代理委托人后，不得在与该代理有相同或有实质关系的法律事务中代理与前委托人利益相反的其他委托人。例如，律师在一审为被告人辩护，那就不能在二审再代理被害人。因为律师在一审中掌握了被告人的信息，该信息可能在二审程序中被用来促进被害人利益的实现，这就直接损害了前委托人即被告人的利益。③

美国律师职业行为规范中的"同时性的利益冲突"和"连续性

---

① 例如在美国的利益冲突规则中，仅在律师与当事人之间的利益冲突问题上就包括律师与当事人之间的商业交易、律师为当事人提供经济帮助、律师与当事人的性关系、律师对自己不当执业责任的限制等。

② See Model Rule of Professional Conduct, Rule 1. 7, 1. 9.

③ 参见王进喜《美国律师职业行为规则理论与实践》，中国人民公安大学 2004 年版，第 89—91 页。

的利益冲突”处理的都是委托人与委托人之间可能存在的利益冲突。① 但是，这两种利益冲突的划分体现了对现委托人和前委托人不同程度的保护。对于现委托人，是“无限的保护”，不允许律师在代理现委托人的同时，再代理任何其他对现委托人不利的事项，体现了对当事人“概括的忠诚”。而对于前委托人，利益冲突规则提供的则是“有限的保护”，只是不允许律师代理与原委托事项存在实质关联的事项，是原委托关系中忠诚义务的延续。

美国对利益冲突划分的标准比较清晰，对于律师在执业中识别并规避纷繁复杂的利益冲突，具有较强的指引作用。这种类型划分与规避方式充分体现了“以当事人为中心”的职业伦理特征②，即根据对现当事人与前当事人利益保护的不同程度，兼顾律师的利益，设置不同的规避要求，充分彰显了美国特色。

我国的律师利益冲突规则虽与美国有类似的规定，如禁止双方代理体现的是同时性的利益冲突，禁止律师在不同的诉讼阶段分别为被告人和被害人代理体现了连续性的利益冲突。但我国在具体规则的设计上并没有借鉴美国的这种分类方法，而是直接将利益冲突情形罗列出来。根据规范性文件和司法实践中已经出现的利益冲突，本章将利益冲突划分为“直接的利益冲突”和“间接的利益冲突”。

所谓“直接的利益冲突”，是指律师与当事人之间、当事人与当事人之间或者当事人与准当事人之间具有直接对立的利益冲突，这使得律师在维护一方利益的同时，必然会对另一方的利益造成损害。所谓“间接的利益冲突”，是指律师与当事人之间、当事人与当事人之间或者当事人与准当事人之间可能具有利益冲突，律师在维护一方利益的同时，可能会对另一方的利益造成损害。这两种利益冲突

---

① 至于委托人与律师之间的利益冲突、委托人与第三人之间的利益冲突等其他的利益冲突形式，《美国律师职业行为规范》则通过其他规则予以专门的调整。由于篇幅所限，本章在此不再介绍。

② 参见蔡元培《当事人中心主义与法庭中心主义的调和：论我国辩护律师职业伦理》，《法制与社会发展》2020 年第 4 期。

区分的标准有二：利益是否对立；利益可否兼容。接下来，笔者将通过列举我国实践中常见的利益冲突情形，对这两种类型分别展开讨论。

（一）直接的利益冲突

直接的利益冲突意味着利益的直接对立，通常发生在以下两种情形中：一是当事人与当事人之间因诉讼角色的对立所导致的利益对立，二是因案情或者各主体之间的社会关系而存在的利益对立。

实践中常见的直接利益冲突主要有：（1）被害人与被告人、自诉人与被告人、附带民事诉讼的原告与被告。这是实践中最典型的直接利益冲突，双方当事人在诉讼角色上处于完全对立的状态，在利益实现上也必然"非此即彼"，有利于一方利益的实现必然会导致另一方利益的落空。（2）律师接受嫌疑人、被告人的委托，而被害人是律师的近亲属。在这种情况下，律师作为受害人的近亲属，基于正常人的感情，通常对作为加害人的嫌疑人、被告人怀有报复的心理，此时要求其以辩护人的身份维护嫌疑人、被告人的利益是难以实现的，因此，律师与嫌疑人、被告人存在直接的利益冲突。（3）律师担任某单位的法律顾问，又接受该单位的对方当事人的委托。"上海杨佳袭警案"就是这种情况。律师长期担任某单位的法律顾问，维护该单位的利益，在某一诉讼中又代表该单位的对方当事人，力图使该单位陷于不利之中，这种利益的先后矛盾也会使得律师深陷利益冲突。（4）涉及是否存在索贿情节案件中的行贿人与受贿人。律师如果站在行贿人的立场，就要努力证明本案属于受贿人索贿。而索贿一旦成立，受贿人就要被从重处罚，所以，在这种情况下，行贿人与受贿人具有直接的利益冲突。（5）涉及主从犯认定的同案被告人。共同犯罪案件中同案被告人之间的关系因案而异，如果同案被告人在主从犯的认定上存在争议，那么同案被告人之间也会存在直接的利益冲突，因为一方被认定为从犯，承担较轻的刑事责任，那么另一方或另外的其他方则极有可能会被认定为主犯，承担较重的刑事责任。

在上述列举的各种情形中，因诉讼角色的对立而产生的直接利益冲突最为典型，在任何案件中都可能存在。因案件情况、社会关系所引发的律师与当事人之间、当事人与当事人之间的利益冲突，则需结合案件的具体情况加以判断。

（二）间接的利益冲突

间接的利益冲突是各方主体之间存在利益不一致或相反倾向的可能，同一律师或者同一律师事务所的律师在维护一方利益的同时，有可能损害或者难以完全维护另一方的利益。与直接的利益冲突不同，间接的利益冲突在利益对立的严重性、维护一方利益对另一方利益损害的必然性上有所弱化，是一种可能存在的利益不一致或相反倾向，基于此而展开的律师代理给当事人带来的是一种可能的而非必然的损害。

实践中常见的间接利益冲突有：（1）共同犯罪案件的多个被告人。共同犯罪案件的多个被告人之间在诉讼利益的实现上可能存在冲突，根据案件的情况不同，利益冲突的程度也存在差别。这些情形包括同案处理的共同被告人、同案处理的共同被告人在不同的诉讼阶段、分案处理的多个被告人等。（2）犯罪事实存在关联的多个被告人。这种情形与共同犯罪案件类似，因案件事实存在关联，多个被告人之间在诉讼利益的实现上可能存在冲突。实践中存在关联的犯罪包括：一是上下游犯罪，比如毒品犯罪的上下家，由上游犯罪衍生出来的洗钱，帮助毁灭、伪造证据，窝藏、包庇，掩饰隐瞒犯罪所得、犯罪收益等犯罪；二是对合犯，比如行贿和受贿双方；三是单位犯罪的法人与自然人。（3）律师接受犯罪嫌疑人、被告人的委托，被害人为所在律师事务所的律师。在一些地方这种情况也被视为直接的利益冲突。[①] 但笔者认为，被害人与辩护律师之间的同

[①] 参见《广东省律师防止利益冲突规则》第六条第二款。

事关系，不同于近亲属关系，对该律师为当事人辩护，并不必然产生影响，只是有可能产生影响。因此，这是一种间接的利益冲突。（4）律师接受犯罪嫌疑人、被告人的委托，被害人为律师事务所其他律师的近亲属。这一利益冲突的严重性弱于律师事务所其他律师本人为被害人的情况，当然，这种社会关系也有可能对律师的代理活动产生影响，因而也是一种间接的利益冲突。（5）同案多个被害人。同案被害人之间在退赔或返还金额的分配，以及对被告人承担刑事责任的意见上可能存在分歧，因此也可能存在利益冲突。当然，这种利益冲突并不显著，应当结合具体案情加以分析。①

（三）对现有规定的反思

直接与间接利益冲突的划分聚焦于各方主体之间利益发生冲突的严重性。之所以对利益冲突进行类型化的研究，其目的在于从纷繁复杂的实践中提炼出若干线索、确立一定的标准，从而方便律师在执业中有效地识别。另外，利益发生冲突的严重程度也直接影响规范性文件对律师规避方式的设定：利益冲突越直接，要求律师所采取的规避方式也就越严格。当然，利益冲突的严重性只是影响律师规避方式选择的因素之一，而非唯一因素。

在我国，《律师法》《刑事诉讼法司法解释》《律师办理刑事案件规范》《律师执业行为规范》都并没有对利益冲突进行类型化划分，而是直接规定"律师在下列情形不得接受委托……"这种直接列举的优势在于被调整的内容清晰明确，方便律师识别、积极规避，当然，这种有限列举的方式也存在规避的灵活性与弹性不足、范围有限等问题。

其实，在我国一些省级律师协会出台的规范利益冲突的专门性

---

① 2012年《人民检察院刑事诉讼规则（试行）》第四十条第二款规定："律师担任诉讼代理人的，不得同时接受同一案件二名以上被害人的委托，参与刑事诉讼活动。"2019年《人民检察院刑事诉讼规则》在修改时将这一条删除。

文件中，已经出现了直接与间接利益冲突的划分，比如《上海市律师协会律师执业利益冲突认定和处理规则》（以下简称《上海市规则》）、《广东省律师防止利益冲突规则》（以下简称《广东省规则》）、《福建省律师协会避免律师执业利益冲突规则》（以下简称《福建省规则》）。其中，《上海市规则》对直接与间接利益冲突的划分标准与本章并无二致，《广东省规则》和《福建省规则》则明确列举了直接和间接利益冲突的不同情形，其共同之处都是将利益冲突类型与规避方式一一对应。[①] 上述三个专门性文件对直接与间接利益冲突的规范应当说是非常有益的探索，尤其是《上海市规则》明确提出以利益冲突的对立作为划分的标准。但上述规则也存在一定的问题，主要表现为以下两点。

一是未严格依照划分标准，将一些可能的或潜在的利益冲突归入直接的利益冲突之中。这可能带来的问题是标准设定形同虚设，对于新出现的利益冲突，难以准确判断其归属的类型。例如，同案被告人之间并非必然存在对立的冲突，况且同一律师事务所的不同律师在执业中相对独立，并不必然存在信息的互通，因此，《上海市规则》将"同一律所的不同律师为同案被告人辩护"列入直接的利益冲突，存在不妥。《广东省规则》和《福建省规则》也都有类似的情况。

二是将利益冲突的严重程度视为决定规避方式的唯一因素。在上述三个规范性文件中，直接和间接的利益冲突分别对应于两种不同的规避方式。这种规定看似前后对应、形式规整，但其实过于简单地理解了利益冲突类型与规避方式之间的关系，二者并非一一对应。一些间接的利益冲突，因为其他因素，也可能与直接的利益冲突适用相同的规避方式。因此，不能仅仅依据利益冲突的类型而设定规避方式，更不能由规避方式倒推利益冲突的类型。

---

① 《广东省规则》和《福建省规则》规定，对于直接的利益冲突，原则上禁止代理；对于间接的利益冲突，经当事人事先签署书面豁免书后则允许代理。

为了更灵活地识别并规制利益冲突,《律师法》《律师办理刑事案件规范》《律师执业行为规范》等规范性文件可考虑改变现行利益冲突规则的设计方式,由对具体利益冲突情形的列举,转变为对利益冲突进行类型化规定。同时,可以考虑引入直接的利益冲突与间接的利益冲突这两种类型,并严格坚持划分的标准,避免将间接的利益冲突随意划入直接的利益冲突之中。

三　利益冲突的律师规避

在律师执业的过程中,利益冲突可能以不同的情形存在。在识别利益冲突之后,律师应当如何处理?是继续接受委托,还是直接退出?这是利益冲突规则所要着重解决的问题,也是利益冲突规制的核心。

(一) 律师规避的两种方式

根据我国相关的规范性文件以及域内外实践,律师规避利益冲突一般包括两种方式,一是强制性规避,二是任意性规避。前者强制要求律师退出辩护,一般不存在"协商"的空间;后者则是附条件的不规避,即只要征得利益可能受到影响的当事人的同意,律师就可继续代理。

1. 强制性规避

强制性规避意味着,当存在利益冲突时律师应当拒绝接受委托或者立即退出辩护,避免开展利益冲突的执业行为。强制性规避一般被规定在具有正式法律效力的规范性文件中,比如《律师法》第三十九条规定,"律师不得在同一案件中为双方当事人担任代理人,不得代理与本人或者其近亲属有利益冲突的法律事务";《刑事诉讼法司法解释》第四十三条第二款规定:"一名辩护人不得为两名以上的同案被告人,或者未同案处理但犯罪事实存在关联的被告人辩护。"这些都是我国较为常见的强制性规避的情形。强制性规避一般适用于利益直接冲突、严重对立的情形，尤其是同一律师不得代理双方当事人、不得代理与自己有直接利益冲突的当事人。当然，一些间接的利益冲突，也有可能要求律师适用强制性规避，比如同一律师不得为同案被告人或者犯罪事实存在关联的被告人辩护，此时除了利益冲突的严重程度，还要考虑对实体真实发现的影响。

2. 任意性规避

与强制性规避不同，任意性规避并非"一刀切"地要求律师拒绝委托、退出辩护，而是将当事人的意愿纳入考虑的范围。这是因为利益冲突规制本身就是出于对当事人利益的考虑。在一些利益冲突不严重或者利益冲突行为不一定会带来实质性损害的情况下，应当允许当事人依照个人意愿对自己的利益作出安排。如果要求律师在所有利益冲突的情况下都退出辩护，也会带来其他问题，比如当事人聘请律师的成本提高、律师在不同律师事务所之间自由流动的机会受限，等等。

当然，任意性规避并非不规避，律师原则上应当拒绝接受委托或者退出辩护，除非获得当事人的同意。律师经当事人同意开展利益冲突的执业行为需满足以下三方面的要求：一是律师本人应当向当事人充分说明利益冲突存在的情况，确保当事人了解律师接受或者继续开展利益冲突代理可能对当事人利益产生的影响；二是当事人了解所有情况后，同意律师继续执业的决定是自愿的、明智的、真实的；三是律师本人结合利益冲突和案件具体情况，合理地认为其有能力为利益可能受到影响的当事人提供称职和勤勉的服务。

任意性规避主要适用于间接的利益冲突，同一律师以及同一律师事务所的多个律师涉及的间接利益冲突都是如此。实践中关于同一律师事务所的多个律师可否为直接利益冲突的当事人代理的问题，也有适用任意性规避的情况。如原则上同一律师事务所的律师不得同时接受被害人和被告人的委托，但是当地只有一家律师事务所且经当事人同意的除外；再如，同一律师事务所的不同律师经当事同意也可为同案或者犯罪事实存在联系的多个被告人辩护。相比于强制性规避，任意性规避适用的情形更多，这主要体现在中华全国律师协会、地方律师协会出台的规范文件中，《律师法》《刑事诉讼法司法解释》并没有对此作出规定。

（二）影响规避方式设定的要素

面对纷繁复杂的利益冲突，存在强制性规避和任意性规避这两种方式，那么律师应当如何选择？需要考虑哪些因素？就整体而言，利益冲突规制涉及多重利益的权衡，比如有学者提出包括律师执业的高标准性、司法程序运行的完备性、当事人获得法律帮助的有效性以及律师职业流动的自由性等。[①] 接下来，笔者将结合我国律师利益冲突规制的实践，探讨影响我国律师规避方式选择的四大要素。

一是利益冲突的严重程度。当事人与当事人之间、当事人与律师或律师事务所之间的利益冲突是直接对立的还是可能发生的，直接决定了律师对规避方式的选择，这是最为重要的因素。利益冲突越严重，律师在代理时就越容易陷入"左右两难"之中，因此也越倾向于适用强制性规避。划分直接的利益冲突与间接的利益冲突的意义就在于此，虽然其与强制性规避与任意性规避并非一一对应，但这是律师选择具体规避方式的基础。直接的利益冲突通常都应当适用强制性规避；一些间接的利益冲突，尽管冲突只是可能发生，但考虑到其他因素，在一些案件中也要求律师拒绝接受委托或退出辩护。

二是对实体真实发现的影响。利益冲突规避的出发点是避免当事人利益受损，但在一些情形下律师也可以通过多方代理、了解多方信息，"不正当"地化解利益冲突，促成当事人利益的实现，这种情形下当事人的利益看似得到了维护，实则影响了实体真实、损害

---

① Janine Griffiths Baker, *Serving Two Masters Conflicts of Interest in the Modern Law Firm*, Oxford: Hart Publishing, 2002, p. 83.

了司法公正，也是不被允许的。因此，一些利益冲突，哪怕仅仅是可能的、间接的，为了避免律师的不当行为损害其他利益，也要求律师一律不得接受委托。实践中最典型的就是"同一律师不得为同案以及犯罪事实存在关联的多个被告人辩护"，这一强制性规避被确立在《刑事诉讼法司法解释》之中。同案以及犯罪事实存在关联的多个被告人之间并非一定存在现实的或者严重的利益冲突，要求律师不得为其同时代理，考虑的主要是避免律师在辩护中接触多个被追诉人，帮助他们建立"攻守同盟"，串通口径应对办案机关的侦查，影响司法机关对证据的收集、审查判断和对案件的公正处理。[①]

三是当事人获得律师帮助的权利。"没有正当理由不得无故剥夺当事人获得律师帮助的机会"，这是美国法上被追诉人"有权获得律师帮助"的应有之义，也是美国律师利益冲突规避所要考量的价值。[②] 这一因素在我国同样存在。利益冲突规则的目的在于帮助当事人获得高质量的法律服务，这首先要求当事人获得律师的帮助。如果利益冲突所要求的规避使得当事人失去了获得律师帮助的机会，那么利益冲突规则的实现就是本末倒置。因此，在设定规避方式时，需要考虑当事人再次获得律师帮助的难度，尤其是在律师资源匮乏、当事人经济能力有限的情况下。如在"同一律师事务所的律师可否同时接受同案被告人和被害人委托"的问题上，对于被告人和被害人这种直接的利益冲突，原则上应当要求同一律师事务所的律师也适用强制性规避，但是考虑到一些县区只有一家律师事务所，如果强制要求律师不得接受委托，那么一些当事人可能无力聘请合适的律师，失去获得律师帮助的机会，这是实现利益冲突规则所不可承受的后果。因此，对于利益冲突的规制，也需要考虑当事人聘请律师的成本、获得律师帮助的机会。

---

① 参见王爱立《中华人民共和国刑事诉讼法释义》，法律出版社 2018 年版，第 95 页。

② Janine Griffiths Baker, *Serving Two Masters Conflicts of Interest in the Modern Law Firm*, Oxford：Hart Publishing, 2002, p. 83

四是律师自由执业的机会。法治社会的发展催生了大量的法律服务需求，也带动了律师事务所的规模化发展，尤其是北京、上海等一线城市的知名律师事务所纷纷在全国各大城市设立分所，律师事务所内部律师之间流动频繁。由此所带来的是律师事务所内部、律师与律师之间的利益关系日益复杂，利益冲突发生的概率大大提升。如果对利益冲突一律设置强制性规避，那么一些律师就会因为各种原因（比如同事关系、执业经历）而失去接受委托的资格，律师的代理能力和范围将受到严重限制。当然，现代律师事务所和律师的这种发展趋势，最主要冲击的是民商事律师。但是，随着刑民行交叉案件的逐渐增多、律师事务所对民事代理和刑事辩护等综合业务的开展，刑事律师接受委托的机会也会因此而受到影响。因此，律师执业的机会也是影响利益冲突规避设置的因素。

（三）对我国律师规避实践的反思

以律师是否必须强制退出为标准，本章提出了强制性规避和任意性规避两种规避方式。强制性规避的情形通常被明确列举在《刑事诉讼法司法解释》《律师法》等规范性文件中，因此，实践中无论是律师还是办案机关都对强制性规避予以高度的重视。

在律师事务所的自我审查方面，有的律师事务所在接受代理前，已经建立起了常态的审查机制。例如，金杜律师事务所于 2007 年 8 月制定了《利益冲突判定指引》，确立了"先进行利益冲突检索，后立案"的原则，并在其所内设立了专门负责利益冲突审查的"利益冲突检索及立案中心"（以下简称"检索中心"）。在刑事业务领域，该"检索中心"对法律明文规定的禁止代理的情形进行事前审查，主要的审查对象是"同一律师为同案被告人及案件事实存在关联的多个被告人辩护的情形"[①]。

---

① 参见北京市律师协会《律师利益冲突管理与公益法律服务》，北京大学出版社 2010 年版，第 191—192 页。

此外，办案机关也会对违反利益冲突规则的刑事代理与辩护行为进行审查，并督促律师加以规避。例如在侦查阶段，侦查机关可以要求当事人更换可能违反利益冲突规则的律师[①]；进入法庭审判阶段，法庭可以提示律师不得同时为多名被告人辩护。[②] 应当说，强制性规避在实践中得到了较好的落实，律师和办案机关也通过实践探索，积累了强制性规避的经验。

与强制性规避不同的是，任意性规避在我国实践中被严重忽视。一方面，任意性规避仅存在于中华全国律师协会出台的职业行为规范中，这些行为规范效力层级不高，并没有引起律师的广泛关注；另一方面，这些行为规范仅对有限的利益冲突情形进行了列举，难以对律师在实践中规避多样的、多变的以及复杂的利益冲突提供有效的指引。因此，任意性规避在实践中基本流于形式。比如，律师、办案机关甚至当事人，只关注强制性规避适用的情形，除此之外的利益冲突都未被纳入规避与审查的范围。与此相关的是，由于缺乏必要的注意，律师在接受委托时，可能没有征得当事人的同意；在执业过程中，也没有履行相应义务的意识。

其实，由于强制性规避一般适用于利益冲突较为严重的情形，律师基于理性并不难作出判断。反而是任意性规避适用的间接利益冲突，因为冲突并不明显，或者损害仅是潜在的，因而很容易被律师忽视。所以，任意性规避反而应当成为实践中需要被着重关注的对象。

对此，笔者认为未来有必要将任意性规避纳入正式的法律文件中，加强律师事务所、律师、办案人员对间接利益冲突的规制。如，在律师接受当事人的代理委托前，律师事务所应当进行全面审查，重视所有可能出现的利益冲突，而不限于《刑事诉讼法司法解释》中所确立的情形。律师个人也应当更加注意自我审查，关注利益冲

---

① 参见佛山市中级人民法院（2017）粤 06 刑终 553 号裁定书。
② 参见河池市中级人民法院（2016）桂 12 刑终 158 号裁定书。

突是否存在。相比于其他主体，律师更加熟悉案情以及当事人之间的关系，更为容易察觉并规避利益冲突。① 如果决定接受委托，律师也应当尽到充分的告知、提醒和说明的义务，确保得到当事人的知情同意，并获得相应的证明。在接受委托后，律师更应该勤勉尽责，避免受到相反利益的影响，并履行必要的注意义务，如高度重视案件信息的保密，避免与相关当事人或律师交流案情等。

四　违反利益冲突规则的法律后果

对于利益冲突的规制，事前预防重于事后惩戒。尽早识别利益冲突、规避利益冲突、避免损害后果的发生，是利益冲突规则的基本要义。例如，律师本人要提前进行自我审查，律师事务所在律师代理前应尽到必要的查证义务，办案机关也应给予适当的提醒。② 如果在审判结束后才发现利益冲突，则追踪并消除利益冲突可能带来的影响将会遇到一些不可避免的困难③，也会提高利益冲突规避所需要的成本。

当然，提前预防如若失守，如对于强制性规避，律师该规避而没有规避的；对于任意性规避，律师该征得当事人同意而没有的，就意味着律师违反了利益冲突规则。构成对利益冲突规则的违反仅需律师开展了被法律所禁止的或者不符合要求的利益冲突行为，至于该行为是否使当事人的利益遭受实质性的损害，则在所不问。因

---

① 参见［美］约书亚·德雷斯勒、［美］艾伦·C. 迈克尔斯《美国刑事诉讼法精解》（第一卷），吴宏耀译，北京大学出版社 2009 年版，第 639 页。

② 《公安机关办理刑事案件程序规定（2020）》第四十三条第二款规定："对于同案的犯罪嫌疑人委托同一名辩护律师的，或者两名以上未同案处理但实施的犯罪存在关联的犯罪嫌疑人委托同一名辩护律师的，公安机关应当要求其更换辩护律师。"

③ 参见［美］伟恩·R. 拉费弗、杰罗德·H. 伊斯雷尔、南西·J. 金《刑事诉讼法》（上册），卞建林、沙丽金等译，中国政法大学出版社 2003 年版，第 680 页。

此，对利益冲突规则的违反看重的是行为本身，而非行为带来的结果。

一如前文所说，利益冲突规则本身具有双重属性，因而违反这一规则也存在双重的法律后果：对于律师而言，违反利益冲突规则，其个人应当承担相应的责任；对于司法程序而言，律师开展严重的利益冲突代理活动，可能损害司法程序的合法性，因此可能会导致程序性的法律后果。

（一）律师的个人责任

对律师利益冲突的规制，在《律师法》、司法部出台的《律师执业管理办法》《律师和律师事务所违法行为处罚办法》以及中华全国律师协会颁布的《律师办理刑事案件规范》《律师执业行为规范》等规范性文件中均有体现。根据这些文件的规范效力，律师违反利益冲突规则，可能会被处以行政处罚与行业惩戒。如《律师法》第四十七条规定，律师为双方当事人担任代理人，或者代理与本人及其近亲属有利益冲突的法律事务的，"司法行政部门给予警告，可以处五千元以下的罚款；有违法所得的，没收违法所得；情节严重的，给予停止执业三个月以下的处罚"。再如《律师协会会员违规行为处分规则（试行）》第二十、第二十一条对律师开展利益冲突行为，以及未经各方委托人同意而开展利益冲突行为，分别规定了纪律处分，对于前者，"给予训诫、警告或者通报批评的纪律处分；情节严重的，给予公开谴责、中止会员权利三个月以下的纪律处分"；对于后者，则"给予训诫、警告或者通报批评的纪律处分"。根据这些规定，实践中也出现了律师因接受利益冲突的委托而被惩戒的案例。①

作为违反利益冲突规则的行为主体，律师被要求承担个人责任是最直接的法律后果。目前，我国已经构建了有关律师个人责任的

---

① 参见杭州市司法局杭司罚决〔2018〕11 号行政处罚决定书。

体系，也已经有了初步的实践，但在这一问题上还存在以下不足。

其一，在律师个人责任的性质方面，行业惩戒和行政处罚原本应当"并驾齐驱"，但实践中由于行业惩戒本身过于空洞，多是各种形式的口头批评，最严重的也仅是对会员资格的限制与剥夺，并不能给律师个人带来实质性的不利影响。而且，行业惩戒在很大程度上依附于行政处罚，缺乏必要的独立性。由此，行业惩戒在我国很大程度上流于形式，并没有发挥应有的作用。

其二，在律师个人责任的归责方面，违反规则的"一般情形"与"情节严重"缺乏明确标准，这可能导致在具体适用时，因规定模糊而出现难以评判的问题，也会影响对违反利益冲突规则律师的有效惩戒。

其三，在律师个人责任的落实方面，实践中律师因违反利益冲突规则而被给予行业惩戒或行政处罚的情形较少，一般只有在律师严重违反规则，尤其是违反强制性规避的情形下，才有可能被审查、处理。其他的利益冲突行为很难被纳入审查的范围，更不用说被处罚。

规则模糊导致规制不彰。针对上述问题，笔者认为应从三个方面加以完善。

首先应当加强对规则的细化，如明确区分"一般情形"与"严重情形"。区分的标准应考虑如下要素：一是律师违反规则的具体情形，是违反了强制性规避还是任意性规避。二是律师违反规则所造成的损害后果，包括对当事人利益的损害、对司法程序合法性的损害。尽管损害后果不是律师被惩戒的前提，但应成为影响律师承担责任的因素。三是律师违反规则的主观心态，律师是没有发现或者发现后尚未来得及处理，还是明知存在而故意不退出或者不向当事人说明。

其次应当加强律师协会对律师行业的规范管理，提升行业惩戒的力度。当然，这涉及我国律师行业的深层次管理体制，并不是一个通过完善规则就可以简单解决的问题。尽管如此，笔者认为仍然有必要加强律师协会的管理。毕竟，作为一种具有高度专业性的职业团体，律师行业的管理更需要的是专业化管理，提高自治程度，尤其是对于诸如利益冲突这样十分专业、灵活且复杂的问题，需要由律师协会的专业人士加以判断并出具惩戒意见。

最后应当加强对律师接受委托行为的审查，使对"利益冲突"的审查走向常规化，并对违反利益冲突规则的行为给予及时的惩戒。其中，尤其应当注意对"间接利益冲突"的审查。此外，对于当事人的相关投诉，还应建立通畅的处理机制。

（二）程序性的法律后果

一旦刑事律师开展了利益冲突的代理或辩护活动，除了可能影响当事人的利益外，还可能影响司法程序的合法性。这是因为，当事人辩护权实现的程度本身就是影响程序正当性的重要因素之一。严重限制或者剥夺当事人辩护权会使得程序违法甚至无效，从而可能导致程序被撤销的后果。这也就是利益冲突行为的程序性法律后果。

在规范层面上，我国《刑事诉讼法》并没有对律师的利益冲突作出直接规定，仅在《刑事诉讼法司法解释》中规定："一名辩护人不得为两名以上的同案被告人，或者未同案处理但犯罪事实存在关联的被告人辩护。"尽管司法解释并没有明确规定违反这一规定的程序性后果，但实践中二审法院普遍将其视为《刑事诉讼法》第二百三十八条第五款规定的"其他违反法律规定的诉讼程序，可能影响公正审判的"情形，进而裁定"撤销原判，发回重审"[1]。近年来，在一些案件的死刑复核程序中，也出现了因律师违反利益冲突规则而被认为审判程序违法，进而不被最高人民法院核

---

[1]　参见丹东市中级人民法院（2014）丹刑二终字第 00228 号裁定书；景德镇市中级人民法院（2017）赣 02 刑终 20 号裁定书；山东省蒙阴县人民法院（2017）鲁 1328 刑再 1 号裁定书；山西省大同市中级人民法院（2017）晋 02 刑终 202 号判决书。

准的情形。① 由此可见，对于违反《刑事诉讼法司法解释》规定而开展的利益冲突行为，实践中二审法院普遍采取的是"绝对的撤销原判"，并不考虑该行为可能带来的实质损害。② 笔者认为，在我国《刑事诉讼法》未将违反利益冲突规则的行为予以明确列举的情况下，法院自觉地将这一行为视为"其他违反法律规定的诉讼程序的情形"，并大胆地撤销原判，体现了裁判者积极的主观能动性。这是对我国程序性制裁的积极探索，对于加强利益冲突行为的惩治具有重要意义，应当值得肯定。当然，实践中也存在法院仅在判决书中宣告律师的代理或辩护行为违法，而未将判决撤销并发回重审。③ 不过，令人欣慰的是，这种情形较为少见。

通过观察可见，我国实践中已经出现的程序性法律后果具有两方面的特点：一是违反规则的行为仅限于两种情形，即律师为"两名以上的同案被告人"，或者"未同案处理但犯罪事实存在关联的被告人"辩护，除此之外的利益冲突行为基本不能引发程序性法律后果；二是程序性法律后果仅限于"绝对的撤销原判"，"相对的撤销原判"在实践中基本不存在。但实际上，在律师的执业过程中，其他的利益冲突行为也有可能影响公正审判，尤其是那些经当事人同意所开展的利益冲突行为，律师虽有资格接受委托，但并不意味着在后续的执业过程中就不会因利益冲突而损害当事人的利益或影响司法程序的合法性。因此，除了《刑事诉讼法司法解释》中确立的利益冲突，对于其他利益冲突行为同样有必要加以审查。那么，对于那些并不严重的利益冲突行为，法院在审查之后当然也并不必然要撤销原判，只有在造成严重后果的情形下，才会作出撤销原判的决定，这也就意味着在"绝对的撤销原判"之外，引入"相对的撤

---

① 参见最高人民法院刑事审判一至五庭《刑事审判参考》（总第96集），法律出版社2014年版，第115—119页。

② 陈瑞华：《对违法审判行为的程序性制裁》，《兰州大学学报》（社会科学版）2017年第1期。

③ 参见潍坊市中级人民法院（2015）潍刑二终字第202号裁定书。

销原判"是有必要且有价值的。

与我国实践较为相似的是，美国法院对律师利益冲突的审查也多集中于对多个被告人多重代理的情形。[①] 美国法院一般将其置于无效辩护的框架下进行审查，因为基于利益冲突的无效帮助与其他的无效帮助在处理上并没有什么不同。[②] 通过霍洛韦诉阿肯色（*Holloway v. Arkansas*）[③]、凯乐诉沙利文（*Cuyler v. Sullivan*）[④] 等一系列重要判例，美国法院在利益冲突代理的审查方面逐渐形成了较为清晰的规则。一般情况下，对于律师的利益冲突行为，当事人如果要向法院申请司法救济，则要证明存在"实际的利益冲突"，且"这一利益冲突已经对律师的行为产生了负面的影响"。但是，对一些被认为是"本质冲突"的情形，一旦能够确定存在实际的利益冲突，法院就要自动推翻原判决，而无须证明利益冲突对律师的活动产生了"负面影响"。[⑤] 除此之外，如果初审法院不顾当事人或者律师及时提出的反对意见，而错误地要求律师继续开展代理，或者未及时进行审查，那么其所作出的判决也应当被自动推翻。[⑥]

两相对比可以发现，在实践中，中国和美国两国法院分别在不同的制度框架下对律师的利益冲突行为进行审查：我国将其纳入程序性制裁的框架下，认为利益冲突执业行为违反了法定的程序规则，影响了公正审判；而美国则将其置于无效辩护的框架下，认为利益冲突行为分散了律师的忠诚度，可能使当事人难以获得有效的律师

①　See Peter W. Tague，"Multiple Representation and Conflicts of Interest in Criminal Cases"，*Geo. L. J*，Vol. 67，1979，pp. 1075，1077.

②　参见［美］伟恩·R. 拉费弗、杰罗德·H. 伊斯雷尔、南西·J. 金《刑事诉讼法》（上册），卞建林、沙丽金等译，中国政法大学出版社 2003 年版，第 690 页。

③　435 U. S. 475，98 S. Ct. 1173，55 L. Ed. 2d 426（1978）.

④　446 U. S. 335，100 S. Ct. 1780，64 L. Ed. 2d 333（1980）.

⑤　参见［美］伟恩·R. 拉费弗、杰罗德·H. 伊斯雷尔、南西·J. 金《刑事诉讼法》（上册），卞建林、沙丽金等译，中国政法大学出版社 2003 年版，第 691 页。

⑥　参见［美］伟恩·R. 拉费弗、杰罗德·H. 伊斯雷尔、南西·J. 金《刑事诉讼法》（上册），卞建林、沙丽金等译，中国政法大学出版社 2003 年版，第 681 页。

帮助。无论何种方式，最后都"殊途同归"：撤销原判，并给予当事人权利救济。

美国丰富的实践经验带给我们的启示是，应当进一步激活法院对利益冲突的审查，引入"相对的撤销原判"制度。其实，在我国司法实践中，法院广泛引用的《刑事诉讼法》第二百三十八条第五款本身就是"相对的撤销原判"，只不过对于"可能影响公正审判"的这一因素，法官并没有加以解释，而是直接以此为依据处理《刑事诉讼法司法解释》确立的两种情形。笔者认为，未来有必要将强制性规避的情形单列出来，作为绝对撤销原判的事由，即只要律师违背强制性规避的情形，原则上二审法院都应当直接撤销原判；同时，将任意性规避的情形作为相对撤销原判的事由，法院应将全国以及地方律师协会发布的行业规范，作为评价律师执业行为的重要标准，结合案件情况对有争议的利益冲突进行实质审查，判断是否影响公正审判，进而决定是否撤销原判。当然，在立法尚未明确规定的情形下，将任意性规避纳入法院审查的范围，并作出裁判，对我国法院而言是一个不小的挑战，现在看来或许还不太现实，但在未来是值得期待的。

五　利益冲突的司法审查

利益冲突规制以预防为主，律师的自我审查、律师事务所的外部审查以及办案机关的过程审查都是为了及时规避利益冲突，避免律师接受可能存在利益冲突的委托。但在实践中，有些利益冲突并不明显，或者进入审判阶段后才出现，因此，审判前的预防并不足以"拦截"所有的利益冲突。如果审判程序已然结束，当事人或者检察机关、法院才发现律师严重违背了利益冲突规则，对此应当如何处理？① 此时，对这一问题的处理就要诉诸二审法院的司法审查。

我国的司法实践中已经出现二审法院就利益冲突问题进行审查的案例。二审法院在司法审查的启动上，目前存在三种不同的方式：一是法院依职权启动；二是检察官依抗诉启动；三是当事人或利害关系人依诉权启动。接下来，笔者将结合实践中的案例，对上述三种启动方式及其相关问题展开讨论。

（一）法院依职权启动

在我国，二审程序遵循全面审理原则，即对一审的实体性和程序性问题均作全面审查，不受上诉或者抗诉范围的限制。这体现了我国上级法院对下级法院的审判监督。由于禁止为"同案被告人"以及"犯罪事实存在关联的被告人"辩护已被写入《刑事诉讼法司法解释》之中，因此，实践中，法院在发现存在上述两种情形后，一般都会主动启动审查程序。例如，在"王某故意伤害案"中，一审判决作出后，被告人王某不服，以不是自己造成的重伤和轻伤后果而原审量刑过重为由提出上诉。武汉市中级人民法院经审查认为，原审法院在审理原审被告人王某犯故意伤害罪一案中，违反了2012年《刑事诉讼法司法解释》第三十八条第二款的规定，裁定撤销湖北省武汉市洪山区人民法院刑事判决，发回湖北省武汉市洪山区人民法院重新审判。②

法院依职权对利益冲突进行审查，其目的在于保证司法程序的合法性，这是一种"自上而下"的主动审查。在这种情况下，利益冲突行为一旦被法院确认存在，通常就会被视为"可能影响公正审判"，继而撤销判决、发回重审。未来如果将任意性规避的情形纳入司法审查的范围，那么法院还需对"可能影响公正审判"作出解释。

---

① 如果在审判过程中发现律师行为违反了利益冲突规则，根据司法实践的惯例，法官一般会提醒当事人和律师，如要求当事人更换律师，提醒律师及时退出辩护，或者责令律师退出辩护。

② 参见武汉市中级人民法院（2016）鄂01刑终1095号裁定书。

如果法院因律师开展利益冲突行为，而裁定撤销原判、发回重审，那么律师就面临着被追责的风险。此时，律师作为利益可能受到不利影响的一方，在法院审查的过程中，应当被赋予提出抗辩或者给予解释的机会。法院也应当充分听取当事人及其律师的意见，并在此基础上作出裁决。

（二）检察机关依抗诉启动

在司法实践中，检察机关发现律师违反利益冲突规则，也会向法院提起抗诉，要求其纠正违法程序。尤其是对于 2012 年《人民检察院刑事诉讼规则（试行）》中确立的"禁止律师为同一案件多个被害人代理"的规定，实践中曾出现检察机关就此向法院抗诉，要求法院予以纠正。但这一规定已经在 2019 年《人民检察院刑事诉讼规则》中被删除。例如，在"余某故意伤害案"的二审刑事附带民事裁定书中，法院对抗诉机关提出"同一名律师不能同时担任同一案中两名被害人的诉讼代理人"的抗诉意见不予支持。原判认定事实清楚，证据确实、充分，适用法律正确，审判程序合法，故驳回抗诉、上诉，维持原判。①

检察机关通过抗诉要求法院对律师的利益冲突行为进行审查，具有双重属性。一方面，作为法律监督机关，检察机关可以基于对司法程序的监督，要求法院对可能影响司法公正的律师行为进行审查、纠正违法行为，进而维护司法程序的合法性；另一方面，作为刑事诉讼中的追诉者，检察机关也可以出于担心律师通过多方代理，帮助被告人串供、违背事实改变证言，影响成功追诉，而要求法院加以审查。

无论哪种情形，检察机关通过抗诉启动审查程序后，都必须提出证据对以下事项加以证明：一是律师的执业行为违反了利益冲突规则；二是律师的利益冲突执业行为可能影响公正审判。检察机关对上

---

① 参见咸宁市中级人民法院（2015）鄂咸宁中刑终字第 76 号裁定书。

述事项完成初步证明后，律师或者当事人可以提出证据予以抗辩，证明律师接受委托不属于利益冲突代理，也没有对审判程序的公正性产生影响。辩护方发表意见后，检察机关可针对辩护方的意见再次提出证据。在控辩双方分别提出证据后，法院应当对该争议作出裁决。

（三）被告人或利益相关人依诉权启动

无利益则无诉讼。在辩护律师开展利益冲突的执业过程中，被告人通常是受害者，为了使被告人获得救济的机会，应当允许被告人行使诉权，申请法院对律师的行为进行审查。除了被告人，其他当事人的利益也可能因律师的执业行为受到损害。如参与案件的其他律师同时接受多个被告人的委托，在该律师的多方"协商"之下，这些被告人达成攻守同盟，形成一致口供，将其他同案犯"推举"为主犯，那么未被代理的被告人就有可能在量刑上遭到不利的处理。在这种情况下，诉讼利益受损的被告人只有通过上诉要求法院对该利益冲突行为进行审查，并获得重新审判的机会，才可能获得救济。除此之外的其他方式都无法弥补被告人因此而受到的损失。例如，在"岩某、李某贩卖、运输毒品罪案"中，湖南省邵阳市中级人民法院一审判处二被告人死刑立即执行。被告人上诉后，湖南省高级人民法院经审理后作出刑事裁定，驳回上诉，维持原判。在最高人民法院对该案复核期间，李某的辩护人罗律师向法庭提出，本案被告人众多，案情复杂。湖南大行律师事务所袁律师在一审担任被告人黎某的辩护人后，又在二审担任同案被告人王某的辩护人，严重违反了《刑事诉讼法司法解释》的规定，损害了其他被告人的合法权益，影响了司法公正。同时，在本案一审、二审阶段为被告人李某担任辩护人的李律师，事实上也是同案被告人林某的一审辩护人，同样违反了有关司法解释和规范性文件的规定。①

这个案例发生在死刑复核阶段，李某的辩护人罗律师针对案件

---

① 陈瑞华：《刑事辩护的艺术》，北京大学出版社 2018 年版，第 206—208 页。

中存在的两个利益冲突行为向法院提出意见。在这两个不同的行为中，李某的身份是不同的：针对李律师的利益冲突执业行为，李某是被代理的当事人，其对自己的辩护律师的行为提出质疑；针对袁律师的利益冲突执业行为，李某是同案未被代理的当事人，其对同案其他当事人律师的行为提出质疑。由此可见，无论是被代理人还是其他利益可能受到影响的当事人都可以针对律师的行为向法院提出意见。

尽管如此，目前我国法院对律师行为的审查尚没有形成基本的诉讼形态，大多是按照惯例、引用法条，径直作出裁判。未来如果将更多的利益冲突行为纳入法院审查的范围，法院对利益冲突的审查逐渐走向实质化，就需要进一步考虑在对利益冲突的行为进行审查时各方主体所应当承担的证明责任。笔者认为，在强制性规避和任意性规避这两种不同规避方式的适用中，当事人应负担不同的证明责任。

其一，强制性规避中的"一步式"证明责任。在强制性规避的情形下，辩护律师应当拒绝接受委托或者立即退出辩护。律师如果在这种情形下仍然开展利益冲突行为，无论是否存在不利的结果，都是对强制性规避规则的违反。所以，当事人如果认为律师的执业行为属于强制性规避的情形，那么只需提出证据证明这一点即可，无须证明该行为是否对本人利益造成损害。一旦律师违反强制性规避规则的行为得到证明，当事人的证明责任即告完成。

其二，任意性规避中的"两步式"证明责任。在任意性规避适用的情形中，当事人的同意是律师接受委托或者继续执业的前提。但是如果律师的执业行为使得当事人的利益遭到损害，当事人也当然有权要求法院加以审查。在这种情况下，当事人首先要证明在律师执业的过程中，实际的利益冲突确实存在，且律师的执业行为存在不当，使得当事人的诉讼权益受到损害。当事人对上述主张提出证据加以证明后，证明责任随即发生转移，律师需证明开展执业行为得到了当事人的同意，且当事人的权益受损与律师的执业行为没有直接的关系。在律师提出证据、发表意见后，当事人可对此再次发表意见。当事人对所主张的事实原则上应当达到优势证据的标准。

第 六 章

忠诚义务的实现（二）：
保守职业秘密规则

保守职业秘密是律师对委托人承担的最基本的义务，这在世界主要国家的律师职业伦理中均有体现。如，"守密义务"在日本司法伦理中是律师制度的基石，是极其重要的制度[①]；美国律师职业规范将"保密"与"忠诚""称职"并列为律师对委托人的三大基本职责[②]；而在德国、意大利、法国等大陆法系国家，保守职业秘密则上升成为法律义务，违反这一义务即可能构成犯罪。[③]

在我国，《律师法》以及司法部、律师协会发布的规范性文件都对律师保守职业秘密作出了规定。如《律师法》第三十八条第二款规定，"律师对在执业活动中知悉的委托人和其他人不愿泄露的有关情况和信息，应当予以保密。但是，委托人或者其他人准备或者正在实施危害国家安全、公共安全以及严重危害他人人身安全的犯罪事实和信息除外"。由此可知，律师在一般情况下均应保守有关情况

---

① 参见［日］森际康友《司法伦理》，于晓琪、沈军译，商务印书馆 2010 年版，第 23 页。

② 参见［美］德博拉·L. 罗德、小杰弗瑞·C. 海泽德《律师职业伦理与行业管理》，许身健等译，知识产权出版社 2015 年版，第 65 页。

③ 参见王丽《律师刑事责任比较研究》，法律出版社 2002 年版，第 243 页。

和信息；在例外的情况下，律师可不再承担这一义务。根据《刑事诉讼法》第四十八条，当出现例外情况时，律师不仅不再承担义务，还"应当及时告知司法机关"。

从律师职业伦理的角度看，保守职业秘密是律师面向委托人的一项义务，但在我国的规范文本中，保守职业秘密体现了强烈的"国家利益至上"色彩。如除了委托人的信息，《律师法》第三十八条第一款还要求律师应当保守在执业活动中知悉的国家秘密、商业秘密，将其与委托人的信息保护放置于同一重要位置；又如在保密义务的例外方面，规范文本不仅设置了诸多例外事由，还要求律师主动报告，这一揭发行为与忠诚义务直接背离。在律师职业伦理研究整体欠发达的背景下，被视为最能体现律师忠诚义务的保守职业秘密规则在学界也甚少被关注，相关作品屈指可数。[①] 基于此，本章拟以保守职业秘密为研究对象，对其相关理论与实践问题展开研究。

一 保守职业秘密的双重属性

保守职业秘密的主体是律师，但当其面向不同的主体时，保守职业秘密便具有不同属性。

（一）面向当事人的保守职业秘密义务

面对当事人，辩护律师要承担保守职业秘密的义务。从性质上看，保密义务具有三种性质：合同义务、职业伦理义务、法律义务。首先，这一义务来源于当事人与辩护律师之间的委托代理关系，律师需要依据合同向委托人承担保密义务，当然这一层面的保密范围

---

① 相关学术论文，参见王满生《律师保守职业秘密规定的得失及其完善——新律师法第 38 条评析》，《理论探索》2010 年第 1 期；方流芳《律师保密义务》，《律师文摘》2013 年第 3 辑。

原则上需要双方进行事前约定。其次，律师对当事人的保密义务是一项重要的职业伦理，在这一层面上，当事人的信息往往会得到最全面和最广泛的保护。根据美国 2011 年《职业行为示范规则》，对于与代理委托人有关的信息，律师不仅要承担"不得披露"的消极保密义务，而且还要履行"采取方式防止信息被披露"的积极保密义务。① 此外，职业伦理层面的保密义务所针对的职业信息的范围也十分广泛，对委托人给予了"最远程"的保护。例如，在美国，"一般情况下，与代理委托人有关的信息都受到保护，无论其直接来自委托人，或者第三人"②。而日本职业伦理则认为，"秘密不仅是主观意义上的秘密，也指客观意义上的秘密，如委托人过去的犯罪行为、反伦理行为、疾病、身份，还有委托人不想让第三人知道的事项等全部事项都包括在内"③。最后，律师保密义务在部分大陆法系国家还被视为一种重要的法律义务，律师违反这一义务可能构成犯罪并承担刑事责任。例如《法国刑法》规定，"律师绝对不得泄露任何涉及职业秘密的事项……"而在德国、比利时、卢森堡、意大利等国家，掌握职业秘密的人如果泄露了有关秘密即构成犯罪。④

在我国，《律师法》、律师协会出台的职业行为规范、司法部发布的部门规章中都有关于律师保密义务的规定，且在内容上基本一致。根据《律师法》第三十八条第二款，律师所要保守秘密的内容主要包括两方面：一是当事人的隐私；二是委托人不愿泄露的有关情况和信息。其中，"委托人不愿泄露的有关情况和信息"属于主观性的概念，不同的委托人对于"不愿泄露的信息"可能有不同的理

---

① 美国律师承担积极的"保密义务"确立于 2011 年《职业行为示范规则》的修改，参见陈露《美国律师保密义务的新变化》，《中国律师》2013 年第 6 期。

② 王进喜：《美国律师职业行为规则理论与实践》，中国人民公安大学出版社 2005 年版，第 67 页。

③ ［日］森际康友编：《司法伦理》，于晓琪、沈军译，商务印书馆 2010 年版，第 26—27 页。

④ 参见王丽《律师刑事责任比较研究》，法律出版社 2002 年版，第 242 页。

解。如果以变动不居的委托人的主观意愿作为决定律师承担保密义务的范围标准，那么这一标准就可能因人而异、因案而异，难以为律师提供明确的指引。笔者认为，所有与委托人相关的信息都应当被纳入律师保密的范围，尤其是关系委托人诉讼利益的重大信息、可能使委托人遭受不利诉讼结果的事项，如罪重的量刑情节、未被追诉机关发现的犯罪事实，等等。对于这些信息，未经当事人的同意，律师都不得随意向第三人告知。

（二）　面向司法机关的保守职业秘密权利

面向司法机关时，保守职业秘密成为律师的一项权利。在实践中，为了发现真实，办案人员最有可能"探听"当事人的信息，而律师基于与当事人的信任关系，往往掌握了最为全面的信息。为了保障当事人的权益不受侵犯，诸多国家都为律师设定了保守职业秘密的权利，即当面对司法机关披露信息的要求时，律师应当享有拒绝披露、保守职业秘密的权利。关于这一权利，两大法系国家在制度设计上存在一定差异：英美法系国家一般在证据法上确立"委托人与律师的职业特权"，而大陆法系国家则在程序法中构建律师拒证权。接下来本书以美国和德国作为典型代表进行分析。

"委托人与律师特免权"是美国证据法上的一项重要规则，它是指对于向委托人提供职业法律服务而进行的秘密交流[①]，委托人享有拒绝披露并防止其他人披露的特权。由此可见，委托人是特权的享有主体，作为代理人，律师也可以以委托人的名义主张该项权利。换言之，当公权力机关要求律师提供证言时，律师有权拒绝。关于这一特权，只有在委托人放弃行使的情况下，律师才可以放弃。在信息保护的范围方面，相较于职业伦理层面上的保密义务，律师与委托人特免权保护的范围较为狭窄，需要满足特定的要求。超出这

---

① 参见易延友《证据法的体系与精神——以英美法为特别参照》，北京大学出版社 2010 年版，第 137—138 页。

一范围的相关信息，仍然受律师职业伦理层面的保密义务的保护。但对于这些信息，如果法院要求律师披露，那么律师就必须披露。在德国的立法中，律师基于与委托人之间的特定职业关系，而在诉讼法上享有拒绝作证权。根据《德国刑事诉讼法》第53条，"以下人员享有拒绝作证权：……被告人的辩护人对其被委托之事项或得到的信息；……"① 与美国不同的是，德国拒证权的权利主体是律师，特权赋予了证人（律师）决定是否作证的权利，被告人无权阻止，即使该律师泄露职业秘密是犯罪行为。如果律师决定作证，当然不能因为享有特权而作伪证；但律师可以随时改变主意，甚至在作出陈述后又主张特权；如此，律师在主张特权之前所说的话可以被用作证据。②

在我国的规范文本中，直接体现保守职业秘密权利属性的有关规定是《刑事诉讼法》第四十八条，即"辩护律师对在执业活动中知悉的委托人的有关情况和信息，有权予以保密"③。据此，我国是否也已经确立了律师的保密权利？笔者认为，面向司法机关的律师保密权利应当完整地包含两个层面的含义。

第一层含义是指律师不因保守职业秘密而受到不利对待。在我国，任何公民都负有作证和向司法机关报案及举报的义务。律师作为公民，在了解案情或者知晓委托人新的犯罪事实时，原则上就应当承担上述义务。但这些义务与律师的保密义务直接冲突。基于职业身份的优先性，律师可因"有权予以保密"而不承担作证或者举报的义务。第二层含义是指当办案机关要求律师披露委托人的相关信息或者要求律师作证时，委托人有权要求律师或者律师自身有权拒绝。这一层含义是律师保密权利的核心。例如，美国的律师特免

---

① 《世界各国刑事诉讼法》编辑委员会编译：《世界各国刑事诉讼法》（欧洲卷），中国检察出版社2016年版，第255页。

② 参见［德］托马斯·魏根特《德国刑事诉讼程序》，岳礼玲译，中国政法大学出版社2004年版，第172—173页。

③ 《律师办理刑事案件规范》第六条亦有相同的规定。

权与德国的律师拒证权不仅规定了律师或委托人行使权利的具体方式，而且也规定了违反这一规则所带来的后果。相比之下，我国仅抽象性地规定了律师有权保密，至于有关机关违反规定的后果如何，则缺乏明确的规定。而在我国的司法实践中，侦查机关要求辩护律师接受调查、出具证人证言，或者以当事人涉嫌犯罪为由，强行调取律师有关业务资料的情况，并不鲜见。① 由此可见，目前我国还没有真正建立起面向司法机关的律师保密权利，只是初步确立了一些权利外观。

保密义务与保密权利是保守职业秘密不可分割的两个侧面。律师对外的保密权利是律师对委托人履行保密义务的基本保障。为了确保律师的保密义务真正得以实现，有必要建立完整意义上的律师保密权利。一个可行的方案是，在诉讼法上构建律师的作证豁免权，赋予律师免予作证的权利。有关机关违反这一规定，向律师所获得的证言应被视为不具有证据能力，不得作为定案的根据。

二　保守职业秘密的理论基础

保守职业秘密规则在维护当事人与律师信赖关系的同时，也不免带来阻碍真相发现、打击犯罪不利等问题。因此，有关保守职业秘密规则的演变史在某种意义上也是有关其存废的争论史，其中支持和反对的理论不绝于耳，并持续至今。产生这些理论的时代或许已经过去，但它们对保守职业秘密规则的当代探索仍有不可忽视的意义。

---

① 参见张军、姜伟、田文昌《新控辩审三人谈》，北京大学出版社2014年版，第68页；樊崇义、田文昌等《刑辩之道》，中国政法大学出版社2018年版，第102页。

（一）理论争议及评论

赞同律师保守职业秘密的理论学说主要有以下四种。

一是"绅士尊严说"。这是早期确立律师保守职业秘密的根源，即律师保守委托人的秘密是为了维护律师的尊严。在早期的道德观念中，有尊严的人一般不应泄露秘密，而法官作为有尊严的人也不应要求他人去泄密。因此，为了维护执业活动的高尚性以及体现律师个人的尊严，律师就应当保守职业秘密。当然，随着社会的发展，这一理论学说的影响力在逐渐减弱。①

二是"个人法律权利保护说"。这一理论认为，保守职业秘密是律师获得委托人信任的基础，有助于律师获得更充分的信息，从而提供更好的法律服务。如果当事人对于秘密被揭露存有忧虑，势必会削弱律师与当事人之间充分的和坦诚的交流，这正是律师向当事人提出合理建议所必需的。② 与此同时，保密义务不仅有助于促进委托人一般法律权利的实现，而且对保护委托人的个人隐私、确保不自证其罪原则的实现等都具有重要的意义。③

三是"保密的工具性价值说"。律师保守职业秘密获得委托人的信任，不仅有助于更好地保护委托人的利益，而且有助于促进法律问题的解决、鼓励委托人遵守法律义务。这是因为，只有充分信任律师的当事人，才会告诉律师更多的信息，同时也会更容易接受律师的建议。如果"所有的当事人都会遵循律师给出的建议，那法律就会得到很好的遵守"④。

四是"公共利益性理论说"。这一理论认为，律师向法庭披露委

---

① 参见王进喜《刑事证人证言论》，中国人民公安大学出版社 2002 年版，第97 页。

② See *Upjohn Company v. United States*，4449 U. S. 383.

③ 参见［美］德博拉·L. 罗德、小杰弗瑞·C. 海泽德《律师职业伦理与行业管理》，许身健等译，知识产权出版社 2015 年版，第 93 页。

④ Comment to MR 1. 6.

托人的信息，促进真实的发现，是实现公共利益的一种方式。与此同时，律师通过保守职业秘密维系其与委托人之间的信赖关系也属于重要的社会利益。两相权衡之下，"维系信赖关系的利益应当超出法庭获得所有证据的利益"①。另外，律师保守委托人的秘密，使得委托人的个人尊严得到尊重，法律上的平等保护通过律师有效帮助得以促进，公共利益也得到了保障。因此，律师保守职业秘密从多方面促进了公共利益的实现。

当然，与赞同的声音相伴随的还有批评的声音。概括而言，反对保守职业秘密的理论学说主要有以下四种。

一是"信息公开说"。这一理论主要出现在以"信息公开"为核心理念的美国社会中。持这一观点的学者认为，律师的保密义务与美国公共事务中普遍认可的公开价值相抵触，与信息自由的观念格格不入，公众有权了解社会信息，要求对律师与委托人关系的特权加以限制。

二是"寻找事实说"。这一理论提出的前提是将"发现事实"而非"个人尊严和自治"视为刑事诉讼中最为重要的价值。在"发现事实"的过程中，律师与当事人之间的保密关系阻碍了法院通过律师这一途径获得信息，不利于事实的发现，因而律师的保密义务难以立足。②

三是"保密维系信赖微弱说"。保密义务是维系律师与委托人之间信赖关系的基础，这是支持律师承担保密义务的主要论点。针对这一论点，美国有学者通过实证研究发现，保密规则的存在与当事人向律师揭示敏感信息的意愿之间仅存在微弱的联系，例如，就纽约地区律师和当事人关系的研究结果显示，仅有1/3 的前客户认为如果没有律师保密的保证，他们将不会将信息

①　Ronald J. Allen, Richard B. Kuhns and Eleanor Swift, *Evidence：Text，Cases，and Problems* 2nd ed. , New York：Aspen Law & Business, 1997, pp. 1044 – 1046.

②　See Marvin E. Frankel, "The search for Truth：An Umpireal View", *University of Pennsivania Law Review*, Vol. 123, No. 5, 1975, p. 123.

告诉律师。① 因此，保密义务并不必然使得律师与委托人之间形成信赖关系。

四是"法律预防效果削弱说"。这一理论的提出者是英国功利主义法学家边沁（Jeremy Bentham），他认为，保密义务的存在使得那些违法者抱有希望：即使实施了违法行为也可以向专业人士寻求法律帮助；即使向律师披露不利信息，这些信息也不会用来反对他们。因此这一义务削弱了法律预防或者制止违法行为的效果。而且，他还认为，这一权利只会对有罪者提供帮助，对无辜者则是不必要的。②

通过上述争论可以发现，保守职业秘密争议的背后是多方价值和多重利益之间的冲突，如个人权利的保护与案件真实的发现，个人信息的保护与社会信息的公开，等等。基于不同的价值观和利益选择，对保守职业秘密可能存在不同的观点。从整体上看，笔者认为反对的观点不足以撼动律师的保密义务。

首先，"信息公开说"混淆了公共信息和个人信息的界限。在倡导信息公开的社会，公众对公共信息当然享有普遍的知情权和监督权，但并不意味着这一权利可以延伸至个人信息中。相反，随着对人格权等基本权利保护意识的不断加强，个人信息与公共信息之间应当有明确的界分，即使属于公开审判的案件，当事人也应当对个人信息享有完全的支配权，其并不必然属于应被公开的范畴。

其次，"寻找事实说"将发现真实作为刑事诉讼最重要的价值，这是实体真实价值观的体现。毫无疑问，实体真实是刑事诉讼应当追求的重要价值。但随着时代进步，"发现真实"已经不再是唯一且首要的价值目标，个人尊严、正当程序等多元价值已逐渐成为现代刑事诉讼的重要追求。

---

① See Fred C. Zacharias, "Rethinking Confidentiality", *Iowa Law Review*, Vol. 351, No. 74, 1989, pp. 379 – 386.

② See Ronald J. Allen, Richard B. Kuhns and Eleanor Swift, *Evidence: Text, Cases, and Problems 2nd ed.*, New York: Aspen Law & Business, 1997, pp. 1044 – 1046.

相较而言，"保密维系信赖微弱说"对保密义务的正当性提出了较为有力的质疑。这一观点就保密义务这一点对维系律师和委托人之间信赖关系的作用提出了挑战。而这一作用通常是学界论证律师保密义务正当性的出发点。尽管如此，笔者认为这一学说仍有待商榷之处。这一学说来源于有限的实证调研，只能代表一定区域内委托人的想法，其能否在更广泛的区域成立有待考查。即便该结论成立，也不能由此否定保密义务。原因在于，委托人与律师之间的信赖关系是律师帮助权实现的基础，是刑事司法中需要被特别保护的关系。只要保密义务有助于促成这一信赖关系，无论在实践中的作用有多大，都应当值得被保护。

最后，"法律预防效果削弱说"存在两方面的缺陷，一方面，这一学说错误地认为，只有真正有罪之人才会有所顾忌，事实上无辜之人也会有"难言之隐"。如果没有保密义务，无辜之人也可能因为各种原因不敢向律师寻求帮助，或者吐露重要信息。另一方面，这一学说错误地将"法律预防效果""打击犯罪"作为刑事诉讼的最高目标。其实，无论嫌疑人、被告人事实上是否有罪，他们都应当享有获得律师帮助的权利。

（二）理论基础的重塑

保守职业秘密的正当性问题在我国学界并没有受到重视。《刑事诉讼法》对律师"有权予以保密"的规定与真正律师特权之间的差别，显示出我国立法者对律师保密义务及保密特权确立的犹豫不决。现有的研究无法对保守职业秘密的重要性予以"补强"。笔者认为，有必要在当下中国辩护实践的语境下，重塑保守职业秘密的理论基础。

1. 帮助律师获得委托人最低程度的信赖

"信赖"是委托人与律师关系的核心。由于我国律师制度尚不健全、律师素质参差不齐，实践中委托人可能很难一开始就相信律师，更不用说与律师进行良好的配合。如此可能带来的问题是，律师难以获知全部事实用于开展有效的辩护活动。比较法上的经验显示，"一项成功的辩护，辩护律师需要尽可能地了解所发生的事件，包括被告人知道的每一个细节。如果被告人不透露细节情况，即使被告人处于不利的境地，辩护律师也不能设计一场有效的辩护"①。与此同时，被告人的辩护权也难以被完全激活，整个诉讼也很难取得最好的辩护效果。

诚然，信赖具有不同层次，委托人与律师之间的信赖关系能够达到何种程度，受制于多方面因素，辩护关系得以维系的最低限度的信赖，可以通过制度予以保障。保密义务就是帮助律师获得委托人信任的最重要的制度之一，即嫌疑人、被告人能够确信：辩护律师尤其是法律援助律师对他负有职业伦理以及法律意义上的保密义务。这一义务意味着，无论如何律师都不会泄露自己的信息，尤其是那些对自己不利的信息，否则律师就可能遭受严重的惩罚。只有当存在这种严格且明确的制度保障时，嫌疑人、被告人才会相信其不会因为向律师披露信息而遭受不利的后果②，"不用担心今日所述成为明日的不利证据"③，从而才会与作为陌生人的律师建立最低限度的信赖关系，进而培养更深层次的信赖关系，为律师与委托人的协同性辩护创造前提条件。④ 因此，保密义务是律师与当事人之间保持信赖关系的基础。

2. 维护律师有别于司法机关的独立地位

受实质真实主义的过分影响，发现真实在我国具有难以动摇的地位。为了发现真实，除了侦查机关和司法机关，刑事诉讼的各方主体或多或少地都被要求承担许多与其身份不相适的责任。对于律

---

① ［美］爱伦·豪切斯泰勒·斯黛丽、南希·弗兰克：《美国刑事法院诉讼程序》，陈卫东、徐美君译，何家弘校，中国人民大学出版社 2002 年版，第 242 页。

② 参见［美］威廉·H. 西蒙《践行正义：一种关于律师职业道德的理论》，王进喜译，中国人民大学出版社 2015 年版，第 38 页。

③ 王兆鹏：《美国刑事诉讼法》，北京大学出版社 2016 年版，第 660 页。

④ 参见陈瑞华《论协同性辩护理论》，《浙江工商大学学报》2018 年第 3 期。

师而言，其本应当只为委托人服务，以委托人的利益为第一要义，但我国立法却赋予了其过多的公益义务，甚至要求律师承担辅助发现真实的责任。作为人类社会司法文明和民主的产物之一，律师制度的本质属性在于职业的独立性。① 这一独立性并不体现为独立于委托人，而是独立于侦查机关和司法机关。换言之，律师不是国家利益的代表，不应当承担打击犯罪的职责，而是作为社会中间力量，作为被追诉人的法律帮助人参与诉讼、对抗国家力量。所以，从理性的角度看，独立性是律师职业的生命。如果丧失这一属性，甚至依附于国家强权，那么律师就无异于名存实亡。基于此，为了维护律师的独立地位，律师一方面应当承担保密义务，不实施任何带有追诉性质的行为；另一方面也应当面向司法机关行使职业特权，避免沦为追诉机关打探被追诉人信息的工具。

三 保守职业秘密的例外

保守职业秘密的例外是多元价值冲突与协调的直接产物，也是最富争议的话题。其中，焦点在于例外的事由及效力。

（一）例外的主要事由

保守职业秘密是律师的一项基本义务，是在通常情形下普遍存在的，因此作为例外的不保密事由一般都由法律明文规定。从法条来看，对不保密事由的规定主要有两种方式：一是确立保密事由与不保密事由的具体标准；二是明确列举不保密事由的具体内容。我国主要是前一种立法方式，不少国家采取的则是后一种方式。

1. 我国现行法对保密事由的二元界分

对于律师保密义务的范围，我国《刑事诉讼法》《律师法》以

---

① 王进喜：《刑事证人证言论》，中国人民公安大学出版社 2002 年版，第 125 页。

及《律师职业行为规范》都作出了一致的规定，即"律师在执业过程中对知悉的信息应当予以保密，但委托人或者其他人准备或者正在实施危害国家安全、公共安全以及严重危害他人人身安全的犯罪事实和信息除外"①。由此可知，在是否需要保密的问题上，以行为发生的状态为标准，可以分为三种，分别是已然行为、正在发生行为与未然行为。对于已然行为，律师应当绝对保密；对于后两种，则允许律师披露。

所谓已然行为，是指已经发生的行为，尤其是已经发生的非法行为。从行为的状态看，这是已经结束的行为。从行为的内容看，既可以是与律师代理案件相关的行为，如从重的犯罪情节，也可以是与本案无关的行为。从行为的严重程度看，既可以是一般的罪行，也可以是严重的犯罪行为。

与已然行为相对的是正在进行或尚未发生的行为。如果这些行为可能"危害国家安全、公共安全以及严重危害他人人身安全"，那么律师就不再承担保密义务。从目前我国规范性文件的规定来看，保密义务的例外事由存在边界较为模糊、范围较广的问题。如从对行为的界定来看，"危害国家安全、公共安全"和"危害人身安全"被规定在《刑法》分则第一、第二及第四章中，涉及近50个罪名，所有涉嫌上述罪名的行为都属于例外的事由吗？从行为的危害程度来看，"可能构成犯罪的行为"都属于例外的范围吗？可见，上述抽象规定均有待细化和确定化。

2. 比较法视野下保密义务例外的基本事由

与我国对保密与不保密事由的划分不同，域外国家对保密义务例外的规定一般都采用明确列举的方式。尽管不同国家在例外的具体事由规定方面存在差异，但对于以下四种事由存在普遍的规定。

---

① 参见《刑事诉讼法》第四十八条、2012 年《刑事诉讼法司法解释》第六十条、《律师法》第三十八条、《律师办理刑事案件规范》第六条、《律师执业管理办法》第四十三条。上述对律师保密义务事由的规定一致。

一是当事人的同意。当事人是律师承担保密义务的权利主体，因而对该项权利有权主张放弃。基本上所有国家都将当事人的同意作为律师保密义务的例外事由①，即在当事人同意的情况下，律师可以披露当事人的信息。

二是为防止发生死亡或重大身体伤害的紧急情况。生命权和健康权是人最基本的权利，因此，许多国家都将"存在对人的身体造成重大伤亡的紧急情形"作为律师保密的例外。例如，对保密例外予以最严格限制的美国加利福尼亚州就将该情形视为保密义务的唯一例外。

三是为防止重大的财产犯罪或欺诈。将该情形列入保密例外的事由，是为了避免律师服务被不当利用进行财产性犯罪或欺诈，这在一些职业行为规范中有所体现。②

四是律师与当事人之间的诉讼纠纷。当发生这种情形时，为维护律师的正当利益，允许律师在必要范围内披露委托人的相关信息，这被许多国家所认可。③

以上四种是律师保密例外的常见情形。除此之外，哪些情形应当被纳入例外的范围，还处于争议之中。如绝大多数国家都禁止将已然行为纳入例外事由，但如果已然行为涉及人的生死，或者不披露可能使得无辜之人被定罪乃至被剥夺生命时，律师是否要保密，

---

①　澳大利亚《律师职业规范》规定，"律师可以在委托人明示或者默示授权披露的情形下，披露委托人的秘密信息"。美国《律师职业行为示范规则》规定，只有在委托人同意以及律师根据代理认为有必要这两种情形下，律师泄露当事人的信息才被认为是经授权的。

②　例如，根据美国《律师职业行为示范规则》1.6（b），为了防止委托人对其他人的经济利益或者财产产生重大损害，或者在委托人已经利用或者正在利用律师的服务进行犯罪或者欺诈的情形下，律师可以在合理的范围内披露委托人的信息。除此之外，台北《律师伦理规范》也将"避免或减轻因委托人的犯罪行为之延续可能造成他人财产上之重大损害"纳入律师保密义务的例外事由。

③　例如，美国律师为了自身利益起诉，或者律师因与委托人有关的行为而被提起刑事指控进行辩护时，律师可在必要的范围内披露委托人的信息。澳大利亚、英国以及日本等国在这个问题上都有类似的规定。

目前仍存在很大争议。

3. 我国律师保密义务例外事由的限缩与明确

域外国家在保密例外事由的设定上存在两大特点，一是有限；二是明确，即相对于保守职业秘密的普遍性和原则性，律师只有在极少数的情形下，才不必承担保密义务。例外的有限决定了例外的事由也必须明确。因此，针对我国例外事由的宽泛化和模糊化，有必要在现行立法的基础上，进行必要的限缩与明确，确立可能"造成损害的紧急性和严重性"标准。

一是对行为状态进行限制。目前我国立法将准备行为和正在发生的行为都纳入例外范围，但是准备行为本身包含多方面的内容，比如犯罪工具的预备、犯罪信息的预备、犯罪计划的预备等。[1] 不同犯罪行为的不同预备方式的危害性和紧急性都存在较大的差异。有的预备行为可能并没有紧迫的危害性，其本身也不具有可罚性；此外，即使是正在进行的犯罪行为，也并非都会立即产生无法挽救的损害。因此，在这些情形中，律师以破坏与当事人之间的信赖关系为代价去举报当事人并无必要。

二是对行为涉嫌罪名进行限制。根据我国规定，保密例外事由涉及的罪名多达50个，并非任何罪名都具有紧迫的危害性。有的犯罪行为需持续一段时间，比如煽动分裂国家罪；有的则只需一个行为即告完成，比如放火罪、投放危险物质罪。对于那些一旦完成，就可能造成重大人身伤亡及财产损害后果的行为，可以允许律师告知司法机关；但是对于需要持续一段时间，或者并不一定会产生即时、严重后果的行为，则没有必要由律师去揭发，可以通过其他的途径发现并预防危害的发生。

三是对例外事由予以明确。在立法无法明确例外具体事由的情况下，相对于行为的状态与可能涉嫌的罪名，行为可能造成危害后果的严重性与紧急性更适宜作为例外事由确立的标准。在笔者看来，

---

[1]　刘炯：《犯罪预备行为类型化研究》，《中国刑事法杂志》2011年第10期。

后果的严重性主要包括两方面，一是死亡和重大的身体伤害；二是重大的财产损失。而紧急性则是指当事人的行为一触即发，不加制止就会造成难以挽回的后果。当然，委托人同意或授权、律师与委托人之间发生纠纷，也应当属于例外的事由。

（二）例外的法律效力

关于保密义务的例外，学界以往多关注例外事由的范围。当出现例外的事由时，一般认为律师无须再对当事人承担保密义务，可否由此推导出《刑事诉讼法》第四十八条规定的"律师必须向司法机关汇报"？对此，以往学界关注较少。鉴于美国法在这一问题上有较为全面的规定，在对我国律师保密义务例外的法律效力展开讨论之前，笔者先对美国的有关经验予以考察。

保守职业秘密具有双重属性，作为例外的"不保密"也具有双重面向。一是面向委托人的保密义务被豁免。所谓"保密义务的例外"，是指当出现例外事由时，律师无须向委托人承担保密义务。由于义务已被免除，律师对外披露信息不存在违背保密义务的风险；与此同时，律师也可以继续保密，不负有强制报告的义务。总而言之，对于例外事由，是否披露可由律师自由选择。当然，如果律师知晓委托人可能开展严重的犯罪行为或者利用律师服务进行欺诈，律师应对其及时劝阻，必要时应退出辩护。二是面向司法机关的特免权例外。保守职业秘密的双重面向并非同一层面的规则，因此，保密义务与特免权在例外事项上并非一一对应。换言之，律师保密义务的例外并非就是特免权的例外，两者存在交叉。例如，可能造成重大人身伤亡的行为属于律师保密义务的例外。同样地，根据美国联邦证据规则，如果律师与委托人交流涉及未来的犯罪，则该交流内容不受特免权的保护。[①] 对于非交叉的事由，则由保密义务与特

---

① 参见易延友《证据法的体系与精神——以英美法为特别参照》，北京大学出版社 2010 年版，第 139—140 页。

免权分别发挥调整作用。

回到我国律师保密义务的例外问题，我国《律师法》与《刑事诉讼法》的规定存在差异。《律师法》第三十八条规定，特定事由是律师保密义务的例外，至于律师是否需要汇报，则没有规定。而根据《刑事诉讼法》第四十八条，当出现例外事由时，律师应当"及时告知司法机关"。由此可见，我国与美国在例外的效力上存在显著差异：当出现例外事由时，美国律师的保密义务被豁免，律师可以对外披露，也可以继续保密；但在我国，律师必须向司法机关报告。从保密义务被免除到承担告知义务，律师的义务转换不可谓不大。那么，律师为什么要承担这一与其职业身份完全相背离的义务？对此，存在以下两种解读：其一，律师是当事人合法权益的维护者，对于非法利益或者行为，律师不应帮助，也不能承担保密义务，否则就是助纣为虐。不仅如此，律师既然知晓委托人可能实施危害社会或者他人的行为，那么基于公益义务就应阻止这一危害行为的发生。其二，律师的职责在于维护当事人的权益，如果律师不及时报告，委托人实施的犯罪行为就会使其承担更严重的罪责，这无疑不利于其利益，有悖于律师的职责。①

这两种观点都有一定的说服力，但也存在明显的缺陷。第一种观点认为律师的告知义务来源于社会责任，但是律师应当负有防止社会危险的责任吗？律师的首要职责是服务委托人。无论在任何时候，律师都不能站在委托人的对立面，即使委托人打算开展的行为与整个社会利益发生冲突，律师也不能直接与委托人为敌。这种要求律师承担社会责任，甚至将社会责任置于行业职责之上的观点，是对律师职业的不成熟看法，其忽视了律师职业实现长远发展的最重要基础——获得委托人的信任。第二种观点看似成立，也存在一定问题。首先这种观点将避免委托人遭受更严重的罪责作为律师对

---

① 参见张军、姜伟、田文昌《新控辩审三人谈》，北京大学出版社 2014 年版，第 67 页。

外泄露的依据，体现了父权主义的价值观念，即将外界认为的"好"强加于委托人，从根本上忽视了委托人自己的意愿。退一步讲，即使律师是为了委托人的利益而向司法机关告知，但这一行为始终是对委托人信任的"背叛"，这种主动告知的行为从根本上破坏了律师与委托人之间的信赖关系，使得委托人不敢向律师吐露那些可能对其不利但至关重要的信息，也会对律师的正常工作产生负面影响。

基于此，笔者认为，目前我国在保密义务例外的规定上走得太远。当出现例外事由时，应当肯定律师无须承担保密义务，也不能要求律师必须向司法机关告知。在笔者看来，在"告知"和"不告知"之间，可以存在第三条道路，即律师应当尽可能地说服委托人不要实施违法行为，同时避免自己被利用帮助实施犯罪行为，必要时律师可以终止委托关系、退出辩护。至于是否向司法机关告知，则应由律师自己决定。

有关律师保密义务的事由与效力，目前存在诸多争议。这些争议的背后其实是律师忠诚义务边界的设置，再进一步说是忠诚义务和公益义务之间的"角逐"。如果为了更好地履行忠诚义务，那么就应当尽可能地限制甚至取消例外事由；但如果要满足公益义务的要求，则需要进一步扩大例外事由，并要求律师及时向司法机关告知。当两种重要的价值发生冲突时，唯一的做法是对其进行协调。当委托人可能实施严重危及他人生命和健康的行为，或者可能产生较为紧迫的现实危险时，律师不得盲目地保守秘密。此时，忠诚义务应当让位于公益义务：律师不得为委托人的违法行为提供法律帮助，也不得再承担保密义务。此外，律师还得尽力劝告委托人，必要时退出辩护。

四 违反保守职业秘密规则的法律后果

基于保守职业秘密的双重属性，违反保守职业秘密规则的法律后果包括两方面：一是律师违反保密义务的法律责任；二是侦查人员和司法人员违反保密规则的程序性法律后果。

（一）辩护律师违反保密义务的法律责任

不同国家在有关律师保守职业秘密规则的安排上有不同的侧重，如美国侧重防止来自公权力机关的侵犯，在律师职业行为规范规定律师保密义务的同时，也在证据法中确立了律师特免权；而德国则侧重律师个人的保密义务。在美国和德国，律师违反保密义务后，首先要承担职业纪律惩戒责任；其次，如果律师泄露当事人秘密使得委托人的民事权益受到侵犯，委托人还可以向律师主张民事责任。[①] 此外，德国律师泄露委托人的秘密，或侵犯职业秘密，还有可能构成犯罪，并被追究刑事责任，如《德国刑法》第 203 条规定了泄露职业秘密罪。意大利、法国、日本等国家的刑法典中都有类似的规定。[②]

在我国，律师违反保密义务也存在多重责任。其一，律师违反义务要受律师协会的行业惩戒，《律师协会会员违规行为处分规则（试行）》第二十四条规定，律师"泄露当事人的商业秘密或者个人隐私的，给予警告、通报批评或者公开谴责的纪律处分；情节严重的，给予中止会员权利三个月以上六个月以下的纪律处分"。其二，司法机关根据律师实施违法行为的严重程度，可给予程度不同的行政处罚，《律师法》第四十八条规定的行政处罚包括警告、罚款（一万元以下）、没收违法所得或一段期限的停止执业。其三，根据《刑法》第三百零八条，在不公开审理的案件中，如果辩护人泄露不应当公开的信息，造成"信息公开传播或者其他严重后果的"，律师还可能被给予三年以下有期徒刑、拘役、管制或罚金的刑事处罚。

---

① 参见王丽《律师刑事责任比较研究》，法律出版社 2002 年版，第 33 页。
② 例如日本《刑法》第 134 条第 1 款规定，"律师、辩护人或者曾经从事上述职务的人，没有正当理由，泄露职务上知悉的他人秘密的，处 6 个月以下罚役或者 10 万日元以下罚金"。

其四，如果律师泄露秘密的行为构成侵权，委托人原则上还可依《民法典》向律师请求民事赔偿。

尽管规范性文件规定了律师的多重责任，但实践中律师因泄露职业秘密而受行业惩戒或行政处罚的情形十分少见，委托人向律师主张民事赔偿更为罕见。事实上，律师因泄密而被追责多发生在泄露国家秘密而非委托人秘密的情况下。这里的国家秘密并非实质的"关系国家安全和利益"的信息，而是被地方司法机关定性为国家秘密的案卷材料。在有的案件中，律师不慎将案卷材料交给被告人的近亲属查看，就被认定是"泄露"了国家秘密，并因此被刑事立案进入追诉程序。虽然实践中律师因涉嫌泄露国家秘密罪而被定罪的情形较少，但刑事追诉本身给律师带来了难以承受的诉累。在实践中，律师多因泄露案卷材料而被处罚，泄露与委托人相关的信息通常得不到处罚。在立法中，一般只有泄露国家秘密才有可能构成犯罪，对委托人的隐私和其他不利于委托人信息的泄露则在刑法上没有相应的罪名。基于此，在现行的框架下，有关律师法律责任的改进有待从以下两个方面展开。

其一，相关规定有待明确和严格。一方面，明确律师违反保密义务的程度，区分"一般情形"和"严重情形"。前者是指律师泄露与委托人相关的一般信息，这些信息可以是对委托人实现诉讼利益无关紧要的信息。而"严重情形"则应包括律师泄露了可能不利于被告人的信息，尤其是那些尚未被追诉机关发现的有关犯罪事实或者罪重情节。对于这两种情况，应当区别对待，设立有层次的法律责任。另一方面，确立更为严格的法律责任。目前的法律责任偏轻，最为严厉的惩罚仅是"一段时间内的中止会员或者停止执业"。这一惩戒难以突显保密义务的重要性，也难以督促律师及时履行该义务。作为律师职业伦理中最基本和最重要的义务，保密义务在某种意义上是律师职业的生命，因此违反这一义务应当给予律师最为严格的处罚，尤其是在律师无故泄露不利于被告人诉讼利益的信息时，给予其剥夺资格的处罚也不为过。

其二，对于违反义务的行为给予及时处理。尽管目前我国已经确立了违反保密义务的法律责任，但鲜见对违反义务的处罚。因此，在立法加重律师法律责任的同时，也应当对泄露委托人信息的行为予以严厉的处罚。一方面，在启动惩戒程序的主体上，不仅委托人可以要求律协和有关司法机关进行调查，对律师负有监督和管理职责的上述单位也可以依职权主动启动；另一方面，对律师法律责任的追究也可以更加多元化，除了职业惩戒责任、行政责任，必要时还可以鼓励委托人向律师追究民事责任。

（二）司法机关违反保密规则的法律后果

面向司法机关，律师享有保守职业秘密的特权，这在美国表现为证据法上的委托人—律师职业特权，在德国则表现为诉讼法上的拒证权。如果美国司法机关要求律师告知委托人的信息，那么律师就可以对其主张该特权，该特权行使的法律后果是，即使律师提供了与委托人有关的证言，该证言也不具有可采性，不得在法庭上提出，更不得作为认定案件事实的根据。德国拒证权的法律效果与之类似，律师作为权利主体有权拒绝来自司法机关的作证要求。如果该权利受到侵犯，律师被迫作出证言，该证言也不具有证据能力，不得作为定案的根据。[①]

尽管我国《刑事诉讼法》规定辩护律师对委托人的信息"有权予以保密"，但这并不意味着律师享有对抗司法机关的特权。实践中，律师既可能被要求向侦查机关提供办案线索，也有可能被要求接受调查。侦查机关据此所做的调查笔录既可以在法庭上提出，也可以作为法官认定事实的根据。由此可知，司法机关在我国违反保密规则基本上不存在任何制度障碍，但这是律师难以完全履行保密义务的最大挑战，也是最有可能损害委托人利益的方式。

---

① 参见［德］托马斯·魏根特《德国刑事诉讼程序》，岳礼玲、温小洁译，中国政法大学出版社 2004 年版，第 172 页。

针对司法机关违反保密规则，强迫律师泄露委托人信息提供线索或接受调查的行为，笔者认为有必要对该行为进行程序性制裁。一方面，应确认司法机关要求律师泄露信息的行为违法，宣告其在法律效力上归于无效，使整个司法活动回到违法行为发生之前的状态；另一方面，对于律师被迫泄露委托人信息提供的线索或者作出的证言，在法律效力上也应当宣告无效，即根据律师提供的线索找到的证据在证据能力上应当受到限制，如果可能使委托人的诉讼利益受到严重的损害，则应当将该证据予以排除。除此之外，律师被迫作出的证言也不应当具有证据能力，不得在法庭上出示，更不得作为认定案件事实的根据。

在程序性制裁的程序启动方面，被告人或者经其授权的律师都有权提出申请。在侦查及审查起诉阶段，被告人及律师可向检察机关反映情况，要求宣告侦查机关违反保密规则的行为无效，并申请排除相关证据。在审判阶段，被告人及律师可在庭前会议上提出申请，要求法官对相关证据予以排除。如果法官在一审阶段未对该要求作出处理，被告人及律师还可以以此为由向上一级法院提起上诉，要求二审法院继续处理。

第 七 章

忠诚义务的实现（三）：
辩护观点协调规则

在刑事辩护实践中，辩护律师与当事人之间发生观点冲突的问题一直备受关注。所谓"观点冲突"通常表现为以下两种情形：一是辩护目标的冲突，比如在"李庄案"中，被告人当庭认罪，辩护律师作无罪辩护①；在"崔英杰案"中，被告人否认自己犯罪，辩护律师作罪轻辩护。② 二是辩护策略的冲突，比如辩护律师为减轻被告人的罪行，向法院主张被告人存在精神障碍，但被告人为维护精神尊严坚决反对③；辩护律师主张申请非法证据排除，但被告人担心会被视为"认罪态度不好"而不予配合等。

通常来说，在正常且成熟的辩护关系中，辩护律师与当事人之间应当保持协同性的辩护状态，即"在辩护思路上协调一致，确立各自的分工角色，最大限度地形成刑事辩护的合力，从而追求较为

---

① 参见赵蕾《李庄案辩护：荒诞的各说各话？》，《南方周末》2010 年 8 月 11 日第 A4 版。

② 参见《北京崔英杰案庭审实录》（一），http：//blog. sina. com. cn/s/blog_ 4743596d01000aui. html，2019 年 4 月 14 日。

③ 参见孟然《被告人与辩护律师意见冲突研究》，《黑龙江省政法管理干部学院学报》2013 年第 4 期。

理想的辩护效果"①。排除辩护律师与当事人之间特意安排发表不一致意见的情形（比如在认罪认罚从宽程序中，被告人为了获得从宽处罚而认罪认罚，辩护律师为了争取更有利的结果而作无罪辩护或者罪轻辩护），无论是辩护目标还是辩护策略的冲突，都无法使律师与当事人之间形成最为理想的状态。当这些冲突无法得到妥善的解决，甚至当庭出现时，不仅直接影响律师与当事人之间的信任关系，而且还会带来辩护观点相互"抵销"，法官听取辩护意见时出现"无所适从"的尴尬局面。正如律师界的行话所说，"当事人是律师的最大敌人"。

对于这一问题，我国学界和实务界一直以来存在不同观点。以"独立辩护人"理论为代表的传统观点认为，"律师具有独立的诉讼地位，律师应当根据事实和法律从事辩护活动，不受委托人意愿的控制"②。根据这一理论，律师独立提出辩护观点，即使与当事人的观点发生冲突也无可厚非。但这一理论在实践中引发了律师辩护不尽责、律师公诉人化等一系列问题。③ 较多的学者和律师也意识到独立辩护的缺陷④，并将目光转向对其进行必要的限制。⑤ 对此，学界从不同的角度展开了研究。有学者从辩护决策权分配的角度，分析了英美法国家"由当事人控制"的制度模式，并提出我国应当从"律师控制模式"走向"最低限度的当事人控制模式"。⑥ 也有学者

---

① 陈瑞华：《论协同性辩护理论》，《浙江工商大学学报》2018 年第 3 期。

② 陈瑞华：《独立辩护人理论的反思与重构》，《政法论坛》2013 年第 6 期。

③ 参见陈瑞华《独立辩护人理论的反思与重构》，《政法论坛》2013 年第 6 期。

④ 目前仍有部分律师和学者坚持"独立辩护"。例如浙江徐宗新律师认为应当坚持"独立辩护"这一基本原则，参见徐宗新《刑事辩护实务操作技能与执业风险防范》，法律出版社 2018 年版。

⑤ 例如，有学者认为律师"独立辩护"既具有必要性也具有可行性，律师对于调查权、会见权、阅卷权等基于辩护人地位而特别拥有的"固有权"可独立行使，不受委托人意愿的左右。但对于上诉权、申请回避等为嫌疑人、被告人所特别享有的继受权则不得与被告人的意思相悖。参见万毅《从李庄案二审看辩护律师的独立性》，《江苏行政学院学报》2011 年第 4 期。

⑥ 参见陈虎《律师与当事人决策权的分配》，《中外法学》2016 年第 2 期。

从律师辩护原则的角度，提出了"相对独立"原则①、"相对独立的辩护权"② 以及"权利保留原则"③ 等一系列概念。

这些研究通过明确辩护决策权的分配、划定独立辩护的范围、确立辩护指导原则的方式，为解决律师与当事人之间意见冲突提出了很好的方案。但与此同时，如何处理律师与当事人的分歧也直接影响到辩护律师对于忠诚义务的履行，属于律师职业伦理调整的范畴。根据忠诚义务的要求，律师既应当维护当事人的利益，提出专业的意见，也应当尊重当事人的意愿，听从其辩护观点。④ 但是在实践中辩护律师出于维护当事人利益的考虑所提出的辩护意见，很可能与当事人的意愿发生冲突，这在忠诚义务的实现方面就体现为：当维护利益与尊重意愿发生冲突时，律师应当忠诚于当事人的利益还是意愿？

对此，目前存在四种观点。一是"维护利益说"，即"忠诚义务就是指律师应当忠实于当事人的利益"，即使当庭违背当事人的意愿，只要未损及当事人的利益，就不算违背忠诚义务。⑤ 二是"折中说"，在直接涉及"当事人深层次的道德选择和意愿自由"以及"与当事人实体性利益密切相关"的情形下，律师应当听从当事人的意愿⑥，而在辩护的具体方式方法上可为当事人的利益自主决策。⑦

---

① 参见韩旭《被告人与律师之间辩护冲突及其解决机制》，《法学研究》2010 年第 6 期。

② 参见高洁《论相对独立的辩护观——以辩护律师与被告人的关系为视角》，《时代法学》2013 年第 4 期。

③ 参见方柏兴《论辩护冲突中的权利保留原则——一种协调被告人与辩护律师关系的新思路》，《当代法学》2016 年第 6 期。

④ 参见陈瑞华《论辩护律师的忠诚义务》，《吉林大学社会科学学报》2016 年第 3 期。

⑤ 万毅：《从李庄案二审看辩护律师的独立性》，《江苏行政学院学报》2011 年第 4 期。

⑥ 方柏兴：《论辩护冲突中的权利保留原则——一种协调被告人与辩护律师关系的新思路》，《当代法学》2016 年第 6 期。

⑦ 韩旭：《被告人与律师之间辩护冲突及其解决机制》，《法学研究》2010 年第 6 期。

三是"维护意愿说"，实践中有律师为避免与当事人发生冲突，依据当事人的选择进行辩护。① 四是"双重不违背说"，即"律师不得违背被告人的意愿提出不利于被告人的辩护意见"，这是在 2017 年《律师办理刑事案件规范》中予以明确规定的。② 这一观点并未从正面回答律师到底应当维护利益还是尊重意愿，而是从反面要求律师不得同时违背两者。③

　　面对维护利益与尊重意愿之间可能存在的冲突，上述四种观点都试图给律师作出选择提供指引，但是这种基于"结果选择"的观点都存在难以避免的缺陷，即关于任何事项的冲突，不管是为了维护利益而置当事人意愿于不顾，还是一味顺从当事人意愿而不考虑利益的实现，都不是忠诚义务所要求的。既然在维护利益与尊重意愿之间无法给出明确的选择，那么可否将目光从"结果"转向"过程"，也即不再纠结于最后"听谁的"这一结果，而是着眼于如何作出选择的过程。当面对冲突时，律师不应当直接选择听当事人的或者要求当事人听自己的，而是与当事人进行充分的沟通、交流与协商，尽到必要的告知、劝告与提醒义务。只要律师帮助当事人在信息对等的情况下，经过理智的判断和自由的选择作出决定，无论结果如何，都应当认可律师履行了积极的忠诚义务。笔者将这种注重处理过程的观点称为"基于过程的忠诚义务"。由于这种过程以律师与当事人之间的"协商"为主，因此，笔者又将其称为"基于协商的忠诚义务"。

---

① 参见高洁《论相对独立的辩护观——以辩护律师与被告人的关系为视角》，《时代法学》2013 年第 4 期。

② 2017 年《律师办理刑事案件规范》第五条第三款规定：律师在辩护活动中，应当在法律和事实的基础上尊重当事人意见，按照有利于当事人的原则开展工作，不得违背当事人的意愿提出不利于当事人的辩护意见。

③ 当然，作不利于被告人辩护本身就违反了消极的忠诚义务。本书重点探讨的是在积极维护利益与尊重意愿之间发生冲突时，律师应当如何处理。

一　维护利益与尊重意愿的冲突表现

维护当事人的利益与尊重当事人的意愿是辩护律师忠诚义务不可分割的组成部分，不同国家在对两者尊重的程度上有所差别。实践中律师与当事人意见发生冲突的情形很多，有学者专门归纳出常见的三种类型。其一，律师基于维护当事人的利益而与当事人产生冲突，如当事人因各种原因无法准确表达自己的想法，与律师的判断不一致。其二，律师为了维护自己的利益而与当事人产生冲突，如律师为迎合办案机关，出卖当事人的利益配合办案，或者为了自己出名而通过媒体舆论造势，当事人的利益面临受损的风险。其三，处于这两者之间模糊地带的其他冲突。[①] 其中第二种情形，即律师基于对自身利益的考量而不惜牺牲当事人利益的做法，是对消极忠诚义务的直接违反，由此所产生的冲突显然是不被允许的，对此应当并无争议。本书主要是以第一、第三种情形作为研究对象，即律师是基于维护当事人的利益而与其发生冲突，这是履行积极忠诚义务的前提，也是实践中大多数律师开展辩护工作的出发点。

其实，当事人表达自己意愿也是为了实现某种利益。在绝大多数情况下，当事人与律师在诉讼中所要追求的利益目标是一致的，即获得理想的诉讼结果，比如减轻、从轻或免除刑罚甚至无罪的实体结果。但也不排除在一些例外的情形下，两者所追求的利益结果不一致。无论是否一致，律师维护利益与尊重意愿之间的冲突都有可能存在：当两者所要实现的利益一致时，可能表现为"实现路径"的冲突；当两者所要实现的利益不一致时，则可能表现为"利益选择"的冲突。接下来，笔者将对这两种不同的冲突情形分别进行分析。

---

① 宋远升：《律师独立辩护的有限适用》，《法学》2014 年第 8 期。

（一）律师与当事人关于诉讼路径选择的冲突

实现最有利的诉讼结果是当事人和律师一致的利益追求，但是在实现怎样的诉讼结果和如何实现这一结果上，两者之间可能存有分歧，前者表现为辩护目标的冲突，后者则是辩护策略的冲突。

在辩护目标的确定上，实践中最常见的情形是当事人坚决不认罪，但律师认为无罪判决的可能性极低，当事人认罪可以获得从轻处罚的量刑结果；或者当事人认罪，但律师认为存在无罪辩护的空间。在一般情况下，辩护律师往往结合在案证据等综合情况来确定辩护目标，而当事人在作出决定时，可能受到环境、心理、情绪以及侦查人员的态度等多方面因素的影响。① 在这种情况下，当事人对辩护目标的设定很可能是不理性的，并没有对自己所处的状态有合理判断，或者说未能准确表达自己的真实意图。

在辩护方式的选择上，律师与当事人观点冲突的情形更多。比如，当事人认为自己被非法讯问才作出有罪口供，要求律师申请非法证据排除，但律师认为排除的可能性极小，一旦提出申请还有可能给法庭造成当事人认罪态度不好的印象。再比如，当事人为证明不利证言不能成立，要求律师申请所有证人出庭当面对质，但律师认为在我国法庭中，申请如此多证人出庭不仅不具有可行性，而且还有可能使法官不快。在这种情形下，当事人虽然也是为了实现有利的实体结果，但其所表达的观点与实践的效果可能是南辕北辙。

当当事人和律师在追求有利实体结果方面达成共识时，律师维护利益与尊重意愿之间的冲突就表现为确立具体的目标和方式。在各方面因素的影响下，当事人可能并不能准确、真实、清晰地表达自己所要实现的利益，那么就需要律师与当事人进行充分的沟通、尽到必要的劝告义务，明晰被告人的真实意图，并引导其作出正确

---

① 万毅：《从李庄案二审看辩护律师的独立性》，《江苏行政学院学报》2011年第4期。

的选择，这样二者之间的冲突或许就能得到较为顺利地解决。

（二）律师与当事人关于诉讼利益选择的冲突

对辩护律师而言，无论是出于维护职业声誉还是出于提升工作专业性的考虑，通常都以帮助当事人获得有利的实体结果作为辩护的理想目标，但当事人可能并不都是如此，有的当事人可能看重效率，想尽快摆脱诉累；有的则可能为保护隐私，宁愿遭受较重的刑罚。在这种情况下，当事人与律师之间就会在选择不同利益方面——"胜诉利益"和"胜诉之外的其他社会利益"——出现冲突。

其一，当事人为实现诉讼利益与律师发生冲突。通过完整的诉讼程序，是否被定罪，如何被量刑，是否获得了理想的裁判结果，这些通常是当事人较为关注的事项。除了实体性利益，程序性利益同样值得关注，比如获得快速审判等。在正常情况下，绝大多数当事人可能更为看重获得有利的实体结果，程序利益并不在意，有的甚至以忍受程序上的不合法来换得量刑上的优惠。也有当事人在实体结果之外更看重其他利益。比如，律师认为存在无罪的空间，应当作无罪辩护，而当事人不愿继续忍受羁押之苦，愿意放弃获得无罪判决的机会而自愿认罪，从而争取取保候审等非羁押的强制措施。在这种情况下，相比于无罪判决，有罪结果对于被告人而言在实体上是不利的，但被告人追求的诉讼效率、人身自由等利益得到了实现。这就是被告人为实现其他非实体性的诉讼利益而与律师可能发生的冲突。

其二，被告人为实现诉讼以外的利益与律师发生冲突。刑事诉讼对被告人利益的影响是多方面的，并不仅仅限于法律上的利益，还包括一系列道德、社会、经济、家庭关系等各方面法律之外的利益。[①] 比如一些有利于当事人的证据涉及当事人的隐私，提出这些证

---

① 参见程滔、杨云善《解决委托人与律师之间分歧的考量因素——从"桑兰跨国天价官司"谈起》，载许身健主编《法律职业伦理论丛》，中国政法大学出版社 2017 年版，第 9 页。

据可能有助于当事人获得有利的实体结果。基于这一考虑，辩护律师一般会主张向法庭提交并请求对该情节予以调查。但当事人可能更看重这些隐私对其名誉或其他利益的影响，宁愿冒着获得不利裁判结果的风险，也不愿意将这些信息公之于众。此类情形在实践中不常见。例如，被告人因生活作风问题与被害人交往并最后将其杀害，被告人承认杀人事实，但不愿意提及生活作风问题，而辩护律师认为，生活作风的相关事实可以降低或减轻被告人的罪责。再例如，在"美国大学炸药客案"中，律师认为唯一有可能使被告人免遭死刑的途径就是作被告人有精神障碍的辩护，但被告人坚决反对。这是因为，与生命相比，被告人更在意精神上的尊严。[①]

当当事人的意愿代表另一种利益时，律师对诉讼利益的维护就会与其发生冲突。笔者认为，律师应当放下法律技术主义者的"权威"与"傲慢"，充分地听取当事人的意见，尽到充分的提醒义务，最终还是应当尊重当事人的利益选择，最起码不应直接无视或者违背当事人的意愿。

二　基于协商的积极忠诚义务的内涵及其正当性

辩护律师积极忠诚义务两大要素之间的冲突类型是多元化的。针对不同的冲突情形，律师应当采取不同的应对措施。无论哪种情形，律师要想作出适当的选择，都必须充分地了解当事人的意愿，排除其不敢或不能准确表达真实意愿的可能性，引导其作出选择。而这一切都建立在律师与当事人之间进行了充分交流、沟通与协商的基础上。只要做到这些，无论最后以谁的意见为准，

①　Michael Mello, "The non-trail of the century: representations of the unabomber", *Vermont Law Review*, Vol. 417, No. 24, 2000.

也无论最后的实体结果如何，都应当认为律师履行了积极的忠诚义务。这就是建立在辩护过程基础上的"基于协商的积极忠诚义务"。

（一）基于协商的积极忠诚义务的基本内容

具体而言，基于协商的忠诚义务主要包括以下四个要素。

1. 对被告人意愿的尊重。尊重当事人的意愿是辩护律师履行忠诚义务的两大基本要求之一，这是律师与当事人进行协商、交流的前提。如果认为忠诚义务就是指律师忠实于当事人的利益，那么当事人的意愿就不会成为律师关注的重点。即使与当事人发生严重冲突，也不会得到律师重视，更不用说得到妥善解决。

对当事人意愿的尊重体现在两方面。一是行为义务，即律师通过积极会见、充分沟通，认真地听取当事人的意见。听取意见的目的是了解当事人就自身利益的真实安排，排除可能存在的词不达意或者误解。二是结果义务，即律师在了解了当事人的真实想法之后，要将其意愿作为制定辩护方案的重要考量因素，使得当事人的意愿能够通过切实可行的辩护方案得到实现。

2. 告知、提醒和说服的义务。充分听取当事人的意见并将其付诸实施，可能会在实践中遇到诸多问题。比如，当事人对案件的证据材料经常一无所知，在与控诉方所掌握的信息存在严重不对称的情况下，其可能难以作出明智的意思表示；受教育水平、法律知识以及心理素质等多方面因素的影响，当事人的意见可能并不是最好的选择。这些问题都表明在展开辩护的过程中，律师有义务与当事人进行及时的沟通与交流。在美国律师协会出台的《职业行为示范规则》中，"交流规则"本身就是一项重要的行为规则。根据这一规则，律师要对当事人承担及时的告知义务，使其合理地了解事态的发展；同时，律师还应就案件进展情况向当事人进行合理的解释和磋商，帮助其作出明智的选择。除此之外，律师还要对当事人的要求予以及时答复，并同当事人有日常交流。①

　　"告知义务"贯穿于律师与委托人关系发展的始终，是律师与当事人保持信息对等、开展有效交流的基础。② 犯罪嫌疑人、被告人在我国不享有阅卷权，其对案卷材料的认知十分有限。作为当事人最重要的信息之源，律师有义务也有责任向其履行充分且及时的告知义务。其一，在当事人形成意见前，律师要向其核实案件的证据材料，并告知争议的焦点，使其在了解全部信息后作出决定。其二，律师需在诉讼的关键节点告知当事人所在的阶段以及未来走向，使其对诉讼阶段有基本认知。其三，对于重要的诉讼决定，律师应当听取当事人的意见，并向其汇报基本的方案。

　　"提醒义务"是指在当事人作出某种不明智的选择时，律师有必要对其加以提醒。这是律师作为法律专业人士的基本义务。一味顺从当事人的意见，从表面上看是对其的尊重，但实际上是怠于履行职责的表现。相较于依据当事人的意见进行辩护而不考虑结果，提醒当事人认识到自己观点的不合理性常常可能会耗费律师更多的精力。在当事人选择实现其他非实体诉讼利益时，律师要对实体结果的影响加以提醒；在当事人的意见可能不利于其本人利益时，律师要对该意见可能带来的负面结果加以提醒。此外，律师还应当通过现有证据和相关法律对当事人予以提醒，避免以威胁或"恐吓"的方式使其在不自愿的情形下改变主意。

　　"说服义务"与"提醒义务"具有紧密的联系，如果当事人的意愿无法使其利益得到实现，律师除了提醒当事人以外，还应当积极说服其接受自己的观点，听取律师的专业判断。尤其是在当事人提出不合理的诉求、委托事项可能违法或使律师面临职业风险时，

---

　　①　参见 2016 年《美国律师协会职业行为示范规则》规则 1.4 "交流"。

　　②　例如，"（在美国）辩护人的忠实义务从为刑事被告的利益而辩护的一般性义务，涵盖到就被告切身重要的决定意见的提供或交换及就检警调查程序、起诉过程的重要发展，皆有使被告知悉的义务"。参见李礼仲《美国法律专业人员伦理规范之探讨》，《台湾本土法学杂志》2007 年，第 141—151 页。

律师更应努力地说服当事人，避免其坚持不合理的观点。

3. 达成一致的辩护思路。"协商"的目的是通过有效的沟通，与当事人达成一致的辩护思路，解决可能存在的意见分歧，从而使得辩护方形成统一的意见。那么，辩护思路达成一致是不是就意味着律师与被告人的意见必须是一样的？笔者认为不能作如此僵硬的理解。这里的"达成一致"是指对于如何开展辩护，当事人和律师就辩护路径、角色分工都有清晰的认知，当事人同意或者协助完成一系列的辩护工作，至少不提出明确的反对意见。例如，对于公诉机关指控的犯罪事实，当事人为了在量刑上获得从轻的处罚，可以承认"实施了相关的行为"，但是就该行为的法律评价，当事人可以说交由律师发表意见，律师可以发表罪轻或者无罪的意见。从当前我国法庭辩论发言的顺序来看，"被告人先供述、律师后发表意见"也为律师与当事人分别发表意见提供了机会。[①] 当然，最为理想的情形还是律师与当事人在就辩护思路达成一致后，当事人配合律师开展辩护工作。

4. 难以达成一致时退出辩护。根据基于协商的积极忠诚义务，当维护利益与尊重意愿发生冲突时，律师应侧重于与被告人协商的过程，争取通过积极的告知、提醒和说服，与被告人最终形成一致的意见。当然这是最为理想的状态。实践中完全存在一种可能，即律师尽到充分的协商义务后，仍然无法与被告人形成统一意见。在这种情况下，应当对律师的辩护行为予以认可，允许其与被告人协商解除合同。这既是对被告人辩护权的基本尊重，也是对律师开展专业辩护的必要保障。2017 年修改后的《律师办理刑事案件规范》采取的就是这样一种解决方案。[②]

---

① 奚玮、江东：《辩护律师否认犯罪事实是否影响被告人坦白情节的认定》，《人民法院报》2019 年 5 月 9 日第 6 版。

② 2017 年《律师办理刑事案件规范》第十二条第二、第三款规定："律师与当事人或者委托人就辩护或代理方案产生严重分歧，不能达成一致的，可以代表律师事务所与委托人协商解除委托关系。解除委托关系后，律师应当及时告知办案机关。"

值得注意的是，退出辩护应当是律师处理冲突的最后手段。换言之，除非冲突无法解决或者分歧不能容忍，律师不得随意提出解除合同，更不得以此为由强制要求被告人接受自己的观点。冲突发生时，律师还是应当尽可能地与被告人协商，在向被告人充分告知可能存在的风险的情形下，尽可能地尊重被告人的意愿。为避免退出辩护权被滥用，应当为律师主动退出辩护予以必要的限制。

在笔者看来，律师退出辩护的情形可以包括以下三种。一是在被告人提出不切实际的辩护目标，律师显然难以完成时，律师可以退出辩护。二是依据被告人的意见开展辩护，明显违背律师的专业判断和实践经验，律师可以退出辩护。三是为了满足被告人的意愿，律师可能存在违背职业伦理甚至违反法律法规的风险时，可以退出辩护。当然以上三种情形只是有限的列举，不能穷尽律师可以退出辩护的所有情形。那些尚未列举的情形至少应当与上述三种大致相当。换言之，律师只能在穷尽一切方法后仍无法与被告人达成一致意见的情形下，才能退出辩护。

（二）基于协商的积极忠诚义务的正当性

与以往学界侧重从"结果"的角度探讨冲突的解决不同，基于协商的积极忠诚义务将关注点投向律师与委托人协商的过程，即只要律师承担了充分的告知、提醒和协商义务，无论最后以谁的意见为准，都应当认为律师履行了积极的忠诚义务。那么，为什么要对这一协商过程进行如此特别的强调？

1. 当事人的主体性地位。在刑事司法程序中，当事人具有诉讼主体的地位。既然这一程序所产生的一切结果都由当事人承担，那其就有权对自身的各项利益予以处分。无论这种处分是明智的抑或是盲目的，只要是当事人基于自由的意愿所作出的决定，都应当值得被尊重。因为"什么才是委托人的利益通常只能由委托人本人决定"①。所以，当事人的意愿应当与其利益一并得到律师同等程度的重视。但一直以来，当事人的意愿没有得到重视，甚至被忽视与压抑。例如，一种常见观点是，因为被告人不符合理性经济人的假定，难以对自身的利益作出准确判断，所以"律师违背当事人意思表示，但实质上是忠实于当事人的利益"。这一观点将维护当事人的利益置于尊重意愿之上，仍然是将当事人视为诉讼客体。如果承认当事人的诉讼主体地位，就必须无条件地尊重其个人意愿。正如，在美国，违背当事人的意愿强迫其接受律师的帮助就是违背宪法的行为，更何况在辩护过程中公然与被告人"唱反调"。对此联邦最高法院曾在判例中指出，"被告人的自行辩护权代表的是个人自治的权利，对于该权利，只有被尊重或不被尊重的结果，而不会有非法剥夺却无害的结果"②。换言之，只要当事人自行辩护的权利或者主张受到了律师的侵犯或者没有得到应有的保障，无论是否会对裁判结果产生影响，一律都应带来"撤销原判、发回重审"的结果。

2. 有效辩护的基本要求。其一，激活当事人的辩护能力是实现协同性辩护的基本要求。"当事人是辩护律师在法庭上最好的助手"，这句话生动地描述了当事人在刑事辩护中的辅助作用。尤其是在高管、企业家以及高级白领涉嫌职务以及经济犯罪的案件中，当事人具有极强的专业能力，在对争议事实中涉及的专业问题进行讨论时，不仅可以辅助律师作出陈述，还可以从专业的角度表达意见，甚至可以对法官产生影响。例如，在 2016 年北京市海淀区法院审理的快播涉黄一案中，针对快播公司播放器的运行原理、QSI 工作流程等专业性极强的问题，被告人王某向法庭作出了清晰的阐释，从专业的角度证明快播公司及其个人对于传播淫秽物品不具有主观故意。

其二，提高当事人的判断能力，加强对律师的制约与监督，避

---

① ［日］后藤昭：《辩护人委托权与自己决定》，肖萍译，《云南大学学报》（法学版）2007 年第 6 期。

② *McKaskle v. Wiggins*, 465 U. S. 168 （1984）.

免无效辩护。有效辩护要求律师为当事人尽职尽责地辩护。但在我国的实践中，律师的辩护活动一直欠缺有效的外部监督，表演性辩护、形式化辩护以及冲突式辩护等无效辩护行为在我国频频出现。当事人基于对自身利益的关注，理应是对律师进行监督的最好人选。在基于协商的积极忠诚义务的框架下，律师有义务向当事人告知案件的所有情况，就重要决策与其协商。如此一来，当事人将既有能力又有机会参与并监督律师的工作，而不再是被动、消极地接受律师安排。在这种情况下，律师不尽职不尽责、与当事人当庭发生观点冲突等情形也将在一定程度上得以避免。

3. 诉讼结果的不确定性。当维护利益与尊重意愿发生冲突时，很多律师会不假思索地选择维护利益，因为他们一般认为，"律师作为法律专业人员，更懂得如何有效地维护委托人的利益，被告人往往并不懂得如何更好地实现自己的利益"。这一观点成立的前提是，只要依据律师的专业判断进行辩护，就能实现促进被告人利益的理想目标。但事实上，刑事司法程序本身具有相当的不确定性，诉讼结果可能会受到多方面因素的影响，因此其不必然会朝着律师预期的那样发展。更何况，律师本身的判断也可能存在偏差。正如一位美国学者所说，"律师对策略问题的判断，也并非如数学般精确和可计算，与其说是一般科学不如说是一门艺术，就好比现代科技产生之前的天气预测，更多地依靠经验和感觉，这样的预测不可能一贯正确"①。因此，即使律师将"维护利益"作为冲突中的选择，也不一定就能实现促进利益的结果。正是因为这种"不确定"，才需要从对结果的关注转向过程，要求律师在追求理想诉讼结果的过程中，积极地与当事人进行交流、沟通与协商。如此一来，哪怕最后的诉讼结果不尽如人意，当事人通过对整个辩护过程的参与，也能在心

---

① Rodney J. Uphoff, "Who should control the decision to call a witness: respecting a criminal defendant tactical choices", *University of Cincinnati Law Review*, Vol. 68, 2000, p. 763.

理上有接受与适应的过程。更为重要的是，当事人对律师的辩护工作能有更为多元化的评价标准，而不会完全将诉讼结果作为评价律师工作的唯一指标。

三　基于协商的积极忠诚义务的具体实现

基于协商的积极忠诚义务的要求在我国的规范性文件中已有相当的体现。例如，《律师办理刑事案件规范》第二十四条规定，"辩护律师会见时应当与犯罪嫌疑人、被告人就相应阶段的辩护方案、辩护意见进行沟通"；第五条第三款规定，"律师在辩护活动中……不得违背当事人的意愿提出不利于当事人的辩护意见"。但在实践中，这些规定常常流于形式，难以对律师的执业发挥有效的约束作用。此外，当前的司法环境也使得这些要求在实现时面临诸多的障碍。因此，未来我国相关制度还存在很大的发展空间。

（一）在刑事业务中引入"客户"理念

在民事诉讼以及非诉业务中，律师接受当事人的委托后，一般都会将当事人视为"客户"，不仅以完成当事人的各项委托为己任，还会对其予以充分尊重。但在刑事辩护中，尽管辩护律师与当事人之间也存在委托代理的关系，但辩护律师普遍都不认为当事人是自己的客户。这是因为，实践中大多数被告人都是由家属、朋友或单位代为委托律师，在法律援助案件中由国家委托，与律师签订委托代理合同以及支付律师费用的都不是被告人。再加上在有罪推定观念的影响下，一旦成为被追诉人，当事人的社会声誉就会受到极大地贬低。对于一个即将成为"政治贱民"的人，律师通常从主观上可能也不屑于将其视为客户。由于出资人与被告人经常不一致，当出资人与被告人就辩护意见发生冲突时①，律师可能会面临来自多方的压力。更为严重的是，当出资人与被告人的利益出现不一致时，律师为了让出资方满足，可能不会把被告人的利益放在首位，有时甚至还会作出不利于其利益的行为。②

由此可见，我国律师既缺乏"客户"理念，又在客户的识别上存有偏差。基于此，笔者认为，一方面，应当在辩护律师职业伦理中引入"客户"理念，塑造服务客户的意识。例如，除了律师主动会见被告人，被告人也可以主动要求律师定期或不定期的会见，要求律师向自己汇报案件的有关情况等。另一方面，应当明确被告人才是律师唯一的客户，将被告人的利益和意愿视为首要。无论与律师签订委托代理合同的主体是谁，也无论出资方是谁，律师只要接受委托，并被确认为被告人的辩护人③，就应当一心一意地只为被告人服务。

（二）保障律师与当事人之间的充分交流

充分的协商是律师履行积极忠诚义务的关键，但这有赖于律师与被告人之间存在良好且顺畅的沟通机制。这一机制至少应包括以下三方面的内容。

首先，办案机关应当保障律师与被告人有协商的机会。目前我国辩护律师申请会见在押的被告人并不存在太大的障碍。除了庭前的交流外，法庭审理过程中的协商也同样重要。由于我国刑事法庭中被告人与辩护律师座位分开设置的布局，使得被告人与辩护律师

---

① 例如，被告人认罪，但家属认为不构成犯罪或认为被告人是被迫认罪，要求律师作无罪辩护，此时律师可能就会左右为难。

② 参见高洁《论相对独立的辩护观——以辩护律师与被告人的关系为视角》，《时代法学》2013年第4期。

③ 实践中可能有多个家属为当事人聘请不同的律师，最终拥有辩护人资格、参与法庭审判的律师要经被告人本人确认。参见樊崇义、田文昌《刑辩之道》，中国政法大学出版社2018年版，第59页。

基本上无法实现即时交流。① 在未来，法庭布局发生改变之前，法庭应当为辩护方的内部交流创造条件。如果被告人或者律师想要进行私下交流，其有权向法庭申请休庭，法官应当无条件准许，并给予充分的时间。如果辩护方内部存在严重分歧且难以在短时间内解决，辩护律师还可以申请法庭中止审理，以保证辩护方能在庭外有充足的协商时间。②

其次，辩护律师负有与被告人协商的义务。从性质上看，这种协商义务既具有任意性，也具有强制性。其中，"任意性"是指在法庭审理前，辩护律师要主动听取被告人的意见，了解其真实的利益诉求，并经协商与其达成一致的辩护意见。此时的协商义务是任意性的，不对律师与被告人协商的次数、时机提出具体的标准，只要求律师通过庭前的充分准备，妥善地处理与被告人之间可能存在的冲突，不在法庭上提出与被告人相反的辩护观点。而"强制性"是指如果在法庭上被告人临时改变辩护观点，与律师庭前准备的辩护策略发生冲突，那么律师必须申请法庭休庭，与被告人进行协商，了解被告人改变观点的真实意图，并为下一步制定统一的辩护方案做好准备。相较于庭前的任意性的协商义务，庭上的这种协商对律师而言是强制性的。因为法庭上的观点冲突应当是不被允许的，律师必须中止辩护，与当事人协商并争取达成一致。

最后，被告人本人享有主动会见律师以及要求办案机关提供会见便利的权利。目前的"会见权"通常是"律师会见权"，即律师享有主动会见在押被告人的权利，而被告人只能被动等待和消极接受。对此，有学者提出要激活被告人的自主性辩护权，赋予"被告

① 参见卞建林、李菁菁《从我国刑事法庭设置看刑事审判构造的完善》，《法学研究》2004 年第 3 期；刘仁文《论我国刑事法庭被告人席位的改革》，《政法论坛》2017 年第 4 期。

② 参见陈瑞华《论协同性辩护理论》，《浙江工商大学学报》2018 年第 3 期。

人会见权"①。笔者认为，这是促使律师履行协商义务的必要条件。毕竟在实践中会见在押嫌疑人是一件费时费力的工作，如果没有较强的敬业精神，律师可能很难做到与被告人多次会见、充分协商。况且庭前的协商义务也没有强制性的约束，律师就更加缺乏会见的动力。因此，赋予被告人主动会见律师的权利，既有助于提高被告人的辩护能力，也可以促进律师协商义务的实现。当然，如果承认被告人的会见权，那么办案机关也应当为被告人会见律师提供便利，比如，被告人有权申请看守所通知律师前来会见被告人，或者为被告人联系律师提供必要的条件。

（三）确立以辩护过程为核心的评价标准

与传统处理当事人与律师观点冲突的解决方式不同，基于协商的积极忠诚义务侧重于律师开展辩护过程中的协商。既然要求律师将这一问题的解决放置于过程之中，那么我们对律师处理冲突的行为评价也应当以过程为标准。例如，按照传统的基于结果的辩护权分配说，律师可以在辩护策略等事项上，为了被告人的利益而违背其意愿。如果律师没有与被告人提前协商，违背其意愿，作出了其他安排，只要最后的结果有利于被告人，律师的行为就值得肯定。但是按照基于过程的评价标准，律师的这种行为就是欠妥当的。因此，为了避免出现这种只重结果不重过程的行为，有必要为律师确立基于过程的评价标准。尤其是对于当事人及其家属而言，要将他们对不确定结果的热切关注转移到确定的过程上来，使他们在过程中感受到律师尽职尽责的服务。

体现基于过程的评价标准就是要建立辩护工作的"最低质量服务标准"。对此，我国山东、河南、贵州三省律师协会曾出台《死刑案件辩护标准》，为律师在死刑案件中的辩护工作提供指引。笔者认

---

① 参见陈瑞华《论被告人的自主性辩护权——以"被告人会见权"为切入的分析》，《法学家》2013 年第 6 期。

为，有必要在普通案件中试点推行最低辩护质量标准。比如，就保障律师对被告人的协商义务而言，律师在办理案件的过程中至少要会见一到两次；会见交流的内容至少应当包括确认辩护人的身份、告知案件的争议焦点、了解当事人的基本观点、表达自己的辩护意见，并听取意见。除此之外，在开庭前律师应尽可能再次会见当事人，再次明确辩护观点。为避免律师的协商义务流于形式，还可以要求律师制定会见笔录，会见结束后由当事人签字确认。一旦当事人对律师的辩护工作提出异议，该会见笔录就可以成为律师履行忠诚义务的证明材料。如果没有会见笔录甚至没有会见，应当推定律师没有履行忠诚义务，其所做的辩护就应当被推定为无效辩护。

四　违反基于协商的积极忠诚义务的程序性后果

　　针对积极忠诚义务的两大要素（"维护利益"与"尊重意愿"）之间的冲突，笔者提出了基于协商的积极忠诚义务。辩护律师不履行或者怠于履行这一义务，不仅应当受到职业惩戒，而且也会带来程序性的法律后果。具体而言，其一，辩护律师严重违背被告人意愿而开展的辩护行为是对被告人自行辩护权的侵犯，属于严重的程序违法，无论诉讼结果如何，一定会带来撤销原判的结果。其二，由于未与被告人充分协商、无理拒绝被告人提出的诉讼主张，导致辩护策略存在缺陷、辩护意见不被法官接受，且被告人最终获得不利裁判结果，这种行为也应当带来撤销原判的结果。尽管都是撤销原判的结果，但是依据与条件存在不同。

（一）绝对的撤销原判

　　针对律师当庭发表与被告人相冲突的意见行为，目前我国规范性文件尚未规定明确的法律后果。实践中法官会征求被告人的意见，然后作出判断。根据基于协商的积极忠诚义务，辩护律师当庭违背被告人的意愿提出辩护观点是对忠诚义务的违反，尤其是在事关被告人基本权益的事项上，最典型的是关于被告人是否认罪。此时无论律师违背被告人意愿提出的观点是否有助于促进被告人的利益，律师的行为都不应当被认可。对此，美国在宪法上明确要首先保护被告人的自行辩护权，这一精神也在美国联邦最高法院的多个判例中得到体现。最新体现这一精神的是 2018 年 5 月 14 日审理的 *McCoy v. Louisiana* 案。在该案中，美国联邦最高法院再次强调"被告人自行辩护权不容侵犯"，否则将直接构成程序中的"结构性错误"。

在 *Robert McCoy v. Louisiana* 案中，被告人麦考伊被指控涉嫌杀害其妻子的母亲、继父及儿子，辩护律师认为公诉机关指控被告人涉嫌三桩一级谋杀罪具有充足证据，被告人应当认罪并辩称其存在不正常的精神状态，这样才不构成一级谋杀罪。但被告人坚决不认罪，并要求律师作无罪辩护。尽管被告人如此要求，但律师在法庭上基本都在承认麦考伊犯了谋杀罪。虽然律师也以麦考伊患有精神疾病为由请求减轻处罚，但最后陪审团还是作出了死刑裁决。案件上诉到路易斯安那州最高法院，二审法院维持了地方法院的判决，他们认为律师有权在麦考伊不认罪的情况下承认其有罪，因为承认有罪的确是客观上最好的辩护策略。但案件上诉到联邦最高法院后，最高法院撤销了州最高法院的判决，发回下级法院重审。大法官们在判决书中指出，"刑事被告人有权自我辩护才是最基本的准则，不论辩护律师的意见有多么专业，辩护律师所起的作用仍为'协助'作用。律师应当放弃自己认为的最佳路径，而为实现被告人心中的目标提供协助"。由此，法官提出，辩护律师对于第六修正案保护的被告人辩护权的侵犯属于结构性错误，即为贯穿审判始终，且影响审判程序结构的错误。一旦出现结构性错误，无须评估该错误对被告人伤害的大小，而只存在是否被剥夺的后果。① 再者，结构性错误并非用于保护被告人免受错判，而是旨在准许被告人自行决定保护其自由的最佳途径的基本原则。因此，被告人无须证明无效协助即有权获得重新审判的权利。

由此可见，对被告人意愿的尊重在美国具有至高无上的地位。借鉴美国通过宪法性权利对被告人意愿加以保护的方式，我国也应当将律师对被告人在重要事项上意愿的尊重视为被告人的一种程序性权利。律师当庭违反被告人的意愿，提出与被告人观点不同的辩护意见应当被视为一种严重的程序性违法，影响了审判程序的正当性。因此，一旦发生这种行为，无论最后的审判结果如何，都应当宣告原审判程序违法，并撤销判决，发回重审。

（二）相对的撤销原判

律师违背被告人重要意愿的行为构成结构性错误，这属于较为严重的情形。除此之外，律师虽没有在重要事项上违反被告人的意愿，但也可能无所作为，如没有与被告人就辩护思路进行协商，没有重视被告人提出的某一重要无罪线索或者主张，并且辩护律师这一存在瑕疵或缺陷的辩护行为最终导致了不理想的辩护效果。那么，在这种情况下，律师的辩护行为也可能被视为无效辩护，被认为符合《刑事诉讼法》第二百三十八条第三款规定的"剥夺或者限制了当事人的法定诉讼权利，可能影响公正审判的"，进而使得原审判程序被撤销并被发回。

与绝对的撤销原判相比，相对的撤销原判需要满足"存在不利审判结果"的条件。如果辩护律师在未与被告人协商、交流的情况下，提出了独立的辩护意见，但律师的观点最终被法官采纳且被告人获得了较为理想的诉讼结果，那么律师的行为就不能算是无效辩

---

① *McCoy v. Louisiana* （16 - 8255），2018 - 5 - 14，https：//www. supreme-court. gov/opinions/17pdf/16 - 8255_ i4ek. pdf.

护，只能说存在进一步改善的空间。

由于我国目前尚未引入无效辩护制度，实践中即使律师实施了不尽职、不尽责或形式化的辩护行为，也很难通过无效辩护使被告人获得重新审判的机会。近些年来，我国的审判实践中也开始出现一些由于律师辩护工作存在严重缺陷和过错，而导致一审判决被上级法院作为无效辩护案件发回重审的案例。[①] 这些宝贵的实践经验显示，无效辩护已经引起了法院的重视，并开始将其作为上级法院撤销下级法院裁判的理由。未来这些案例势必会作为重要的实践探索为有效辩护理念和无效辩护制度在我国的引入积累经验。

[①]　陈瑞华：《有效辩护问题的再思考》，《当代法学》2017 年第 6 期。

第 八 章

忠诚义务的实现（四）：
审慎退出辩护规则

一 律师退出辩护的三种模式

作为辩护律师的首要职业伦理义务，忠诚义务贯穿于辩护律师与当事人关系的始终，并指导着律师的各项执业行为。[①] 即使律师因各种原因退出辩护，也要受忠诚义务的约束。一般来说，在与当事人的关系成立之前，辩护律师可以自主决定是否接受委托，不受任何限制。一旦与当事人达成合意，签订合同，就必须尽职尽责地为当事人提供法律服务，没有正当理由不得拒绝或退出辩护。[②]

之所以要求辩护律师不得随意中断或退出辩护，一方面是因为根据委托合同的基本要求，未经约定或达到法定条件，合同一方不得随意解除合同；另一方面，根据职业伦理的要求，律师要对当事人承担消极的忠诚义务，不得损害当事人的利益。而在刑事诉讼正常推进的过程中，辩护律师的退出会对当事人的利益产生重大影响。

---

① 陈瑞华：《论辩护律师的忠诚义务》，《吉林大学社会科学学报》2016 年第 3 期。

② 参见《律师办理刑事案件规范》第十二条。

尤其是在当事人的某一重大权益需要被维护，或者某一环节可能发生难以弥补的错误时，如果辩护律师贸然主动或被责令退出辩护，不仅直接置当事人于危境而不顾，而且极有可能影响司法程序的正常进行。正因为如此，律师退出辩护远不是解除合同那么简单，而要受到多方面因素的限制。

根据现行立法与司法实践，我国在辩护律师退出机制上存在三种模式：一是协商解除合同模式；二是单方拒绝辩护模式；三是被责令退出辩护模式。所谓协商解除合同模式，是律师与当事人通过协商解除合同、退出辩护。所谓单方拒绝辩护模式，是指当出现法定事由时，律师单方面拒绝为当事人辩护。在这种情况下，律师退出辩护无须征求当事人的同意。无论是协商解除合同模式还是单方拒绝辩护模式，都属于我国律师退出辩护的传统方式，并在立法中有明确的规定。与这两种模式不同，律师被责令退出辩护模式是近些年在我国辩护实践中出现的一种新的退出机制。它是指辩护律师被法官剥夺辩护人资格进而被责令退出辩护的一种实践模式。例如，2018 年杭州中院在审理"杭州保姆纵火案"时，辩护律师党某因提出的多项申请被法庭驳回而当场退庭，之后便被杭州中院剥夺了在该案担任辩护人的资格，不允许其会见被告人并参与之后的庭审。[①]

对于辩护律师的退出机制，目前我国学界尚没有给予应有的重视。[②] 但在理论与实践中，这三种退出模式都面临一些争议。对于协

①　参见付松《杭州保姆纵火案律师退庭，若保姆执意不换辩护人，案子如何进行下去》，2017 年 12 月 22 日，https：//www.sohu.com/a/212149364_ 617717，2021 年 9 月 3 日。

②　以律师退出机制为主题的论文较为少见，与此相关的论文有，陈学权：《法庭驱逐辩护律师问题研究》，《法学评论》2015 年第 5 期；王永杰：《论辩护权法律关系的冲突与协调——以杭州保密放火案辩护律师退庭事件为切入》，《政治与法律》2018年第 10 期；韩旭：《辩护律师被驱逐出庭的程序法理思考》，《郑州大学学报》（哲学社会科学版）2013 年第 1 期；顾德仁、李胜雄：《论律师的拒绝辩护权》，《中共太原市委党校学报》2011 年第 2 期；刘译矾：《法庭剥夺律师辩护人资格的理论反思》，《浙江工商大学学报》2021 年第 6 期。

商解除合同模式而言，律师作为合同一方，原则上有权提出解除合同，但出于对当事人利益的考虑，是否应对律师提出解除合同的事项和时机进行限制？对于单方拒绝辩护模式而言，作为忠诚义务的例外，单方退出辩护可能会使当事人处于不利的境地，立法设置的情形是否过于宽泛，是否有必要加以限制？对于被责令退出辩护模式而言，目前存在的理论争议是，法庭是否有权剥夺律师的辩护人资格；法庭拒绝被委托的律师参与庭审是否侵犯了当事人的辩护权以及律师的执业权。基于此，本章将以上述争议作为问题意识，对律师的退出机制展开分析，以期对这些问题有所回应。

二　协商解除合同模式

一般来说，委托合同的双方当事人在法律地位上平等，享有对等的民事权利。如根据《民法典》第九百三十三条，委托人或者受托人可以随时解除合同。① 但与普通的委托关系不同，律师与当事人之间基于委托而形成的辩护关系具有一定的特殊性，即基于被追诉人相对弱势的地位，为了对其给予特殊保护，辩护律师行使任意解除权需受限制。

（一）协商解除合同的两种情形

1. 当事人无条件单方辞退律师

根据委托合同的基本原理，当事人作为委托人享有单方解除权，可以无条件辞退律师，无须任何理由。正如我国《律师法》第三十

---

① 《民法典》第九百三十三条：委托人或者受托人可以随时解除委托合同。因解除合同造成对方损失的，除不可归责于该当事人的事由外，无偿委托合同的解除方应当赔偿因解除时间不当造成的直接损失，有偿委托合同的解除方应当赔偿对方的直接损失和合同履行后可以获得的利益。

二条规定，"委托人可以拒绝已委托的律师为其继续辩护或者代理，同时可以另行委托律师担任辩护人或者代理人"。之所以如此，是因为委托关系多是基于双方当事人之间的信任而订立。[①] 这一"信任"在辩护关系中尤为重要，特别是当事人对律师的信任，这是身陷法律囹圄中的当事人获得"安全感"的关键。[②] 如果这种信任关系不复存在，当事人与辩护律师之间的关系将难以维系，更遑论有效辩护的实现。基于此，在委托期间，当事人在庭下辞退律师不受约束，但在法庭上拒绝律师辩护则受到限制。

2. 辩护律师有条件解除合同

辩护律师作为受托人也有权提出解除合同，但这并不能使得合同当然得以解除。《律师法》第三十二条规定，"律师接受委托后，无正当理由的，不得拒绝辩护或者代理"。律师退出辩护，应当存在正当理由。所谓"正当理由"，包括两方面的内容。一是立法规定的事由，如委托事项违法，这是后文将要讨论的律师单方拒绝辩护模式；二是合同约定的事由或其他原因，如委托人未按约定支付辩护费、当事人不配合律师开展工作、律师丧失了继续提供法律服务的可能等。当出现第一种情况时，律师原则上可在不与当事人协商且经其同意的情形下退出辩护，这不属于协商解除合同的范畴。因此，此处主要讨论的是第二种情况，即在出现合同约定或其他事由时，律师提出解除合同。律师在解除合同并退出辩护之前，需与委托人沟通，并就解除合同征求委托人的同意。如果委托人不同意，律师则不得贸然退出辩护。

---

① 参见王利明《合同法分则研究》（上卷），中国人民大学出版社 2012 年版，第 659 页。

② 从理论上看，委托人提出解除合同不需要经由律师同意。但实践中委托人换律师时，部分看守所要求委托人让前律师或律师事务所出具同意解除的文件，后面新聘请的律师才能介入。看守所的这种行为侵犯了委托人任意解除合同的权利。参见樊崇义、田文昌《刑辩之道》，中国政法大学出版社 2018 年版，第 56 页。

（二）协商解除合同的理论解读

1. 当事人与辩护律师之间的意思自治

关于当事人与辩护律师之间的关系，学界存在不同的看法。曾有观点认为，辩护律师享有独立的诉讼地位，与被告人之间是"独立的辩护关系"。[①] 但近年来，这种"独立辩护人"的观点越来越多地受到质疑。[②] 在刑事诉讼中，辩护律师是通过与嫌疑人、被告人或其近亲属签订委托合同，获得当事人的授权而参与刑事诉讼。即使是在指定辩护的案件中，被指定的律师参与刑事诉讼也须经嫌疑人、被告人的确认。因此，辩护律师并非独立的辩护人，而与当事人具有民事上的委托关系。正是基于这种关系，辩护律师才能在约定的授权期限内具有"辩护人"的身份，在授权委托的范围内协助被告人开展各种辩护活动，并由当事人承担这些辩护活动所带来的法律后果。基于此，在这种关系的形成、履行与解除的整个过程中，只要是在法律的框架内，当事人与辩护律师都应当具有充分的意思自由，不受任何个人与组织的干预与影响。

2. 天平倒向"当事人"

既然当事人与辩护律师之间是委托关系，两者就应当享有平等的任意解除权，那么为什么辩护律师在解除合同时还会受到限制？这是因为在当事人与辩护律师的关系中，当事人处于弱势的地位，而辩护律师又对当事人利益的维护至关重要，因此天平应当倒向"当事人"。一方面，当事人是事实上的弱者。尽管当事人与辩护律师在法律上是平等的主体，但在刑事追诉这一特定的环境下，当事人往往处于事实上弱者的境地。尤其是在人身自由被限制、专业知识欠缺的情形下，当事人往往基于人身的不安全感和为了摆脱困境

---

① 参见陈瑞华《独立辩护人理论的反思与重构》，《政法论坛》2013 年第 6 期。

② 参见韩嘉毅《解读〈律师办理刑事案件规范〉的重点条款》，2017 年 9 月 27 日，http://www.sohu.com/a/194878915_434128，2022 年 8 月 1 日。

的强烈意愿，而对律师产生较大的依赖。这使得当事人无法与辩护律师旗鼓相当，更难以通过平等的合同关系对辩护律师进行约束。另一方面，在刑事追诉程序的推进过程中，辩护律师的实质参与对于当事人意义重大，尤其是在涉及当事人的重大权益需要维护或者可能产生难以弥补的错误时，辩护律师的缺席可能会对当事人的利益产生不可补救的影响。因此，在刑事诉讼中，辩护律师不可以随意退出辩护，其作为受托人的任意解除权应当受到限制。

（三）律师解除合同的主要限制

理论上，为了照顾当事人的利益，律师提出解除合同后要与当事人协商，并征求其同意。但在实践中，大部分律师在提出解除合同的意愿后，当事人即便不愿意，一般也都会无奈同意。因为一旦律师去意已决，当事人就算强留也不一定能获得尽职尽责的服务。所以当事人的"同意"在很多情况下是迫于无奈的选择，委托人的弱势地位使其没有与律师进行平等协商的筹码，所以仅仅征求同意难以实现对委托人利益的真正保护。正因为如此，实践中经常发生律师以各种理由不分场合提出解除合同的情况。

如 2015 年 12 月 22 日，安庆中院在审理"安徽省旅游局原局长胡某涉嫌受贿案"中，在要求合议庭和公诉人回避的申请遭驳回后，辩护人廖某当场提出解除与被告人胡某的委托辩护关系，胡某表示同意。① 在本案中，廖律师当场提出解除合同表面上是向法庭表示抗议，实则是希望以此博得法官对当事人程序性权利的尊重。但即便如此，在法庭审判如此关键的环节，辩护律师要求解除合同，将被告人置于法庭上无人辩护的境地，这种做法合理吗？由此可见，在辩护律师提出解除合同的情形下，仅征得当事人的同意还不够，还必须对律师提出解除合同进行限制。

---

① 《安徽旅游局原局长二审，一律师当庭放弃为其辩护》，2015 年 12 月 22 日，https：//news. ifeng. com/a/20151222/46785406_ 0. shtml，2022 年 8 月 2 日。

1. 限制解除合同的事由

律师提出解除合同的事由可以分为两类：一是约定的事由，这是由合同双方自主约定，属于意思自治的范畴，在此不作讨论；二是法定的事由，即规范性文件中规定的律师可以提出解除合同的事由。目前仅有一种，即《律师办理刑事案件规范》第十二条第二款规定，"律师与当事人或者委托人就辩护或代理方案产生严重分歧，不能达成一致的，可以代表律师事务所与委托人协商解除委托关系"。在辩护的过程中，辩护律师与当事人之间难免发生分歧，但并非任何分歧都可以被认为达到"严重"的程度。如果对这一"严重分歧"作宽泛的解释，那么辩护律师可能以"退出辩护"要挟当事人服从其提出的辩护意见或者策略，甚至将其作为任意解除合同的借口。因此，有必要对"严重分歧"作严格解释。笔者认为，只有在律师与当事人之间的分歧使得律师无法正常开展工作，或违背律师的专业判断、经验、职业伦理，或使律师面临极大职业风险时，才能认为分歧达到足以使辩护律师提出解除合同的"严重程度"。此外，在产生分歧时，辩护律师不能直接提出解除，而应当试图就解决分歧与当事人协商。只有当协商不成时，辩护律师才可以提出解除合同。

2. 限制解除合同的时机

为了实现对辩护权精细化和实质化的保障，"法律不甚关注在某一程序阶段中，犯罪嫌疑人、被告人是否名义上委托或被指定了一位律师提供法律帮助，其关注点毋宁在于一系列更为具体的程序环节是否允许辩护律师参与其中"①。这些更为具体的程序环节是指可能直接影响犯罪嫌疑人、被告人权益的维护以及正当程序的实现。如在某一时刻涉及犯罪嫌疑人的重大权益或者某一环节可能发生难以弥补的错误时，则必须有辩护律师参与。例如，委托人受到刑讯

---

① 孙远：《异哉，所谓值班律师者》，2018 年 11 月 6 日，https：//mp.weixin.qq.com/s/VAECTxxBQbBQmTUEyH4UsQ，2022 年 8 月 2 日。

逼供，要求律师向有关机会申诉、控告；案件即将或者正在进行法庭审理；正在开展辨认活动，等等。在这些情况下，辩护律师即使有提出解除合同的正当理由，也不可以提出解除合同、直接退出辩护。即使已经提出，也应当认真参与、完成相关工作，并督促当事人尽快委托新的辩护律师。

三　单方拒绝辩护模式

所谓单方拒绝辩护模式，是指当出现法定事由时，律师可以单方提出拒绝辩护，无须征得委托人的同意。根据《律师法》第三十二条、《律师办理刑事案件规范》第十二条，"委托事项违法、委托人利用律师提供的服务从事违法活动或者委托人故意隐瞒与案件有关的重要事实的，律师有权拒绝辩护或者代理"。这一退出方式与忠诚义务大相径庭，是辩护律师履行公益义务的基本要求。受忠诚义务的约束，单方拒绝辩护的事由应当受到限制，且辩护律师在此过程中应履行相应的注意义务。

（一）单方拒绝辩护与忠诚义务

1. 作为忠诚义务例外的拒绝辩护

从表面看，律师未经当事人的同意单方拒绝辩护，属于对忠诚义务的违反。但是在委托人提出违法的委托事由或者利用律师提供的服务从事违法活动的情况下，如果律师继续按照委托人的要求行事，那么忠诚义务的实现可能就将超越"边界"。虽然辩护律师基于委托合同为当事人提供"私人化"的法律服务，并通过满足当事人的要求而获得等价报酬，但辩护律师不是委托人的"代理人"，更不是"打手"，可以接受任何委托。作为法律执业人员，辩护律师应在法律框架下维护当事人的利益，无论是在内容上还是在手段上都不能违背法律的明确规定。因此，当委托人提出不当委托时，辩护律师应当拒绝，这是忠诚义务的边界之所在，也是律师身份独立的基本表现。

2. 忠诚义务对拒绝辩护的限制

律师拒绝辩护的目的在于避免跨越忠诚义务的"边界"。拒绝辩护本身也不可避免地对委托人的利益产生影响，如委托人需要考虑聘请新的律师，也需要在一定时间里处于无人辩护、无人帮助的困境。基于对委托人利益的保护，应当尽量将这种负面影响限制在最小的范围。例如，律师如果能够通过劝说等方式解决问题，就尽量避免直接拒绝辩护；如果律师必须拒绝辩护，应充分考虑委托人的利益。由此，基于忠诚义务，辩护律师的单方拒绝辩护应仅限于法定的事由，同时，律师在拒绝辩护后还应承担必要的注意义务。

（二）单方拒绝辩护的主要事由

过去我国实践中经常发生律师拒绝辩护的情况，如有的律师因为委托人品行低劣、罪行不堪或者认罪态度不好而拒绝辩护。如在2009 年"贵州习水县公职人员嫖宿幼女案"中，被指定的辩护律师在庭审当天未出现，并对外宣称"我不愿为这种人辩护"。[①] 也有不少律师与法庭发生冲突，为表抗议拒绝辩护。如在2001 年福建省福州市长乐区法院审理的"王凯锋涉嫌玩忽职守、受贿案"中，一律师因与审判长发生冲突而被驱逐出庭，另一律师也随即表示拒绝辩护。[②] 在上述案例中，辩护律师似乎在不同的场景之下都可拒绝辩护，但是拒绝辩护是任意的吗？

根据《律师法》《律师办理刑事案件规范》《律师执业行为规范（试行）》等规范性文件，律师拒绝辩护发生在特定的场景之下，限

---

① 参见《贵州习水县公职人员嫖宿幼女案开庭》，2009 年 4 月 9 日，http：// news. sina. com. cn/o/2009 - 04 - 09/055815437731s. shtml，2020 年 3 月 19 日。

② 参见《家属被拷律师被逐记者被扣继 法院为何荒唐断案》，2001 年 11 月 9 日，https：//news. sina. com. cn/c/2001 - 11 - 09/395673. html，2020 年 3 月 11 日。

于法定的事由。除此之外，包括被告人品格、经济状况、认罪态度以及法院行为等在内的其他因素都不能成为律师单方拒绝辩护的理由。换言之，辩护律师一旦接受委托，就不得随意拒绝辩护。这与出租车搭载规则是一个道理，出租车司机一旦决定搭载客人就不得中途将其随意放下。辩护律师接受委托后再拒绝辩护，只能限于规范性文件明确的两类事项。其中，第一类是委托人要求或利用律师实施违法行为，第二类则是委托人本身存在隐瞒行为。目前这两大类事由的内容均较为抽象，缺乏具体解释。为了避免律师滥用拒绝辩护条款，损害被告人的利益，律师拒绝辩护应当遵从必要性原则。

1. 委托人要求或利用律师实施违法行为

委托人要求或利用律师实施违法行为主要是指"委托的事项违法"和"利用律师从事违法活动"。对于这一类事项，应当从两方面解读。

其一，违法事项或行为应当明确。对于委托人委托事项或行为的违法性评价应当是规范性的。基于专业知识与认知能力的不足，委托人对于所委托事项的合法性认识可能存在错误，如将可能违法的事项视为合法，或者提出根本无法实现的抽象要求。在这种情况下，辩护律师不能以此为由拒绝辩护，而应向委托人作充分的解释和说明。只有当委托人提出明确且具体的违法事由或行为，且委托人本人也知晓该事由或行为的"违法性"时，辩护律师才可拒绝辩护。

其二，违法事项或行为应当严重影响律师开展辩护活动。并非任何违法事项或行为都值得律师拒绝辩护，换言之，律师在拒绝辩护时，应当将违法事由的重要性与严重性作为考量因素之一。如果委托人提出的违法要求是局部的，如要求隐藏某不利证据，那么律师直接拒绝这一要求即可；如果委托人对此不理解，一再坚持该违法要求，那么律师就可以与委托人协商解除合同，或者直接拒绝辩护。如果委托人的诉讼目标或主要委托事项均是违法的，并要求律师以积极作为的方式去实现该目标，那么律师就可以直接单方拒绝辩护。①

2. 委托人的隐瞒行为

"委托人故意隐瞒与案件有关的重要事实"是律师拒绝辩护的另一类重要事由。对于这一事由的正当性，笔者认为有必要进行重新审视。

其一，辩护律师参与刑事诉讼的目的在于帮助被告人行使辩护权，这并不以了解全部事实为前提。不可否认，辩护律师提供有效的法律帮助离不开获知充分的信息，因为充分的信息有助于律师进行更为全面的考虑、制定更为合理的辩护方案。与被告人交流、向其询问有关信息，是辩护律师了解案件情况的重要途径。但是对于辩护律师，被告人是"部分告知"还是"全部告知"，这不是其能自主决定的权利。在讯问中，侦查机关尚不可强迫被告人全部供述，辩护律师又有何理由要求被告人和盘托出？② 如果被告人无意告知相关信息，而这一信息对于律师提出辩护意见、开展辩护活动具有重要作用，辩护律师可以向被告人就其中的利害关系予以特别说明，由被告人自主权衡。只有在被告人隐瞒的信息确实使得辩护律师无法正常开展辩护的情况下，律师才可以此为由拒绝辩护。

其二，辩护律师不承担积极发现真实的义务。被告人隐瞒与案件有关的重要事实可能不利于发现真实。但是对于辩护律师而言，其不承担积极主动发现真实的义务，只负有消极的真实义务，即不阻碍办案人员发现真实。因此，当被告人有所隐瞒时，辩护律师不应当通过拒绝辩护对被告人有所苛责。否则，辩护律师可能变身成为帮助发现真实的"第二公诉人"。

---

① 实践中这种情况并不多见，在交通肇事"顶包"的案件中，当事人为实现代人受过的目的，可能会要求律师配合实施一些欺骗行为。由于该行为本身将直接促成"顶包"这一非法目的的实现，因而面对这样的违法请求，律师就应当直接拒绝辩护。

② 根据这一条规定，实践中有律所在与当事人签订委托合同时明确规定，如果委托方"捏造事实、伪造证据或者隐瞒重要情节"，律所有权解除合同。

（三）单方拒绝辩护后的注意义务

出于对委托人利益的关照，辩护律师在拒绝辩护后应当承担一定的注意义务。这一义务既是委托合同中附随义务的体现①，也是律师履行忠诚义务的延续。

一是劝告义务。所谓"劝告义务"，是指当委托人提出的委托事项违法或者利用律师提供的服务从事违法活动时，辩护律师应当在拒绝辩护之前对委托人进行劝告，并要求其整改。② 这一义务包括两方面的内容：第一是辩护律师应当向委托人明确说明其委托事项与行为可能违法，分析可能存在的法律风险，并建议其放弃或者立即停止已经实施的违法行为；第二是辩护律师可以向委托人说明该违法委托事项或行为可能对两者关系的影响。经劝告后，委托人如果仍然坚持自己的主张，律师就可以正式提出拒绝辩护。

二是协助义务。辩护律师即使有正当理由拒绝辩护，也应当在退出辩护之前承担必要的协助义务。这一义务至少包括以下内容：提醒委托人另行聘请新的律师，在这期间，辩护律师有义务为委托人完成不可迟延、迫在眉睫的工作。如庭审正在继续的，辩护律师不得退庭，应当持续参与；被告人权益存在被侵犯可能的，辩护律师应当及时向有关机关申诉或控告。协助义务在避免利益冲突规则、保守职业秘密规则中都有相似的表现。

三是保密义务。对于已经知晓的违法委托事由或者行为，辩护律师应当予以保密。这是律师保密义务的应然之义，也是律师拒绝辩护后的注意义务。这一义务贯穿于辩护关系的存续期间以及终止之后。例如，辩护律师向办案人员报告辩护关系的变化情况时，不得向其告知具体理由；又如，辩护律师不得向其他人员透露委托人

---

① 根据《民法典》第五百零九条第二款："当事人应当遵循诚信原则，根据合同的性质、目的和交易习惯履行通知、协助、保密等义务。"

② 参见《律师执业行为规范（试行）》第四十二条。

的相关情况。如果违法的事由与行为属于保密义务的例外，那么律师对这一部分的保密义务就可被豁免。但是否对外披露，律师则应自行决定。

四　被责令退出辩护模式

被责令退出辩护模式是指法庭责令律师退出辩护，进而剥夺其辩护人资格的一种方式。这是近些年来我国法官为解决"辩审冲突"问题，"创造性"地采取的一种应对方式。这一方式在司法实践中引发了较大的争议。作为一种回应，2018年4月最高人民法院、司法部出台的《关于依法保障律师诉讼权利和规范律师参与庭审活动的通知》（以下简称《关于保障与规范律师执业的通知》）明确了在特定情形下，辩护律师不得继续在同一案件担任辩护人、诉讼代理人，即律师擅自退庭；无正当理由不按时出庭参加诉讼；被依法责令退出法庭、强行带出法庭或被处以罚款、具结保证书后，再次被责令退出或被强行带出法庭。之后，2021年《刑事诉讼法司法解释》第三百一十条吸纳了上述有关规定，将法庭剥夺律师辩护人资格的情形以司法解释条文的形式予以了确定。尽管律师被责令退出辩护获得了规范性文件的确认，但实践中的争议并没有因此而消失。

（一）被责令退出辩护的实践样态

1. 律师被认为严重违反法庭纪律，驱逐出庭

如在2012年"吉林王某等人涉黑案"的辩护中，北京律师王某被法官以扰乱法庭秩序为由驱逐出庭，一度不被允许在随后的庭审中为当事人辩护。[①] 根据《刑事诉讼法》第一百九十九条，"强行

---

① 参见张玉学《"辩审冲突"解决之道》，2014年9月4日，http：//www.longa-nlaw.com/legals/6247.html/，2021年9月17日。

带出法庭"（也称为"被驱逐出庭"）是法庭对扰乱法庭秩序的行为人所实施的惩戒方式。实践中律师被驱逐出庭最主要的原因是律师与审判长就案件审理的程序性问题看法不一、发生冲突。[①] 例如，律师提出的启动非法证据排除程序、申请法官回避、申请证人出庭等诉求被法庭驳回[②]，或者没有得到法庭重视[③]，律师认为法庭滥用审判权，侵犯了其质证权，或者认为法庭审判程序严重违法。此时，倘若双方发生冲突，律师不听审判长规劝或警告，律师被强行带出法庭或被驱逐出庭，就自然而然地发生了。但是，律师被驱逐出庭，不等于被剥夺了辩护人的资格。前者只是剥夺了律师继续参与本次庭审的机会，而后者则是完全将律师排除在案件审理之外。根据《关于保障与规范律师执业的通知》，律师被强行带出法庭后，并不马上失去辩护人的资格，如果"具结保证书"并"经法庭许可"，仍然可以参与庭审。但倘若再次被强行带出或被责令退出，就不得再继续担任辩护人。当然在实践中，律师因各种原因被驱逐出庭后，法庭对于律师辩护权的态度不一，有的直接剥夺了律师的辩护人资格，有的则仍然允许其继续参与。

2. 律师主动退庭，被法庭视为拒绝辩护

近年来律师因各种原因主动退庭时有发生。最典型的案例是，"杭州保姆纵火案"中律师党某退出法庭之后，不被允许继续参与庭审。实践中，律师主动退庭，也大多发生在与法官就程序性问题产生分歧、意见不受重视以及难以获得救济的情况下。大多数情况下，律师"主动退庭"多是向法庭抗议，希望自己的诉求得到重视。此时，律师主动退庭并不意味着退出辩护、终止与被告人的关系，而只是一种辩护策略。因此，在不少案件中，法官将律师中途退庭视

---

① 参见陈学权《法庭驱逐辩护律师问题研究》，《法学评论》2015 年第 5 期。

② 参见肖仕卫《庭审实质化目标下庭审指挥之改进》，《江汉论坛》2019 年第 4 期。

③ 参见李晓丽《论庭审实质化的体系化构建——以"顾雏军案"再审为例》，《浙江工商大学学报》2019 年第 6 期。

为拒绝辩护①，其实曲解了律师的本意；即使将律师退庭视为本次开庭拒绝辩护，也不意味着在后续开庭中也拒绝辩护。因而，在与"杭州保姆纵火案"类似的案件中，法官将律师中途退庭视为拒绝辩护，并以此为由不允许其继续参与辩护难以成立。但是，律师的随意退庭行为本身也违反了法律。根据《律师执业行为规范（试行）》，律师应当遵守法庭纪律、遵守出庭时间，并应当尊重法庭。②司法部出台的《律师执业管理办法》也明确规定，律师参与诉讼活动应当遵守法庭规则，不得擅自退庭，否则构成《律师法》规定的扰乱法庭秩序行为。③

对于这一行为，《关于保障与规范律师执业的通知》明确规定，律师具有"擅自退庭行为……不得继续担任同一案件的辩护人、诉讼代理人"。可见，与律师被强行带出或被驱逐出法庭不同，在擅自退庭的情况下，律师不再有具结保证的机会，而是直接不得继续担任辩护人。之所以如此，是因为律师擅自或随意离庭，直接表示了对法庭规则的漠视，同时也影响了法庭审判的正常进行，尤其是在必须要有律师参与的案件中，辩护律师的这一行为将直接打断法庭审判的正常进行，使其处于无序的状态之中。

3. 律师未按时出庭或被法庭认为不具备辩护条件

实践中律师未按时出庭被剥夺资格多发生在以下情形中：律师代理的多个案件的庭审时间发生冲突，律师在与法庭协调不成的情形下缺席庭审，之后法庭不认可其辩护人资格。例如，在2014年江西高院审理的"周某涉嫌受贿案"中，律师周某因代理的多个案件的庭审时间发生冲突而缺席，被江西高院剥夺了辩护资格；之后即

① 在规范性层面上，"拒绝辩护"仅适用于法律规定的特定情形。参见《律师法》第三十二条、《律师办理刑事案件规范》第十二条、《律师执业行为规范》第四十二条。

② 参见《律师执业行为规范（试行）》第六十六、第六十七条。

③ 参见《律师执业管理办法》第三十九、第五十三条。

使重新获得了当事人的委托，其仍然不被允许参与庭审。① 律师不具备辩护条件，则是法官认为律师未会见、未阅卷、未做好庭审准备。例如，2017 年江西赣州中院在审理"明某案"时，以律师迟某未会见被告人及未阅卷为由，不准其参加辩护。②

《关于保障与规范律师执业的通知》将"无正当理由不按时出庭参加诉讼"与"擅自退庭"一并纳入了直接剥夺辩护人资格的事由。那么，应当如何理解"无正当理由"？因开庭时间冲突而无法出庭，是否属于"无正当理由"？笔者认为，在律师代理多个案件的情况下，庭审时间发生冲突，再正常不过；律师基于此而无法出庭，并非没有正当理由。法官强行将其视为"无正当理由"，不具有说服力。另外，实践中，在庭审时间发生冲突且与法庭协商未果的情况下，律师书面告知法庭后，就"堂而皇之"地离开法庭也极为不妥。法庭审判并非儿戏，律师缺席将使其难以进行。在这种情况下，律师应当向当事人说明情况，就庭审辩护工作做好安排。而法庭因律师未会见、未阅卷，就认为其不具备辩护条件，不允许其出庭，更是在法理上难以成立。辩护律师未做好辩护准备，并不等于不具备辩护资格。在这种情况下，法庭正确的做法是延期审理，督促律师做好准备，而非直接剥夺其辩护人资格。《关于保障与规范律师执业的通知》及《刑事诉讼法司法解释》也没有将这一情形纳入法庭剥夺律师资格的事由之中。

（二）责令律师退出辩护的正当性

关于法庭责令律师退出辩护的正当性，目前存在两种不同的观点。

一种观点认为，法庭责令律师退出辩护不具有正当性，理由在

---

① 参见向佳明《被解除的辩护权》，《潇湘晨报》2014 年 6 月 1 日第 A5 版。
② 参见 2017 年 11 月 18 日江西省赣州市中级人民法院《关于未准许迟凤生参加明经国案件辩护的情况说明》。

于：其一，律师的辩护权来源于被告人或其近亲属的委托，在他们没有解除委托之前，其他人均无法介入这一私法关系。① 其二，如果律师扰乱法庭秩序，法庭可以责令律师退庭，或者对律师予以惩戒，但律师并不因此而失去辩护人的资格。② 其三，被告人的委托辩护权优先于指定辩护权，在被告人尚未明确解除委托关系的情况下，法庭强行拒绝律师参与辩护，哪怕之后为其指定法律援助律师，也是对被告人自行委托律师权的侵犯，且有浪费国家司法资源之嫌。③

另一种观点则认为法庭责令律师退出辩护具有正当性。如有律师认为，在法庭审理中，类似律师党某那样的退庭行为是一种藐视法庭乃至法律的行为，是绝对不被允许的。在这种情况下，法官剥夺律师辩护人资格的做法可以理解。也有学者认为，"如果辩护律师存在扰乱法庭秩序等严重违法行为，法庭应当有权认定该律师已经不适合继续为此案被告人辩护，这是维护司法权威和保证庭审活动顺利进行的必然要求"④。

可以发现，支持者站在"结果"的角度审视法庭的行为。对于那些严重扰乱法庭秩序、蔑视法庭尊严的律师而言，法庭责令律师退出辩护，剥夺其辩护人资格无异于釜底抽薪，杜绝了其再次实施违法违规行为的可能。而反对者则从"过程"的视角提出质疑，委托特定的律师是被告人行使辩护权的应有之义，法庭剥夺该律师的辩护人资格，有干预甚至侵犯其辩护权之嫌。那么，对此应当如何评价？

---

① 参见张永强《也谈杭州保姆纵火案辩护律师现象》，http：//blog. sina. com. cn/s/blog_ 95f47cef0102xmt9. html，2021 年 9 月 17 日。

② 参见蔡元培《论法庭警察权的形态及其界限》，《法商研究》2017 年第 5 期。

③ 参见王永杰《论辩护权法律关系的冲突与协调——以保姆放火案辩护律师退庭事件为切入》，《政治与法律》2018 年第 10 期。

④ 参见陈学权《法庭驱逐辩护律师问题研究》，《法学评论》2015 年第 5 期。

1. 行政法比例原则的引入

从应然状态看[①]，法庭责令律师退出辩护是为了实现维持法庭秩序、维护法庭尊严的公共利益。那么，为了维护公共利益，法庭就可以限制公民的权利吗？从"动机"或"目的"来看，以维护公共利益为名，限制公民的权利并非不可，因为"在现代法治社会，正当限制公民权利只能基于'权利与权利冲突'和'公共利益需要'两种情形"[②]。在刑事司法领域，为保障诉讼程序的进行，限制被追诉人权利的情形并不少见，如被追诉人被拘留或逮捕，人身自由暂时受限；相关财物被查封、扣押，物权暂时受限。除了不可被侵犯的绝对权利，其他相对权利事实上都有被限制的可能。辩护权本身也并非一项绝对权利，尤其是在我国的司法实践中，这一权利受到诸多限制，如被追诉人不享有沉默权；在强制辩护案件中，被追诉人无论是否愿意，都必须接受指定律师的辩护。因此，法庭以公共利益为名，限制公民权利，在法理上是成立的。但"目的"正当，并不意味着"手段"正当；手段如果超出必要的限度，也会使原本具有正当目的的行为失去正当性。所以值得讨论的问题是，如何确定法庭剥夺律师辩护人资格的限度。

与这一问题直接相关的是公法上的比例原则。作为行政法中的基本原则，比例原则的功能在于审查行政权力行使的合理性，被作为"限制公权力滥用"的法律方法或工具来理解。[③] "比例原则是保证国家权力正当行使的最佳手段，国家权力只有在符合比例原则的

[①] 之所以说"从应然状态看"，是因为不排除实践中有一些法官滥用权利，对于律师正常行使辩护权、正常表达异议的行为，不能正确看待，通过"剥夺律师的辩护人资格"对辩护律师进行打击甚至报复。这种行为显然是不被允许的。对于这一情形，目前并没有争议。本书讨论的是一种应然的状态，即法官以维护法庭尊严、维系法庭秩序为目的，剥夺律师的辩护人资格。

[②] 梅扬：《比例原则的适用范围与限度》，《法学研究》2020 年第 2 期。

[③] 参见蔡宏伟《作为限制公权力滥用的比例原则》，《法制与社会发展》2019 年第 6 期。

基础上限制公民权利才是正当的限制。"① 因此，在对法庭限制公民辩护权的这一行为进行讨论时，有必要引入比例原则。具体而言，可以从适当性、必要性、均衡性这三个方面加以具体讨论。

首先，"适当性"是指手段能够满足目的的需要。对于可能扰乱法庭秩序的律师而言，剥夺其继续担任辩护人的资格，无疑从根本上使其失去了再次破坏法庭秩序的机会。

其次，"必要性"是指国家机关要选取对当事人利益侵害或限制最小的手段。在法庭审理中，诉讼参与人或者旁听人员违反法庭秩序的，根据《刑事诉讼法》第一百九十九条，法庭有权依次采取"警告制止""强行带出法庭""处以一千元以下的罚款或者十五日以下拘留"等措施。而根据必要性原则，法庭如果能够通过警告制止、强行带出法庭解决问题，就不要采取罚款、拘留或者剥夺资格的方式。因为相较于后者，前者对当事人利益的侵害或限制显然更小。但是，"警告制止""强行带出法庭"等手段只能解决本次庭审中律师扰乱法庭秩序的问题，如果下次庭审律师继续实施类似的行为，又该如何处理？对于习惯性地以"死磕"、扰乱法庭秩序等方式开展辩护的律师而言，在上述手段均无法解决问题的情况下，责令其退出辩护似乎是最后的手段。从这个角度看，在特定的情形下，剥夺律师的辩护人资格也符合必要性的要求。

最后，"均衡性"是指国家机关采取的手段给当事人利益造成的损失，应与手段所追究的目的合乎比例。如果该损失超过了所追求的目的，就属于对手段的滥用。这一原则较为抽象，律师在具体案件中的执业权、被告人对特定律师的选择权以及法庭秩序与权威本身的权益，这三种权益并非同一性质，不能被"量化"，更不能被放置于同一层面进行精准衡量。但基于该原则，可以得出以下结论：当某一手段不得不使用时，为了避免出现正当性的质疑，可以从外

① Cohen Eliyam, Porat I: "Proportionality and the Culture of Justification", *The American Journal of Comparative Law*, Vol. 59, No. 2, 2011, pp. 463–481.

围减少这一手段可能带来的不利影响，或者从其他方面对当事人利益加以"补强"，从总体上实现利益的均衡。

2. 比较法经验的证成

在西方法治国家，司法秩序和法庭权威具有至高无上的地位。针对扰乱法庭秩序的行为，许多国家或地区的法庭不仅可以给予警告、驱逐出庭，而且还可以诉诸刑事制裁，在刑法中均设置有相应的罪名。如在英美法系国家，所有妨害、阻碍法庭审判以及有损法庭权威、尊严、名誉的行为，都可以被定为藐视法庭罪，轻则罚款，重则监禁。[1] 如《美国刑事诉讼规则》第 42 条 a 款规定："任何犯有藐视法庭罪的人可以因该藐视行为而在经通知起诉后被处罚。"[2] 从权利的位阶来看，既然允许法庭剥夺人身自由这一较高位阶的权利，那么剥夺律师执业资格这一较低位阶的权利似乎也在情理之中。此外，在美国的司法实践中，也存在法庭解除律师代理权、不允许其继续参与法庭审理的案例。如在美国诉卡特勒案（*United States v. Cutler*）中，被告人高迪的辩护律师卡特勒违反纽约州律师执业规范有关"不得公布案情信息"的规定，多次接受媒体采访，向媒体泄露监听内容，在检方对法庭提出多次动议后，地区法院的主审法官决定解除卡特勒的代理权。[3] 卡特勒不服地区法院的决定，提出上诉，上诉法院维持解除代理权的决定。

在大陆法系国家，法庭在对律师的惩戒或者监督中，同样扮演着重要的角色。[4] 针对扰乱法庭秩序的行为，律师可能会面临各种形式的处罚，如在德国，法院可以将律师驱逐出庭或者科处一定期限

---

[1] FREEDMAN W：Frivolous Lawsuits and Frivolous Defenses：Unjustifiable Litigation，New York：Greenwood Press，1977，p. 135.

[2] 《世界各国刑事诉讼法》编辑委员会编译：《世界各国刑事诉讼法》（美洲卷），中国检察出版社 2016 年版，第 643 页。

[3] 参见吴晨《从法官判词看对律师言论的规制》，《中国律师》2017 年第 10 期。

[4] 参见马宏俊《〈律师法〉修改中的重大理论问题》，法律出版社 2006 年版，第 114 页。

的拘留①，此外，暂停执业及开除也是可能的惩戒方式。② 而对于藐视法庭的行为，法庭除了科处罚款或拘留，还可以保留刑事追诉的权利。此外，《德国刑事诉讼法》也规定了辩护人禁止与撤销制度③，即在特定的情形下，法庭可以撤销律师作为辩护人的资格。虽然律师违反法庭规则并不在这些特定的情形中，但法庭实施撤销律师辩护人资格这一具有相同结果的行为在实践中已然存在。

3. 中国辩护实践的需要

在一个理想运行的法治社会中，作为化解社会纠纷的最后一道防线，司法必须具有权威性。为了维护这一权威，对于任何侵犯司法尊严和法庭权威的行为，法庭都应当进行自我防卫。因此，法庭应当有权对包括律师在内的一切人员的违反法庭秩序的行为行使当庭惩戒权。对此可以从两方面加以解读。一方面，当庭惩戒权是法庭警察权的体现，是裁判权的附属权限，也是裁判权行使的前提和保障④；另一方面，作为诉诸司法裁判的参与者，辩护律师有遵守法庭规则、服从法官指挥的义务。而对于严重违反法庭秩序的人员，基于法庭指挥权的延伸，法庭也应当有权将其"请"出法庭，甚至拒绝其参与。当然，实践中出现律师扰乱法庭秩序的行为，并非律师一方的原因，正如有观点认为，"律师不像律师，首先是因为法官不像法官"。诚然，承认法庭剥夺律师辩护人资格的正当性，一些律师可能会提出一定的忧虑，如这一权力是否会成为法官更有效控制甚至摆布律师的武器；面对法庭的杀手锏，辩护律师是否只剩配合，而无监督。这些忧虑不无道理，但从辩审关系长远发

---

① 参见宗玉琨《德国刑事诉讼法典》，知识产权出版社 2013 年版，第 208—211 页。

② 参见程滔《辩护律师的诉讼权利研究》，博士学位论文，中国政法大学，2005 年，第 214 页。

③ 《世界各国刑事诉讼法》编辑委员会编译：《世界各国刑事诉讼法》（欧洲卷），中国检察出版社 2016 年版，第 282—283 页。

④ 参见田口守一《刑事诉讼法》，张凌、于秀峰译，中国政法大学出版社 2010 年版，第 171 页。

展的角度来看，肯定法官剥夺律师辩护人资格的正当性，仍是必要的。

首先，囿于律师职业伦理发展的滞后，近年来我国律师不当执业行为频发，有必要赋予法庭剥夺律师辩护人资格的权利，对不当执业行为予以严惩，从而规范律师的执业活动。其次，基于司法体制等多方面的原因，我国法院的权威性一直有待提升，但作为司法程序中被设定的裁判者，在追求法治的现代社会中，无论在任何时候，法院的权威都应当并值得被维护，在我国尤其如此。最后，辩审关系的健康发展依靠的是双方的正向约束，不能因为法庭自身存在不足，就对其应有的权力加以克减，或者作为一种"交换"，对辩护律师的不当行为有更多的"容忍"，这将使得双方都处于一种"亚规范"的行为状态中。正确的处理方式应当是，赋予并充分保障法庭和辩护律师应有的权力与权利，与此同时，也要求法庭和辩护律师履行各自应有的义务，从而正向地规范、约束并保障双方的行为，推动两者之间关系的健康发展。

4. 对相反观点的回应

概言之，反对者的核心观点有二：一是法庭责令律师退出，侵犯了被告人自行委托律师的自由；二是法庭无权介入被告人与律师的私法关系中。

对于第一种观点，笔者认为，被告人自行选择律师的自由并非绝对，其前提在于，被选择的律师本身应当具备执业资格或条件。这里既包括明示的条件，如具有执业证书，也包括默认的条件，如具备参与诉讼的能力、能在法秩序的框架下维护当事人的利益。对于那些不遵守法庭规则，甚至对扰乱法庭秩序的律师而言，其在一定程度上并不符合默认的条件，维护被告人利益的能力也会受到挑战。其实，律师违反法庭秩序，既违反了作为法律执业者的法定义务，也因此给审判人员留下了不好印象，无益于被告人合法权益的维护。① 在非常态的情况下，律师或许可以通过违反法庭规则的方式获得法官的"重视"，实现自己的诉求，但这终究不是长久之计。现代法庭审判是理性的说服与被说服的活动，有效辩护也建立在尽可能地使法官接受己方意见的基础上。所以，在正常的环境下，律师应当尊重甚至取悦法官。如果律师因违反法庭纪律，遭到法庭的斥责、警告，甚至被带出法庭，或者更严重地被处以罚款或者司法拘留，那么，受到法官"厌恶"，甚至人身自由也被限制的律师又如何向法官表达意见，维护当事人的权益？所以，在这种情况下，律师维护被告人合法权益的能力本身就受到了质疑。基于此，可以得出以下观点：一是被告人自行委托律师应以律师本身满足特定要求为前提；二是被告人委托难以维护其合法权利的律师，与其行使辩护权的初衷不相符。

对于第二种观点，笔者认为，尽管被告人与律师之间以合同关系为基础，但如果合同一方以违反法律的方式履行合同，合同本身也难以成为该关系得以维系的理由。此外，尽管法官无权介入被告人与律师之间的私法关系，但是律师需要履行合同的重要内容，即获得辩护人的资格、参与法庭审理，应得到法官的审查和认可。如果律师不适宜或者不具备辩护人的资格，如其作为辩护人可能导致庭审存在合法性危机，法庭有权提醒律师，要求其退出辩护。最典型的例子是律师违反利益冲突规则，法庭提示律师不得同时为多名被告人辩护。② 如 2019 年 12 月引发全球关注的华为首席律师科尔被美国法庭取消辩护资格，就是因为律师涉及利益冲突。③ 再如，德国

---

① 参见最高人民法院研究室《新刑事诉讼法及司法解释适用解答》，人民法院出版社 2013 年版，第 259 页。

② 广西壮族自治区河池市中级人民法院刑事附带民事裁定书（2016）桂 12 刑终 158 号。

③ 参见谷智轩《果然，华为首席律师被美国取消辩护资格》，2019 年 12 月 4 日，https：//baijiahao. baidu. com/s？id＝1651990455133667048&wfr＝spider&for＝pc，2021 年 9 月 18 日。

刑事诉讼中也存在律师因违反规则代理案件而被撤销辩护人资格的规定。以上都说明法庭有权对律师作为辩护人的资格进行审查。由此可见，如果律师的言行使得法庭认为其确实不宜参与庭审，那么法庭即使不能介入两者之间的关系，也可以基于审查权，否认其参与的资格，将其排除于法庭之外。

（三）对责令律师退出辩护的控制

为维持法庭秩序、维护司法权威，律师被法庭剥夺辩护人的资格，在目的和动机上是成立的。但影响行为正当性的更为关键的要素是如何具体实施这一行为，包括时机、条件和限度。因此，尽管从整体上肯定了法庭剥夺律师辩护人资格的正当性，但仍要对此施以多重控制，以避免法庭滥用权力，并将对被告人及律师辩护权的影响限制在最小范围。

1. 被追诉人个人意愿的优先性

选择特定的辩护律师是被告人行使辩护权的应有之义，对责令律师退出辩护的正当性质疑也多来源于此。基于比例原则中最小侵害的标准，在责令律师退出辩护时，应当充分尊重被追诉人的个人意愿，主要包括两方面内容。

一方面，在责令律师退出辩护之前，法庭应当听取被告人的意见。如果被告人仍然希望由该律师担任辩护人，且该律师也承诺保证遵守法庭纪律、服从法庭指挥，那么法庭最好给予律师再次参与的机会。当然，被告人希望律师继续参与是前提，律师具结保证是条件，二者缺一不可。

另一方面，在剥夺律师辩护人资格之后，法庭应当尊重被告人重新委托律师的意愿。根据《法律援助法》第二十七条，人民法院等单位通知法律援助机构指派律师担任辩护人时，不得限制或者损害被告人委托辩护人的权利。这也意味着，法庭不能在剥夺律师辩护人资格之后，立即通知法律援助机构指派律师，而是应当及时休庭，为被告人及其近亲属另行委托律师预留充分时间。只有在被告人明确放弃自行委托辩护的情况下，法庭才可通知法律援助中心为其指派律师。近年来，有关委托辩护与指定辩护的争议时有发生。如"杭州保姆纵火案"中，看守所拒绝律师党某会见被告人，声称其已接受法律援助律师，而律师党某则指出莫某及其近亲属只接受本人辩护。① 再如"劳荣枝案"中，被告人近亲属对指定辩护律师提出诸多质疑，认为法庭阻碍了近亲属委托律师的参与。② 诸如此类的争议在一些敏感、备受关注的案件中时有发生。为了避免社会质疑，体现被告人委托辩护权的优先性，法庭应当更加尊重被告人的意愿，并提供相应的保障措施。如应当为被告人与近亲属就委托律师等事项的交流创造条件，必要时可要求被告人及其近亲属就放弃委托、接受指定辩护的意愿出具书面声明。

2. 责令律师退出事由的有限性

责令律师退出辩护应当仅限于实现维持法庭秩序、维护法庭尊严的目的。如果辩护律师仅是不听从法庭指挥或命令，并没有使法庭秩序遭受损害，则不宜剥夺其资格，即"审判长不可籍法庭警察权之行使，以迫使诉讼关系人服从其诉讼指挥，否则其所收之效果每每适得其反"③。基于此，责令律师退出辩护的事项只能局限于"客观上使得法庭存在难以正常进行的风险"。具体而言，是指辩护律师严重扰乱法庭秩序，可能被司法行政机关给予处罚，且律师本人并无更改的意思，允许其参与庭审，可能会继续阻碍庭审的进行。例如，辩护律师因扰乱法庭秩序，被强行带出法庭或被责令退出法庭，拒不签署保证书，存在继续扰乱法庭秩序或者不按时出庭的风险。此时，不必等律师再次实施扰乱法庭秩序的行为才对其处罚，

① 参见《保姆声明只认党琳山律师 看守所已拒绝党辩护人身份》，2017 年 12 月 22 日，http：//news. youth. cn/sh/201712/t20171222_ 11188416. htm，2021 年 9 月 25 日。

② 参见《劳荣枝家属指责法援律师不称职：不与家属沟通，不为妹妹争取权利》，2020 年 12 月 25 日，https：//www. cqcb. com/headline/2020 － 12 － 25/3478952_ pc. html，2021 年 9 月 25 日。

③ 蔡墩铭：《刑事审判程序》，（台北）五南图书出版公司 1992 年版，第 54 页。

为避免法庭审判再遭影响，应当允许法官向司法行政机关通报后，剥夺律师的辩护人资格。

那么，如何判断存在"客观上的风险"？笔者认为应当结合律师的具体表现加以判断，如《刑事诉讼法司法解释》第三百一十条规定的"律师具结保证书"即是重要表现之一。倘若律师在扰乱法庭秩序之后，拒不具结保证书；或在具结保证书之后，在庭外或庭上仍有不当执业行为，如在网络等社交媒体上不当发布案件信息、严重扰乱法庭秩序等，就可以认为律师存在客观上使得法庭难以正常进行的风险。此外，出于对法庭权力限制的考虑，目前法庭剥夺律师辩护人资格的情形，应仅局限于《刑事诉讼法司法解释》第三百一十条规定的范围。

当然，实践中，律师如果严重违反法庭纪律或规则，可能会被司法行政机关处以一段时间的停止执业、吊销执业证书，或者被法院处以司法拘留。在这种情况下，律师要么不具有正常执业的资格身份，要么不具备参与庭审的人身自由。此时，法庭虽没有直接剥夺律师的辩护人资格，但也在客观上使其无法继续担任辩护人。受审判时效的限制，法庭也无法一直等待其重获"资格"。在这种情况下，被告人可以选择与律师解除合同，重新委托律师，或者申请法律援助律师；如果其不愿意，对于符合指定辩护条件的，法庭应当通知法律援助中心指派律师；对于不符合条件的，庭审也可在被告人自行辩护的情形下进行。

3. 责令律师退出主体的法定化

与警告制止、责令退出法庭、罚款与拘留等手段一样，责令律师退出辩护也是法庭通过行使法庭警察权来维护法庭秩序的方式。关于责令律师退出辩护的决定主体，现在并没有相关规定。从实践案例来看，这一主体也并不明晰，在法院通告或新闻报道中，合议庭或法院常被作为决定主体。如在 2020 年"王永明案"中，合议庭宣布取消两位李姓律师的辩护资格。① 又如在 2014 年"周建华案"中，律师周某和李某被法院取消辩护资格。②

作出决定的主体应当与对当事人施加不利影响的程度相匹配。对当事人的惩戒越严重，作出决定的主体就应当越权威、相关程序也就应当越正式。与此同时，为了维护司法的权威，对于扰乱法庭秩序的行为，还需及时处理，因此在设置决定主体时，应当考虑作出决定的及时性和可行性。具体说来，从对当事人施加不利影响的严重程度来看，与"驱逐律师"相比，剥夺律师的辩护人资格显然更为严重；与罚款和拘留相比，二者并不容易作出判断。③ 综合上述因素，笔者认为，剥夺律师的辩护人资格应当属于审判程序中较为重大的事项，为了避免审判长受情绪影响，滥用审判指挥权，有必要将这一权力交由合议庭，由合议庭经评议后作出决定。此外，为避免这一事件发展为公共事件，慎重起见，与作出"处以罚款和拘留"④ 的决定相同，合议庭在作出决定后，还应向院长说明情况。

4. 责令律师退出程序的规范化

在实践中，法庭责令律师退出辩护的程序一般不为人知，向律师告知决定的形式也十分随意。有的以"处理意见"的方式呈现，有的是律师申请会见当事人被拒后由看守所告知，还有的则是再次开庭时律师不被允许进入法庭。法庭作出决定过程的封闭、告知结果的随意和释法说理的缺失，使得律师普遍认为权利受到侵犯，也

---

① 参见九州瞭望《王永明涉黑案在包头开庭，十多名知名律师参与辩护》，2020 年 7 月 7 日，http：//k. sina. com. cn/article＿5593518540＿14d6651cc00100sff9. html，2021 年 9 月 26 日。

② 参见张玉学《"辩审冲突"解决之道》，2014 年 9 月 4 日，http：//www. longa-nlaw. com/legals/6247. html/，2021 年 9 月 26 日。

③ 有的律师可能比较看重作为辩护人的办案资格，即使被罚款或被拘留也在所不惜；有的律师则可能不愿意遭受经济利益的损失或者人身自由的限制。

④ 根据《刑事诉讼法》第一百九十九条，有关人员危害法庭安全或者扰乱法庭秩序的，审判长应当警告制止或者进行训诫；训诫无效的，责令退出法庭或者指令法警强行带出法庭；情节严重的，经院长批准，可处以罚款和拘留。

引发了社会对法庭决定的质疑。根据比例原则，应当"通过程序控制的调节来形成与不同性质、强度刑事诉讼措施的适应关系。比如，对轻缓措施采用较宽松的控制程序，以求适用上的便利、及时和效率；对严厉措施采用较严格的控制程序，以避免不当与过度使用，控制损害范围"[1]。

　　基于此，作为一种较为严厉的权利限制措施，责令律师退出辩护也应当受到严格的程序控制。如在具有相同法律后果的德国辩护人回避制度中，法官在作出让律师回避的决定时，要遵循严格的审查程序：采用言词化的审理方式，通过依法传唤、开庭审理，以裁决的方式对辩护人是否回避作出决定，并赋予辩护人对裁决上诉的权利。[2] 尽管德国的辩护人回避与我国法庭剥夺律师辩护人资格的适用事由完全不同，但德国法庭在程序设计上的严格性和完备性可以给我国带来相当的启发。诉讼化固然是一种最正式与最权威的纠纷解决方式，但从短期看来，我国通过这一方式解决程序性争议似乎不太现实。程序性争议诉讼目前在我国尚处于起步阶段，诸如非法证据排除等重大程序争议事项尚无法完全通过诉讼化的方式加以解决，更遑论剥夺律师的辩护人资格。况且，实践中法庭多将这一行为纳入法庭警察权的范畴，多以行政化的方式和程序作出。但是基于必要的过程控制，法庭应当进一步完善法庭剥夺律师辩护人资格的程序，包括决定的作出与宣告，使其更加规范、正式，更具有公开性和权威性。例如，在条件允许的情况下，法院应当对庭审过程全程录音录像；对于律师违反法庭规则、合议庭作出决定的评议过程记录在案。另外，合议庭对律师剥夺资格的决定也应当以书面的方式作出，同时应载明具体理由、法律根据及救济方式，并及时向律师送达。

---

① 参见秦策《刑事程序比例构造方法论探析》，《法学研究》2016 年第 5 期。

② 参见《世界各国刑事诉讼法》编辑委员会编译《世界各国刑事诉讼法》（欧洲卷），中国检察出版社 2016 年版，第 282—283 页。

第 九 章

忠诚义务的保障机制

一　忠诚义务的制度保障体系

　　明确辩护律师忠诚义务的目的在于调整、约束与指引辩护律师的执业活动。诸如规避利益冲突、保守职业秘密、辩护观点协调以及审慎退出辩护等规则，都需要辩护律师在执业的过程中予以遵守。表面上看，忠诚义务的实现主要取决于律师个人，事实上，忠诚义务的履行程度与方式受到诸多因素的限制。

　　其一，辩护律师的个人素质与办案条件是影响忠诚义务实现的最为重要的因素。例如，适当提高辩护律师行业的准入门槛，将那些未接受系统法学教育和职业伦理训练的律师排除在刑事辩护之外，保证辩护律师个人具有基本的执业素质，这无疑有助于忠诚义务的实现。又如，律师收费制度也是影响律师履行义务的重要因素，相比于一揽子的收费，按阶段收费显然更有利于刺激律师认真履行义务、获得客户的认可。再如，辩护律师在一定时间内代理案件的数量也直接决定了律师在单个案件中的投入，会影响律师对特定当事人忠诚义务的履行。

　　其二，外部执业环境也制约着律师忠诚义务的实现。这里的外部环境主要包括两方面。一方面是指辩护律师具有较为宽松的执业环境，为履行忠诚义务所开展的各项活动较少受到限制，或者存在较小的风险。例如，如果律师为维护委托人的利益而采取的对抗性辩护措施轻易地被视为违规或违法，律师不仅无法维护当事人的利益，还会因帮助当事人而自陷风险之中。另一方面是指辩护律师开展的辩护活动应得到充分的尊重。辩护律师履行忠诚义务、开展高质量辩护活动的目的在于使辩护权对裁判权产生有效的影响。[①] 如果辩护律师的各项活动无法被裁判者所接受或者被有意地忽视，那么律师即使认真地履行了忠诚义务，也无法实现有效维护当事人利益的目标。

基于此，围绕上述可能影响辩护律师忠诚义务实现的内外部因素，有必要建立相应的保障机制。这一保障机制包括两个层面。第一个层面是积极的保障机制，是指通过各种方式改善、优化影响律师执业的各种因素，从正面激励律师积极履行忠诚义务；第二个层面是消极的保障机制，是指降低或减少律师在履行义务的过程中可能出现的障碍、风险，尽量避免出现律师严重背离、违反忠诚义务的行为。积极的保障机制应当是一种开放的状态，是刑事辩护及相关制度持续发展所要实现的目标。而消极的保障机制则是一种底线，是有序的刑事司法制度下的"必需品"。鉴于积极的保障机制所涉范围较广，不一而足，本章主要就消极的保障机制展开讨论，其中，律师执业风险的防控、辩护权的救济以及违反忠诚义务的惩戒是目前实践中最为关注的问题，本章拟对这三个问题展开专门研究。

二　律师执业风险的防控机制

长期以来，刑事辩护在律师法律服务中被视为低端业务，难以

---

① 从"自然意义上的辩护"转变为"法律意义上的辩护"。参见陈瑞华《刑事辩护的几个理论问题》，《当代法学》2012 年第 1 期。

吸引优秀的律师参与其中，甚至有律师提出"不敢替'刑事犯罪嫌疑人'辩护的中国辩护律师"①。究其原因，除了收入不高、办案压力大，刑事辩护业务中存在的较高执业风险是一大因素，且这一因素已经成为制约律师履行忠诚义务、有效开展辩护活动的最大掣肘。

（一）刑事执业风险阻碍忠诚义务实现

所谓"刑事执业风险"，是指律师在从事刑事法律服务的过程中，为维护当事人的利益、尊重当事人的意志，而违反《律师法》《刑事诉讼法》或《刑法》，从而受到行政乃至刑事处罚的风险。忠诚义务是辩护律师的首要职业伦理，也应当是辩护律师在开展辩护活动中努力追求的目标。因此，辩护律师在法律的框架内履行忠诚义务，既应被法律所要求、鼓励，也应被保护。但是一直以来，我国辩护律师在实践中普遍面临着较大的执业风险，这使得刑事律师，尤其是辩护律师成为法律上的"高危"职业。这一"高危"表现在两方面，一是职业行为本身存在诸多不合理的禁忌；二是对于不当执业行为的刑事处罚门槛低，惩罚后果严重。

关于律师执业的基本权利与行为边界，我国《刑事诉讼法》《律师法》《律师办理刑事案件规范》等规范性文件中都确立了若干的规则。但是在司法实践中，侦查机关及司法机关在适用这些规则时，通常倾向于作对律师不利的解释：或缩小辩护权行使的范围与限度，或任意扩大处罚的范围、加重处罚的力度，这常常导致辩护律师的执业权利受到不应有的限制，或者辩护律师因执业行为而受到不应有的或加重的处罚。例如，根据《刑事诉讼法》规定的核实证据权，律师理论上有权向被告人核实各种证据，包括实物证据和

---

① 参见胡喜盈、端木正阳《不敢替"刑事犯罪嫌疑人"辩护的中国辩护律师》，《中国律师》2002 年第 7 期。

言词证据。但实践中有关机关普遍认为律师只能核实实物证据。如果律师将证人证言、被害人陈述或者同案被告人口供告知被告人，随后被告人又翻供的，律师就面临着被追究作伪证或者泄露案件信息的风险。

关于律师违法违规的惩罚方式，《律师法》《律师协会会员违规行为处分规则》针对律师不当执业行为设置行政处罚、行业处分的同时，《刑法》对于情节较为严重的行为设置了刑罚，如《刑法》第三百零六条规定的辩护人、诉讼代理人毁灭证据、伪造证据、妨害作证罪；第三百零八条之一规定的泄露不应公开的案件信息罪，披露、报道不应公开的案件信息罪；第三百零九条规定的扰乱法庭秩序罪等。在司法实践中，这些由轻到重的惩戒方式并没有得到有针对性的且按比例的适用，特别是刑罚处罚过于随意，没有体现作为"最后手段"的作用。律师稍有不慎，就有可能被刑事立案。虽然在针对律师的刑事追诉中，错抓误诉的概率很高[1]，相当部分律师最终并未被定罪判刑，但刑事追诉给律师个人及其正常执业所带来的负面影响是不可忽视的，这给律师执业的稳定性和安定性都蒙上了一层"阴影"。

律师执业行为及相关权利被不当限制、律师因不当执业而承担更大的责任并面临更严重的后果，[2] 这些因素共同导致了律师在开展辩护活动的过程中，可能不敢充分行使带有对抗性的权利，不敢为维护当事人的权益而据理力争，那么旨在最大限度地维护当事人权益的积极忠诚义务就难以实现，有效辩护也将成为难以企及的目标。因此，律师执业风险防控应当是实现忠诚义务最基本的保障。目前被《刑法》纳入规制的律师执业行为主要包括三种：

---

① 根据不完全统计，截至 2010 年，已有 109 名律师因此罪被追诉，其中 32 人最终被判有罪。参见毛立新《追究律师伪证罪应遵循正当程序》《中国律师》2011 年第7 期。

② 韩旭：《〈刑法修正案（九）〉实施后如何善待律师权利——兼论泄露案件信息罪和扰乱法庭秩序罪的理解与适用》，《法治研究》2015 年第 6 期。

伪证、扰乱法庭秩序、泄露案件信息。这三种行为也是目前实践中争议最大、最常见的风险。接下来笔者将对这三种执业风险的防控依次加以分析。

（二）对律师"伪证"刑事责任的限制

《刑法》第三百零六条"辩护人、诉讼代理人毁灭证据、伪造证据、妨害作证罪"是专门针对辩护人、诉讼代理人设置的一款罪名，其也被称为"悬在律师头上的一把达摩克利斯之剑"。在这一罪名中，"威胁、引诱证人违背事实改变证言或者作伪证的"的理解与适用在实践中具有较大的争议。由于"威胁""引诱"本身较为抽象，对其并无明确的解释，部分办案机关对这一条款的适用非常随意。例如，有学者发现，在司法实践中，对于"引诱"的界定已经形成了一个颇为固定的公式——只要证人改变证言，无论该证言在真实性上有何变化，侦查机关或检察机关便威胁证人要追究其责任；证人为"自保"，便指认律师唆使、引诱，随即有关机关放掉证人、抓律师，追究律师涉嫌妨害作证的责任。① 因律师介入导致证人改变证言，就将律师的行为视为有"引诱"之嫌，这显然是对"引诱"的滥用。② 更为严重的是，律师一旦被认为存在引诱的可能，有关机关就对其展开刑事追诉，动用最严厉的刑罚处罚。这一做法无疑使律师核实证据的行为具有极大的法律风险，使其不敢也不能充分行使核实证据的权利。笔者认为，限制律师"伪证"刑事责任的核心在于，从实体法上对《刑法》第三百零六条的构成要件及刑罚后果予以明确，避免存在随意解释与适用的空间。具体而言，律师承担"伪证"刑事责任应当符合两个基本要素，即行为要素与结果要素。其中，行为要素是指律师具体实施了"威胁""引诱"的行为，且这些行为应当有具体的判断标准。如"威胁"通常是指以可能的暴

---

① 张玉镶、门金玲：《刑法第 306 条的理性解读》，《河北法学》2007 年第 2 期。
② 参见汪海燕《律师伪证刑事责任问题研究》，《中国法学》2011 年第 6 期。

力、名誉损害对证人带来不利后果为要挟；"引诱"则是以金钱、物质或其他利益诱使证人，正常的语言诱导或询问证人的技巧不应属于引诱。结果要素则是指在律师作出威胁、引诱的行为后，"证人违背事实改变证言或者作伪证"。这里包括两种情况：一是证人违背事实，从真实证言改为虚假证言，而且这里的"事实"并不是侦查机关自认为的"事实"，也不是证人原先在侦查机关询问下描述的"事实"，而应以法庭裁判认定的事实作为法律意义上的真实。二是直接作出虚假证言。倘若证人从虚假证言改为真实证言，就不符合"违背事实"的要件①，哪怕律师使用了威胁、引诱的手段，也不能追究律师的刑事责任。如果律师的行为存在违反《律师办理刑事案件规范》等文件中有关询问证人方式的规定，那么可以视情况对其进行行业惩戒。另外，无论是行为要素还是结果要素，都应当有相应证据予以证明，不能被推定成立，且能被证明到排除合理怀疑的程度。

（三）对律师扰乱法庭秩序行为的界定

近年来，辩审冲突是律师执业实践中被普遍关注的问题。这一冲突发生的原因通常是法庭在实体或程序适用上存在瑕疵，辩护律师缺乏有效的纠正和救济途径，于是通过一些非理性、非常规的方式表达不满、争取权利。对于这种方式的社会评价褒贬不一，有人认为这是律师尽职尽责的表现，也有人将其视为扰乱法庭秩序、破坏司法权威的"死磕"与"闹庭"。到目前为止，已有一些律师因所谓的"闹庭"而被处罚，最典型的是湖南律师杨某因扰乱法庭秩序被吊销律师证②，"杭州保姆纵火案"中律师党某因退庭被停止执

---

① 当然实践中还可能存在一种情形，就是证人本身作出的就是虚假证言，在律师的影响下证人改变证言后，作出的仍是虚假证言。对于这种情况，如果律师的行为符合"行为要素"，笔者认为也是应当构成的。

② 参见湖南省司法厅行政处罚决定书（湘司罚决〔2018〕8 号）。

业六个月①。随着扰乱法庭秩序罪的设立，未来律师还有可能以该罪名而被追究刑事责任。那么，应当如何明确正当行使辩护权与扰乱法庭秩序的区别？

根据《律师法》第三十七条，"律师在执业活动中的人身权利不受侵犯。律师在法庭上发表的代理、辩护意见不受法律追究"。这被视为律师执业豁免权在我国的体现，这一权利在其他法治国家也普遍存在。根据这一权利，原则上律师在法庭上为维护当事人利益而发表的辩护意见都应受到保护，律师不得因此而受惩罚，从而鼓励并确保律师能够最大限度地发挥辩护职能、履行忠诚义务。但是这一权利也有限制，即"律师发表危害国家安全、恶意诽谤他人、严重扰乱法庭秩序的言论除外"。这一限制主要包括两方面：一是具有侵权性的言论，如律师在法庭上发表的言论涉及损害司法权威、国家利益，侵犯诉讼参与人的人格权，这种言行即使是为了促使当事人利益的实现，也超出了法律的边界，是一种以行使辩护权为外表但实则侵犯他人或法庭利益的不当行为。如辱骂、侮辱、诽谤他人；不听从法官指挥，扰乱法庭秩序；发表有损司法权威的言论。二是可能扰乱法庭秩序的行为，这是指律师在法庭上实施可能扰乱法庭审理正常进行的行为，如律师通过微博等手段直播庭审，随意走动、随意退庭，或者以暴力冲击法庭，殴打他人，毁坏法庭设备、证据等。除了庭上行为，还包括在法庭外通过网络炒作、行为艺术等方式影响法庭裁判的作出。

对于律师正常行使辩护权的行为，法庭应当尊重并予以保护。法庭不能因为律师据理力争，或者发表带有对抗性、质疑性或者挑战性的言论而对其进行处罚。当然，如果律师言行已经超出边界，造成了扰乱法庭秩序、损害司法权威的后果，那么相应的处罚也就是必要的。对此，不同性质的规范性文件中都有规定。例如，《刑事

---

① 李东：《被告代理律师党琳山被停止执业半年》，《牡丹晚报》2018 年 2 月 5 日第 A13 版。

诉讼法司法解释》第三百零七条规定，"有关人员危害法庭安全或者扰乱法庭秩序的，根据情节严重，审判长可分别采取警告、训诫、强行带出法庭以及罚款、拘留等司法措施"；《律师法》第四十九条规定，针对不同的行为表现、程度与情节，律师可被处以停止执业六个月以上一年以下、吊销律师执业证书等行政处罚；《刑法》第三百零九条规定，实施特定扰乱法庭秩序行为，情节严重的，构成扰乱法庭秩序罪，处三年以下有期徒刑、拘役、管制或者罚金。

为了避免打击律师执业的积极性，使其在执业中"缩手缩脚"，笔者认为在对律师进行处罚时应当保持克制，各种处罚手段的适用应当遵循比例原则，注重司法强制措施、行政处罚与刑事处罚之间的衔接与替代。在使用较轻的惩罚措施能够达到制止与惩戒效果的情况下，尽量不要选择更重的处罚甚至是刑事处罚。尤其是应当对刑罚的适用予以最为严格的限制[1]，避免造成对律师职业的歧视与打压。另外，针对那些严重扰乱法庭秩序的行为，可以优先采取对律师资格予以剥夺或者限制的方式，将刑罚处罚作为最后手段。

（四）对律师泄露案件信息风险的防控

在刑事诉讼中，辩护律师通过行使阅卷权接触案件的相关材料。如何保管并处理这些材料是律师执业过程中所要面临的问题。对此，我国相关规范性文件已经作出相应规定。[2] 例如，《律师办理刑事案

---

① 对此刑法学界在实体法上多有讨论，例如有学者提出，可以从严格解释构成要件与要素、规范行为类型、明确犯罪既遂形态、恪守刑法谦抑性等角度限制对律师的刑事处罚。参见王利宾《论扰乱法庭秩序罪的立法完善——以法律经济学为分析视角》，《中国人民公安大学学报》（社会科学报）2017 年第 1 期；叶良芳《扰乱法庭秩序罪的立法扩张与司法应对——以〈中华人民共和国刑法修正案（九）〉第 37 条为评析对象》，《理论探索》2015 年第 6 期。

② 《律师职业道德和执业纪律规范》第二十三条、《律师办理刑事案件规范》第三十七条、《关于依法保障律师执业权利的规定》第十四条等都有规定。具体规定的梳理，可参见韩旭《〈刑法修正案（九）〉实施后如何善待律师权利——兼论泄露案件信息罪和扰乱法庭秩序罪的理解与适用》，《法治研究》2015 年第 6 期。

件规范》第三十七条对律师获取案卷材料的用途作出了明确的规定，严禁律师对外披露相关的重要信息。① 此外，针对近年来发生的律师严重违反规定公布案件信息、泄露当事人隐私的问题②，《刑法修正案九》将"泄露不应公开的案件信息"入刑。这一行为在对律师严重泄露信息的行为进行威慑的同时，也使得律师在防范执业风险上面临新的课题。这一执业风险主要包括两方面。

其一，律师向被追诉人核实证据的风险防控。根据《刑事诉讼法》第三十九条，辩护律师"自案件移送审查起诉之日起，可以向犯罪嫌疑人、被告人核实有关证据"。但是关于"有关证据"的范围，学界和实务界存在较大争议。其中学界大致存在以下五种观点：一是"被告人的阅卷权论"③；二是"不一致证据核实论"④；三是"存疑证据核实论"⑤；四是"附限制证据核实论"⑥；五是"分阶段核实证据论"⑦。实务界人士普遍认为应将言词证据排除在可以核实的范围之外，例如有观点认为，"只能核实物证、书证等客观性证据，但不能核实除犯罪嫌疑人、被告人供述或辩解以外的言词证据"⑧，原

① 《律师办理刑事案件规范》第三十七条："律师参与刑事诉讼获取的案卷材料，不得向犯罪嫌疑人、被告人的亲友以及其他单位和个人提供，不得擅自向媒体或社会公众披露……律师不得违反规定，披露、散布案件重要信息和案卷材料，或者将其用于本案辩护、代理以外的其他用途。"

② 例如，在"李某某强奸案"中，辩护律师将案卷材料在网络上披露，公布被害人的隐私材料。

③ 参见陈瑞华《论被告人的阅卷权》，《当代法学》2013年第3期。

④ 参见顾永忠《律师"会见难"、"阅卷难"基本解决》，《检察日报》2012年3月26日。

⑤ 参见顾永忠《以审判为中心背景下的刑事辩护突出问题研究》，《中国法学》2016年第2期。

⑥ 参见龙宗智《辩护律师有权向当事人核实人证》，《法学》2015年第5期。

⑦ 参见韩旭《辩护律师核实证据问题研究》，《法学家》2016年第2期。

⑧ 孙谦：《关于修改后刑事诉讼法执行情况的若干思考》，《国家检察官学院学报》2015年第3期。也有与其类似的观点，即"可以将有罪的实物证据告知犯罪嫌疑人、被告人，但不能告知言词证据和无罪的实物证据"。参见朱孝清《刑事诉讼实施中的若干问题研究》，《中国法学》2014年第3期。

因在于，这可能导致被告人违背事实翻供、串供，影响被告人供述的真实性，或者导致被告人打击报复证人、被害人等其他影响司法公正的消极后果。① 在规范性文件尚未对核实证据的范围予以明晰的情形下，律师向被告人核实证据面临一定的执业风险，尤其是当律师向嫌疑人、被告人告知言词证据，而后嫌疑人、被告人翻供的，律师很可能被认为实施了"帮助串供"的行为。有学者认为，由于《刑法》第三百零六条没有将串供纳入律师伪证罪中，所以根据罪刑法定原则，即使律师实施了串供行为，也不得追究其刑事责任，只能给予行政处罚或行业处分。② 但也有实务界人士认为，"如果辩护律师把案内不同或相反证据告诉嫌疑人、被告人，那同样涉嫌泄露案件秘密、通风报信、帮助串供串证等违法犯罪"③。基于上述争议，为了尽可能地规避执业风险，律师在核实证据时应当注意方式方法，尽量避免对被告人供述的真实性产生影响。

其二，律师向被追诉人近亲属披露案件信息的风险防控。被追诉人的近亲属是否有权知悉案件信息，这也是一个备受争议的话题。有学者主张被追诉人近亲属享有知情权，律师原则上有权将证据材料披露给家属查看，但应采取必要的措施避免因不当披露而造成消极后果。④ 但到目前为止，相关规范文本仍规定律师不得向近亲属提供案卷材料，如《律师办理刑事案件规范》第三十七条规定，"律师参与刑事诉讼获取的案卷材料，不得向犯罪嫌疑人、被告人的亲友以及其他单位和个人提供，不得擅自向媒体或社会公众披露"。对于律师将案卷交由近亲属查看的行为，实践中也

① 朱孝清：《再论辩护律师向犯罪嫌疑人、被告人核实证据》，《中国法学》2018年第4期。

② 参见汪海燕《律师伪证刑事责任问题研究》，《中国法学》2011年第6期。

③ 朱孝清：《刑事诉讼实施中的若干问题研究》，《中国法学》2014年第3期。

④ 参见韩旭《刑事诉讼中被追诉人及其家属证据知悉权研究》，《现代法学》2009年第5期。

曾有办案机关以律师涉嫌泄露国家秘密罪而对其追责。① 尽管律师最终被宣告无罪,但这一行为的执业风险仍是不可忽视的。笔者认为,被追诉人的近亲属应当享有知情权,因此,其应当有权了解案件的相关信息。但是在现行的规范框架下,辩护律师仍然不被允许向被追诉人的亲友等有关人员提供。基于此,辩护律师应妥当处理好保管案卷材料与尊重被追诉人近亲属知情权之间的关系,即在向被追诉人亲友告知案件信息时,避免直接违背相关规范。即使律师将案卷材料交由近亲属查看,也不应直接对其动用刑事手段,而应在行政或行业惩戒层面予以处罚,避免刑事处罚的滥用。

三　侵犯律师辩护权的救济机制

辩护权是被告人抵御国家追诉的基本工具,辩护律师通过行使辩护权开展辩护活动也是维护被告人利益的最重要方式。可以说,律师对外行使辩护权的过程就是对当事人履行忠诚义务的过程,如果辩护权无法得到保障,那么律师就只能无意义地尊重被告人的意志,而无法对其诉讼利益发挥任何的促进作用。

近年来,出于对冤错案件、辩审冲突问题的反思,辩护权的保障问题在我国得到了前所未有的重视:《刑事诉讼法》及司法解释对辩护权的保障进一步加强②,最高司法机关也接连出台多个文件保障律师行使辩护权。③ 在肯定这些进步的同时,也应当看到当前律师

---

① "张某某故意泄露国家秘密案",参见(2012)平刑初字第 169 号刑事判决(2012 年 11 月 8 日);"于萍故意泄露国家秘密案",《最高人民法院公报》2004 年第 2 期。

② 顾永忠:《2018 年刑事诉讼法再修改对律师辩护的影响》,《中国法律评论》2019 年第 1 期。

③ 2015 年 9 月 16 日,最高法、最高检和公安部等单位联合印发了《关于依法保障律师执业权利的规定》;2018 年 4 月 21 日,最高法、司法部颁发了《关于依法保障律师诉讼权利和规范律师参与庭审活动的通知》;在最高人民检察院 2019 年两会的工作报告中,最高检检察长张军也首次将"尊重和保障律师执业权利"作为单独的工作内容予以阐述。

"辩护难"问题在我国仍然存在，并在很大程度上制约了律师履行忠诚义务。导致"辩护难"问题产生的因素很多，其中，缺乏有效、系统的救济机制是最为重要的原因。正所谓"无救济则无权利"，一项没有救济机制的权利难以实现。它不仅会造成公权与私权之间更多不应有的冲突，也会使得律师的辩护行为仅有履行忠诚义务之"形"，而无促进当事人利益之"实"。

（一）侵犯律师辩护权的实体法律后果

律师辩护权的救济机制应当包含两部分内容，一是法律后果，即侵犯律师辩护权应当存在怎样的法律后果；二是救济机制，即被侵权人应当通过何种途径获得救济。一般而言，辩护权属于程序性权利，根据程序性制裁的基本理论，侵犯程序性权利行为的法律后果是"宣告无效"，使其恢复到违法行为发生之前的状态。对侵犯辩护权行为的救济方式也首先遵循"宣告无效"的救济方式，即侵犯律师辩护权的行为从性质上是违法的，应当被宣告无效。但是在"宣告无效"之后，又应当如何？对此根据侵犯辩护权的行为是否涉及"取得证据"，可以将救济方式分为两类：第一类是对该行为进行纠正，重新实施相关行为；第二类则是适用非法证据排除规则。其中，第一类主要适用于那些不涉及证据取得的侵权行为；第二类则适用于涉及证据取得的侵权行为。

其一，对于不涉及证据取得的侵权行为，通常的救济方式是纠正，并要求重新实施相关行为，既包括重新实施某一具体行为，又包括重新进行某一程序（比如撤销原判、发回重审），我国实践中最常见的"阅卷难""会见难""申请调取证据难"就属于这种情形。侦查机关或公诉机关对律师阅卷权、会见权以及申请调取证据权的侵犯是对律师获得某种诉讼利益"资格"的剥夺，并不涉及取得证据。因此，针对这种侵权行为，对律师的救济方式就是在宣告该行为违法并无效的基础上，要求相关机关纠正，并重新实施相关行为，比如允许律师阅卷、会见，依照律师的申请调取证据。对于违法情节严重，并使程序的公正性无法挽回的行为，许多国家和地区还存在终止诉讼的程序性后果，由法院直接驳回起诉。

其二，对于涉及证据取得的侵权行为，可以适用非法证据排除规则。当然这种救济方式建立的基础在于，侵犯辩护权的取证方式会对证据的证据能力有直接的影响。例如，在美国，排除非法证据是侵犯辩护权最重要的程序性后果，因此对于侵犯辩护权的救济主张，其实就是证据排除的主张。① 由于我国目前尚未将侵犯辩护权的取证行为纳入非法证据排除规则的适用范围，所以通过非法证据排除来对律师进行救济似乎并不现实。但笔者认为，随着非法证据排除的范围不断扩大，未来排除非法证据也将会成为辩护权救济的一种方式。

（二）侵犯律师辩护权的程序救济机制

根据《刑事诉讼法》以及 2015 年 9 月最高法、最高检和公安部等印发的《关于依法保障律师执业权利的规定》（以下简称《保障执业权利规定》），当前在规范性文件层面，我国律师寻求辩护权救济的程序路径大致包括以下四种。

一是向办案机关或上一级机关投诉，即律师向办案机关公开设置的渠道投诉，由办案机关对该投诉及时调查，并根据调查结果及时纠正。② 二是向同级或者上一级人民检察院申诉、控告，人民检察院在受理后进行审查，并通知有关机关纠正。③ 三是向市级司法行政机关、律师协会申请维护权利，由其建议有关办案机关依法处理。④ 四是向上一级法院申请程序性制裁，由二审法院根据《刑事诉讼法》第二百三十八条，将侵犯辩护权的行为视为"剥夺或者限制当事人

---

① 参见王兆鹏《美国刑事诉讼法》，北京大学出版社 2014 年版，第 6 页。
② 参见《保障执业权利规定》第四十一、第四十三条；《刑事诉讼法》第一百一十七条。
③ 参见《保障执业权利规定》第四十二条；《刑事诉讼法》第四十九条。
④ 参见《保障执业权利规定》第四十四条。

的法定诉讼权利，可能影响公正审判"，进而裁定撤销原判，发回重审。上述四种方式构成了我国律师辩护权救济的多元化体系。但在实践运行中，这些方式都存在一定缺陷。

首先，向办案机关或上一级机关投诉，是一种行政化的救济方式，体现的是办案机关的自我监督与上级监督。其中，自我监督违反了"任何人不得做自己案件的法官"的基本法理，办案机关的自我审查不具有中立性，其是否纠正全靠自觉，不具有可期待性和稳定性。而上级监督依赖于上级单位对下级单位的监督与管理关系，这一方式虽然能够迅速、有效地纠正不当行为，但这种内部监督的公正性和有效性容易使人产生怀疑。

其次，向检察机关申诉或控告，来源于检察机关作为法律监督机关的地位。实践中律师通过检察机关申请救济的情形十分少见。可能的原因是，检察机关既是法律监督机关，又相当于刑事诉讼中的"原告"，在对手权利受到侵犯时，要求其挺身而出可能有相当的难度。即使检察机关对违法侵权行为予以认定，其"通知有关机关予以纠正"的救济方式也仅有建议性，效果难以保证。

再次，向市级司法行政机关、律师协会申请维护权利，这一方式在实践中的效果也有限。根据中华全国律师协会发布的数据，2017 年各律师协会中心共收到维权申请 502 件，成功解决 279 件，成功解决的数字在 2016 年、2015 年分别只有 84 件、54 件。① 在全国律协通报的维权成功的案例中，司法行政机关、律师协会帮助律师维权最常见的方式是"与办案机关沟通""协商"，这些都是较为软性的手段。② 如果办案机关拒绝，律师协会与司法机关通常没有其

---

① 程幽燕、刘耀堂：《2017 年，律师协会为律师成功维权 279 件——全国律协发布 2017 年度十大典型维权案例》，《中国律师》2018 年第 4 期。

② 参见全国律协《2020 年 5 月份律师协会维权典型案例及惩戒典型案例》，2020 年 8 月 7 日，http://www.acla.org.cn/article/page/detailById/30348，2021 年 9 月 27 日；全国律协《全国律协发布 2019 年 6 月份律师协会维权惩戒典型案例》，2019 年 9 月 2 日。https://www.sohu.com/a/338192377_120056656，2021 年 9 月 27 日。

他更多的解决方式。这一问题在 2017 年最高人民法院、最高人民检察院、公安部、司法部等单位联合出台的《关于建立健全维护律师执业权利快速联动处置机制的通知》中已有伏笔。针对律师执业权利保障中存在的问题，该通知虽然提出应建立各单位快速联动处置机制，但手段仅是"加强沟通协调"，对于办案机关没有实质性的约束。[①] 这也是司法行政机关与律师协会难以真正帮助律师维权的原因。

最后，向法院申请程序性制裁，是唯一具有诉讼化形态的救济机制。这种机制解决了审查主体不中立、审查程序单一的问题，但也存在一些难以克服的缺陷。例如，适用范围过窄，仅适用于严重限制当事人诉讼权利的行为；又如，程序性制裁在一定程度上依附于实体性裁判，辩护权被严重侵犯也并不必然导致撤销原判、发回重审，一般还需看对实体判决的影响。

对于上述四种救济方式，笔者认为，司法行政机关、律师协会的外部协调与程序性制裁是值得高度重视的方式。其中，司法行政机关、律师协会的外部协调最为柔性，但目前看来也最具操作性，因为这是一种来自外部的监督。这种方式要想发挥更大的作用，一方面有赖于多单位联动机制作用的最大发挥，另一方面则需要借助多级尤其是上级律师协会和司法行政机关的整体力量。程序性制裁作为一种诉讼化的救济方式最值得予以推广，但同时也面临最大的制度障碍。法院应当对侵犯辩护权的行为加强审查，同时也应将更多侵犯辩护权的行为纳入程序性裁判的范围。

（三）域外律师辩护权救济的两种模式

在我国律师辩护权的救济机制中，行政化和单向化的审查方式占据主导。与之不同的是，域外国家对辩护权的救济一般实行的

---

① 参见最高人民法院、最高人民检察院、公安部、国家安全部、司法部、中华全国律师协会《关于建立健全维护律师执业权利快速联动处置机制的通知》。

是司法审查的方式，即当辩护权受到侵犯时，由中立的裁判机构作为审查主体，以诉讼化的方式进行审查并作出裁决。辩护权受到侵犯后，以能否单独向法院申请救济作为划分标准，可将救济机制划分为两大模式，一是独立司法审查模式，二是依附实体审查模式。

1. 独立司法救济模式

所谓"独立司法救济模式"，是指当侵犯辩护权的行为发生时，辩护方以该可能的侵权行为作为独立的"诉"向法院申请救济，请求法院审查并予以制止。这种救济模式主要存在德国、法国等国家。独立司法救济模式的优点在于，有关是否存在侵权行为的诉可被法院独立审查，无须依附于实体审判程序，也无须考虑该侵权行为是否获取证据。一旦发生侵权行为，辩护方便可及时申请法院进行审查，救济的及时性和有效性能够得到保障。最为重要的是，在这种救济模式中，辩护方可获得双重救济机制——律师可以立即在庭前向法院申请救济，请求法院制止侵权行为；此外，在案件进入审判程序后，律师还可以继续申请法院排除通过侵权行为所获得的证据，或者宣告行为无效。① 审判阶段的救济是对庭前救济的一种补充与加强，目的在于使被告人获得更全面的救济。

2. 依附实体救济模式

所谓"依附实体救济模式"，是指辩护方不可直接向法院申请救济，必须等到案件进入审判程序后，才可以通过申请非法证据排除等方式，请求法院对该侵权行为进行审查与救济。适用这种救济模式的代表国家是美国，这与其当事人主义和令状主义的诉讼制度有着密不可分的关系。在令状主义的要求下，任何涉及对公民人身自由加以限制的行为都应由专门的法官予以审查，并有专门的救济渠道。另外，在高度对抗的当事人主义下，控辩平等这一理念实现的程度较高，侵犯律师辩护权的行为较少发生。最为重要的是，美国

---

① 林钰雄：《干预处分与刑事证据》，北京大学出版社 2010 年版，第 221 页。

的非法证据排除规则极为发达，"以违反被告律师权而取得的证据完全无效"①，这些证据都可以在法庭上通过申请非法证据排除而获得救济。如无律师在场，不得对被告取供、不得进行指证程序；未先行通知律师，不得对被告人进行可能影响其罪责的精神鉴定。如果违反上述规定，则所取得的被告人供述、指证结果以及鉴定意见皆不得作为证据使用。② 当然，与独立司法救济模式相比，依附实体的救济方式在救济时机、救济范围等方面存在明显的缺陷。

（四）律师辩护权救济机制的完善路径

比较法的经验显示，司法化的救济方式是最能体现正当程序的方式，这应当是未来完善的理想路径。对此，有学者提出两种方式。一是在审前阶段引入司法化的救济机制，即当辩护权在审前程序受到侵犯时，应当允许辩护方立即向法院申请救济；当案件进入审判程序后，应当允许辩护方向法院申请排除非法证据、终止诉讼。③ 这一救济方式意味着法官要介入审判前的程序，但从纵向诉讼构造的角度看，我国流水作业的诉讼模式决定了公检法三机关相互配合、"各管一段"，侦查机关、检察机关分别在侦查阶段、审查起诉阶段作为主导者，法院实在难以介入到审前程序中。2014 年开展的"以审判为中心的诉讼制度改革"，其最理想的状态是使法院成为整个诉讼的中心，但"为推动这一改革所出台的文件却只是对现行制度作出了再次强调和重申，而少有实质性的改革措施"，更没有真正撼动当前公检法三机关的这种关系。④ 可见，让法院介入审前阶段涉及对我国公检法三机关之间关系以及纵向诉讼构造的重大调整，难以在

---

① 王兆鹏：《美国刑事诉讼法》，北京大学出版社 2014 年版，第 6 页。

② 参见王兆鹏《美国刑事诉讼法》，北京大学出版社 2014 年版，第 377—380 页。

③ 参见杨杰辉《侵犯律师辩护权的救济研究》，《法治研究》2016 年第 5 期。

④ 陈瑞华：《审判中心主义改革的理论反思》，《苏州大学学报》（哲学社会科学版）2017 年第 1 期。

短时间内完成。此外，在技术层面上，员额制改革后，案多人少的矛盾日渐突出，让法官再负责庭前辩护权的审查与救济，似乎也不具有可行性。二是对现行的向检察机关申诉或控告的救济模式予以诉讼化的改造，即通过调整检察机关内设部门、实现审查方式的诉讼化、填补证明机制等方式，加强检察机关对程序性权利的救济职能。① 对此，笔者也持怀疑态度。正如有学者所说，"无论怎样改造，都无法改变检察机关不具有实质中立性的事实"②。检察机关作为追诉者和救济者的角色和职能冲突，将不可避免地制约其履行法律监督权。况且，当裁判主体不具有中立性时，诉讼化的审查方式也只能流于形式。

基于此，笔者认为，在当前的司法体制和诉讼构造之下，诉讼化的救济方式还主要依赖于法院在审判程序中对侵害辩护权行为的审查。具体说来，一审法院应当加强对辩护权的救济审查，对于那些不涉及证据取得的侵权行为，要求办案机关予以及时纠正，如审前侵犯律师阅卷权的，可以给予律师充分的阅卷以及准备时间；对于涉及证据取得的侵权行为，可以通过完善非法证据排除规则，使得因侵犯辩护权而产生的证据得到排除。在二审程序中，除了对一审程序中的侵权行为加以审查之外，经辩护方的申请，二审法院还可以就一审法院对审前辩护权的救济行为加以审查，必要时还可以给予"二次救济"。

四　违反忠诚义务的惩戒机制

一项没有惩戒后果的义务通常难以得到履行。忠诚义务要想得到广大律师的普遍重视与认真履行，不仅需要从正面加以积极引

---

① 詹建红：《程序性救济的制度模式及改造》，《中国法学》2015 年第 2 期。

② 刘计划：《检察机关刑事审判监督职能结构》，《中国法学》2012 年第 5 期。

导，更需要确立常态化的惩戒机制，使得违反忠诚义务或者未能履行忠诚义务的行为得到惩戒，如此才能督促律师更加重视并履行这项义务。观察律师被惩戒的实践情况可知，目前我国尚未形成针对违反忠诚义务行为的系统惩戒机制。

（一）违反忠诚义务的惩戒现状与不足

关于律师违法行为的处罚，司法部和中华全国律师协会出台了相应的规范文本，并针对违法行为分别设置了相应惩戒后果。[①] 通过分析近年来全国律协发布的新闻通告、中国律师网上发布的律协惩戒信息可以发现，实践中律师被惩戒多是因为违反了有关公益义务的相关规定，如违规会见、以不正当方式影响办案、妨碍作证、向办案人员行贿、提交虚假材料或者律师本身触犯了其他犯罪；因违反忠诚义务而被惩戒的情形占较小的比例，如违规收费、私自收费、虚假承诺、未按时出庭等。虽然律师多因违反公益义务而被惩戒，但实践中律师因违反忠诚义务而被投诉反而占据多数。为什么律师很少因违反忠诚义务而被惩戒？这是因为，有关律师违反忠诚义务的惩戒多来源于当事人的投诉与举报，律协与司法行政机关对此可能既不重视，也无法一一查实。而在刑事诉讼的过程中，对于律师明显违反忠诚义务的行为，有关办案机关并没有主动提醒、劝诫或者要求律协加以管理的意识。在一般情况下，办案机关似乎更关心对律师违反公益义务行为的惩戒，对违反忠诚义务的行为则不太在意。

针对违反忠诚义务行为惩戒不足的问题，律协、司法行政机关作为律师行业的管理单位，要加强对违反忠诚义务的惩戒力度；此外，法官基于对被告人的关照义务，也有必要对律师履行忠诚义务的行为予以高度重视。毕竟，辩护律师不积极履行忠诚义务或者违反忠诚义务，不仅无法维护当事人的合法权益，也难以促进正当程

---

① 参见司法部发布的《律师和律师事务所违法行为处罚办法（2010）》、中华全国律师协会发布的《律师协会会员违规行为处分规则（试行）》（2017 修订）。

序的实现。除此之外，对于律师严重违反公益义务的行为，规范性文件确立了较为严厉的法律责任，包括刑事责任，但对于律师严重损害委托人利益的行为，比如故意泄露当事人的个人秘密或者信息、随意拒绝辩护，规范性文件却只确立了相对宽松的责任，这也使得律师违反忠诚义务的成本大大降低。

（二）违反忠诚义务的律师个人责任

根据违反忠诚义务行为的具体情况，律师的个人责任可能包括三种性质：一是民事责任，二是行政责任、行业处分，三是刑事责任。

1. 民事责任

律师在执业过程中需受双重约束，一是合同约束，二是职业伦理规范约束。前者来源于律师与当事人基于自治而形成的委托代理关系，后者则是基于律师的职业身份。从理论上说，律师违反职业伦理并不必然会对委托代理关系产生影响，因为二者属于不同的法律关系。但事实上，律师违反忠诚义务的行为在某些情形下也会使得律师承担相应的民事责任。如律师不尽职不尽责的辩护行为使得当事人对律师不再信任，当事人可以解除与律师的代理关系，并拒绝支付相关费用；又如律师因失职泄露当事人的职业秘密，并使其遭受经济损失或者精神痛苦，当事人理论上可向法院提起民事诉讼，要求律师承担相应的赔偿；再如当律师基于故意或者过失的主观心态实施不当行为时，当事人还可向律师主张惩罚性赔偿。当然，惩罚性赔偿、补偿性赔偿目前在我国还没有相应的实践。学界对此仍存在争议，但有学者主张，"对不称职的辩护律师课以民事责任已是大势所趋"，有必要在我国建立辩护律师的民事责任制度。① 从比较法的经验来看，美国各州基本上都已对律师的惩罚性赔偿作出规定，

---

① 吴纪奎：《论辩护律师的民事责任》，《环球法律评论》2012 年第 6 期。

尽管在具体适用条件上可能存在不同。①

　　律师违反忠诚义务将首先影响当事人的利益，因此如何使当事人获得救济是首先要关注的问题。但在律师违反忠诚义务的个人责任中，只有民事责任是律师对当事人利益所做的"补偿"。除此之外，无论行政处罚、职业处分还是刑事责任，它们都是针对律师个人的处罚，不能给当事人的利益带来实质性的影响。因此，如何发展并完善辩护律师对当事人的民事责任制度应该是未来关注的重点。

　　2. 行政责任、行业处分

　　在当前我国有关律师管理的"两结合"体制之下，律师既要遵循司法部以及地方司法行政机关出台的行政规章，也要将全国以及地方律协颁布的行为规范作为执业标准。根据律师违反具体规范的性质，其可能被给予行政处罚或行业处分。其中，行政处罚包括警告、罚款、没收违法所得、停止执业、吊销执业证书；行业处分则包括训诫、警告、通报批评、公开谴责、中止会员权利一个月以上一年以下、取消会员资格。

　　实践中，行业处分对律师处罚的效果较弱。原因在于，一方面，行业处分主要是各种形式的口头批评以及对会员资格的限制与剥夺，这些方式并不会给律师的利益带来实质的不利影响；另一方面，行业处分在很大程度上依附于行政处罚，根据《律师协会会员违规行为处分规则（试行）》第十七条，律师协会拟对律师作出中止会员或者取消会员资格以上的严重惩戒时，事先需建议司法行政机关给予处罚；司法行政机关已经作出相应行政处罚的，律师协会则应直接给出相对应的行业处分。由此可见，行业处分既不具有独立性，

---

　　① 美国各州对惩罚性赔偿的规定存在不同，例如亚拉巴马州规定，无论辩护律师在主观状态上是故意还是过失，只要符合法定条件，被告人都可以基于辩护律师的失职行为向法院主张惩罚性赔偿。与此不同的是，新墨西哥州、北卡罗来纳州规定，只有存在重大过失或者故意、恶意实施的律师失职行为，才可以支持惩罚性赔偿。也有州规定，对于律师的失职行为提起的惩罚性赔偿均不予支持。参见吴纪奎《论辩护律师的民事责任》，《环球法律评论》2012年第6期。

也在惩罚效果上聊胜于无。当然，这与我国律师协会的弱势地位有着紧密的关系。与我国不同，域外国家在对律师行业的管理方面体现了高度的自治，如美国律师协会对于违反职业规范的律师，可以直接给予取消律师资格、暂停执业、谴责以及训诫等多种惩戒。对于我国而言，厘清行政管理与行业自治的关系，提高行业管理的独立性和自主性，并加强行业处分，或许是我国律师未来提高专业化和职业化的必要条件。

3. 刑事责任

刑事责任是一种最为严厉的责任形式，我国律师被追究刑事责任通常发生在严重违反公益义务的情况下。如辩护人、诉讼代理人毁灭证据、伪造证据、妨害作证罪，帮助毁灭、伪造证据罪，泄露不应公开的案件信息罪，扰乱法庭秩序罪以及窝藏、包庇罪等，这些都是律师在实践中可能因不当执业而构成的罪名。当律师严重违反忠诚义务，并使得当事人利益受到重大侵害时，律师也可能承担刑事责任，主要包括以下三种[1]。一是诈骗罪。如律师假借辩护需要，向当事人骗取费用。2018年山东淄博律师孟某在代理"王某涉嫌挪用资金案"时，以办理取保候审等事项为由，向被告人之子王某索要1550万元，后该律师以涉嫌诈骗罪被立案侦查。[2] 此外，《德国刑法典》第352条规定，律师向当事人虚构工作时间骗取代理费的，也构成刑事欺诈。[3] 二是侵占罪。当律师以非法占有为目的，将代为保管的当事人的财物非法占为己有，拒不退还时，律师便有可能成立侵占罪。在比较法上，一些国家针对这种情形设置了专门的罪名。例如日本刑法规定了业务侵占罪[4]，相比于普通侵占，这种基

---

[1]　当然律师侵害当事人利益可能构成的犯罪不止这三种，笔者仅以较为常见的举例分析。

[2]　王巍：《涉嫌诈骗委托人1500余万 山东一律所主任被批捕》，2018年10月11日，http://www.bjnews.com.cn/news/2018/10/11/510235.html，2019年7月15日。

[3]　《德国刑法典》，冯军译，中国政法大学出版社2000年版，第210页。

[4]　《日本刑法典》，张明楷译，法律出版社1998年版，第80页。

于职务便利而实施的侵占行为违背了职业诚信，在刑罚设置上更重。与此类似，《加拿大刑法典》①《法国刑法典》② 分别规定了违反信托罪、滥用他人信托罪，专门就行为人违反信托义务或诚信义务而实施的侵犯财物行为予以刑罚处罚。三是敲诈勒索罪。如律师利用执业活动所获得的信息威胁或要挟当事人，以获得财物或其他利益。

此外，域外国家的刑法中还存在一些可能适用于辩护律师的其他罪名。最典型的是背信罪，即"违背他人信任，违反职业责任，侵犯他人的利益"。如《意大利刑法典》第 380 条规定"（辩护人）不忠实的辩护或者咨询意见"；律师严重违背利益冲突规则，在已经向一方当事人提供辩护或代理之后，未经该方当事人同意，在同一诉讼中又为对方当事人提供辩护的，也可能构成背信罪。西班牙等国的刑法典中也存在类似的规定。③ 另外还有泄露职业秘密罪，即律师违反保守职业秘密义务，泄露职业秘密并给当事人造成严重损害，这一罪名在诸多国家都有规定。④

将律师严重侵害当事人利益的行为纳入刑法规制的范围，并设置较为严厉的处罚措施，体现了域外国家对律师职业诚信的高度重视。我国在对律师违反公益义务的行为设置刑法责任的同时，也应当适当加强对违反忠诚义务行为的刑法规制。如此或许能够对律师违反忠诚义务发挥最大限度的警示作用。

（三）违反忠诚义务的程序性法律后果

在刑事诉讼中，辩护律师的执业行为不仅关乎当事人利益的维

---

① 《加拿大刑法典》，卞建林等译，中国政法大学出版社 1999 年版，第 212 页。

② 《法国刑法典》，罗结珍译，中国人民公安大学出版社 1995 年版，第 114 页。

③ 《西班牙刑法典》第 361 条等都存在类似的规定。参见王丽《律师刑事责任比较研究》，法律出版社 2002 年版，第 219—220 页。

④ 《德国刑法典》第 203 条、《希腊刑法典》第 371 条、《意大利刑法典》第 622 条等都存在类似的规定。参见王丽《律师刑事责任比较研究》，法律出版社 2002 年版，第 238 页。

护，也直接影响正当程序的实现。因此，辩护律师违反忠诚义务的行为除了给当事人带来影响外，也可能会产生程序性的法律后果。当然，并非任何违反忠诚义务的行为都会如此。通常情形下，只有那些严重影响司法公正的行为，才会导致程序性法律后果。从理论上看，较为典型的情形主要有两种。

一是律师违反忠诚义务的行为导致程序违法。辩护律师开展存在直接利益冲突的代理行为是实践中较为常见的情形，比如在共同犯罪案件中，同一律师为不同的被告人在不同的诉讼阶段辩护，这种情形因违反了《刑事诉讼法》的明确规定，而在实践中被法官视为属于《刑事诉讼法》第二百三十八条第五款规定的"违反法律规定的诉讼程序，可能影响公正审判的"，因此多被撤销原判、发回重审。但并不是所有违反利益冲突规则的行为都会产生原审被撤销并被发回的结果。毕竟违反忠诚义务而产生程序性后果，需要依托于程序性制裁的理论框架。而是否被撤销并被发回，除了要评估行为对程序公正的影响程度外，还要考虑行为对实体结果的影响。因此，行为违反忠诚义务产生程序性后果并不是必然的，还要附加一定的条件。除此之外，律师随意退出辩护，尤其是在强制性辩护中拒绝辩护也会对司法程序的正当性产生直接的影响。

二是律师违反忠诚义务的辩护被认定为无效辩护。无效辩护是具有鲜明美国特色的一项制度。虽然学界对这一制度表现出了极大兴趣并已展开相当的研究，但目前我国立法中尚没有规定这一制度。因此律师开展的不称职不尽责的辩护行为，即使符合美国无效辩护的标准，也难以在我国产生程序性的后果。不过近年来针对律师严重不负责任的辩护行为，实践中有法院创新性地将其视为《刑事诉讼法》第二百三十八条第三款规定的"剥夺或者限制了当事人的法定诉讼权利，可能影响公正审判的"的情形，进而作出了撤销原判、发回重审的裁定。[①] 尽管目前这只是部分法院的个案探索，但无疑为

---

① 陈瑞华：《有效辩护问题的再思考》，《当代法学》2017 年第 6 期。

律师严重违反忠诚义务的行为设置程序性后果积累了实践经验。

（四）违反忠诚义务的律师惩戒程序

违反忠诚义务的律师个人责任和程序性后果，都需要依托一定的程序才能实现。对于民事责任，委托人可单方面向律师主张解除合同或者向法院提起违约或侵权之诉①；对于行政责任，司法行政机关可依照行政程序对律师予以处罚；对于行业处分，则由律师协会依照行业处分程序对律师予以处罚；对于刑事责任，需经刑事诉讼程序，由法院定罪量刑；对于程序性后果，则由当事人在一审程序中提出，并在二审程序中寻求救济。在上述五种程序中，除了律师行业的惩戒程序，其他程序都较为独立，存在专门的程序规则。接下来，笔者将就律师的行业惩戒程序加以讨论。

关于律师的行业惩戒程序，《律师协会会员违规行为处分规则（试行）》作出了基本的规定。这一程序主要包括启动、调查、决定以及复查四个阶段。首先，在程序的启动方面，当事人投诉或者律协依职权均可启动惩戒程序。对于当事人的投诉，律师协会先对其进行初步审查，如果符合条件，则进行立案。其次，在调查程序方面，由律师协会下属的惩戒委员会中的两名以上委员组成调查组进行调查。调查结束后，该调查组需形成调查终结报告，并载明被调查律师的行为是否构成违规以及是否建议给予相应纪律处分。再次，在决定作出的程序方面，被调查律师有要求听证的权利，惩戒委员会认为有必要举行听证的，可以启动听证的程序进行审查。听证结束后，惩戒委员会经投票作出是否给予惩戒的决定。最后，在复查程序方面，由省一级律师协会下属的会员处分复查委员会负责受理并作出复查决定。

律师行业惩戒程序在规则设计上应当说是较为规范的，但在实践中这些程序规则似乎并没有得到有效的运行。如被调查的律师虽

---

① 当然，这建立在辩护律师承担民事责任被立法所确立的基础之上。

然有权向惩戒委员会申请举行听证，但实践中听证的审查方式很少使用，基本上都是由律师协会对律师进行单方面的调查与审查。这种封闭的处理程序既难以让律师充分表达意见，也难以使外界对这一审查过程与最终决定进行监督。尤其是在检察机关、法院发送司法建议，建议律师协会进行调查的情形下，律师协会审查并作出决定的自主性与独立性更是难以保障。且实践中复查程序很容易流于形式，难以对律师进行救济。

行业处分尽管效果不彰，但其归根结底是一种惩戒，是对律师执业行为的一种负面评价。因此，行业惩戒程序还是应当满足最低限度的正当标准，给予被调查律师相应的程序保障。例如，应当激活听证程序，确保被调查律师、投诉当事人以及相关机关在内的各方主体都能参与其中，必要时还可以允许律师旁听；又如，应当赋予律师更有效、更权威的救济方式，当律师对律师协会的处分决定不服时，其有权申请法院予以审查。

参考文献

一 中文

（一）中文著作

陈光中主编：《刑事诉讼法学》（第七版），北京大学出版社、高等教育出版社 2021 年版。

陈瑞华：《程序性制裁理论》，中国法制出版社 2017 年版。

陈瑞华：《刑事辩护的理念》，北京大学出版社 2017 年版。

陈卫东主编：《模范刑事诉讼法典》，中国人民大学出版社 2005 年版。

陈永生：《刑事诉讼的宪政基础》，北京大学出版社 2010 年版。

傅郁林：《民事司法制度的功能与结构》，北京大学出版社 2006 年版。

李本森主编：《法律职业伦理》，北京大学出版社 2016 年版。

李学尧：《法律职业主义》，中国政法大学出版社 2007 年版。

林钰雄：《刑事程序与国际人权》（二），（台北）元照出版有限公司 2012 年版。

邵建东主编：《德国司法制度》，厦门大学出版社 2010 年版。

宋冰编：《读本：美国与德国的司法制度及司法程序》，中国政法大学出版社 1998 年版。

孙笑侠等：《法律人之治——法律职业的中国思考》，中国政法大学出版社 2004 年版。

宋远升:《律师论》,中国政法大学出版社2014年版。

汪建成:《冲突与平衡——刑事程序理论的新视角》,北京大学出版社2006年版。

王进喜:《美国〈联邦证据规则〉(2011年重塑版)条解》,中国法制出版社2012年版。

王进喜:《美国律师职业行为规则:理论与实践》,中国人民公安大学出版社2005年版。

吴洪淇:《法律职业的危机与改革》,中国政法大学出版社2017年版。

王丽:《律师刑事责任比较研究》,法律出版社2002年版。

王亚林:《刑事辩护:执业现状与经验技巧》,法律出版社2011年版。

王兆鹏:《美国刑事诉讼法》,北京大学出版社2016年版。

熊秋红:《刑事辩护论》,法律出版社1998年版。

易延友:《证据法的体系与精神——以英美法为特别参照》,北京大学出版社2010年版。

印波:《法槌下的正义——审判中心视野下两大法系辩审关系探析》,人民法院出版社2018年版。

于友先主编:《中国大百科全书》,中国大百科全书出版社2011年版。

张军、姜伟、田文昌:《新控辩审三人谈》,北京大学出版社2014年版。

左卫民:《刑事诉讼的中国图景》,生活·读书·新知三联书店2010年版。

张耕:《法律援助制度比较研究》,法律出版社1997年版。

张卫华主编:《境外律师行为规范汇编》,中国政法大学出版社2012年版。

　　(二) 中译著作

[德] 阿图尔·考夫曼:《法律哲学》(第二版),刘幸义等译,法律出版社2011年版。

［德］克劳思·罗科信：《刑事诉讼法》（第 24 版），吴丽琪译，法律出版社 2003 年版。

［德］拉德布鲁赫：《法学导论》，米健译，法律出版社 2012 年版。

［德］托马斯·魏根特：《德国刑事诉讼程序》，岳礼玲、温小洁译，中国政法大学出版社 2004 年版。

［法］贝尔纳·布洛克：《法国刑事诉讼法》（第 21 版），罗结珍译，中国政法大学出版社 2009 年版。

［法］涂尔干：《职业伦理与公民道德》，渠敬东译，商务印书馆 2017 年版。

［美］E. 博登海默：《法理学：法律哲学与法律方法》，邓正来译，中国政法大学出版社 2004 年版。

［美］W. 布拉德利·温德尔：《法律人与法律忠诚》，尹超译，中国人民大学出版社 2014 年版。

［美］艾伦·德肖维茨：《最好的辩护》，唐交东译，法律出版社 2014 年版。

［美］爱伦·豪切斯泰勒·斯黛丽、南希·弗兰克：《美国刑事法院诉讼程序》，陈卫东、徐美君译，何家弘校，中国人民大学出版社 2002 年版。

［美］德博拉·L. 罗德、小杰弗瑞·C. 海泽德：《律师职业伦理与行业管理》，许身健等译，知识产权出版社 2015 年版。

［美］德沃金：《法律帝国》，中国大百科全书出版社 1996 年版。

［美］迪特里希·鲁施迈耶：《律师与社会：美德两国法律职业比较研究》，于霄译，上海三联书店 2014 年版。

［美］弗洛伊德·菲尼、［德］约阿希姆·赫尔曼、岳礼玲：《一个案例两种制度——美德刑事司法比较》，郭志媛译，中国法制出版社 2006 年版。

［美］理查德·L. 埃贝尔：《美国律师》，张元元、张国峰译，中国政法大学出版社 2009 年版。

［美］罗伯特·N. 威尔金：《法律职业的精神》，王俊峰译，北京大

学出版社 2013 年版。

［美］罗纳德·J. 艾伦等：《证据法：文本、问题和案例》（第三版），张保生等译，满运龙校，高等教育出版社 2006 年版。

［美］美国律师协会：《美国律师协会职业行为示范规则（2004）》，王进喜译，中国人民公安大学出版社 2005 年版。

［美］美国律师协会编：《美国律师职业行为标准规则》，俞兆平、姜付丛译，中国政法大学出版社 1997 年版。

［美］门罗·弗里德曼：《对抗制下的法律职业伦理》，吴洪淇译，中国人民大学出版社 2017 年版。

［美］蒙罗·H. 弗里德曼、阿贝·史密斯：《律师职业道德的底线》，王卫东译，北京大学出版社 2009 年版。

［美］米尔伊安·R. 达玛什卡：《司法和国家权力的多种面孔——比较视野中的法律程序》，郑戈译，中国政法大学出版社 2004 年版。

［美］威廉·H. 西蒙：《践行正义：一种关于律师职业道德的理论》，王进喜译，中国人民大学出版社 2015 年版。

［美］伟恩·R. 拉费弗、杰罗德·H. 伊斯雷尔、南西·J. 金：《刑事诉讼法》（上、下册），卞建林、沙丽金等译，中国政法大学出版社 2003 年版。

［美］虞平、郭志媛编译：《争鸣与思辨——刑事诉讼模式经典论文选译》，北京大学出版社 2013 年版。

［美］约瑟夫·阿莱格雷迪：《律师的天职——信仰与法律工作》，王军译，当代中国出版社 2014 年版。

［美］约书亚·德雷斯勒、艾伦·C. 迈克尔斯：《美国刑事诉讼法精解（第一卷·刑事侦查）》（第四版），吴宏耀译，北京大学出版社 2009 年版。

［美］约书亚·德雷斯勒、艾伦·C. 迈克尔斯：《美国刑事诉讼法精解（第二卷·刑事审判）》（第四版），魏晓娜译，北京大学出版社 2009 年版。

［美］詹姆斯·J. 汤姆科维兹：《美国宪法上的律师帮助权》，李伟

译，中国政法大学出版社 2016 年版。

［日］谷口安平：《程序的公平和正义》，王亚新、刘荣军译，中国政法大学出版社 2002 年版，

［日］森际康友编：《司法伦理》，于晓琪、沈军译，商务印书馆 2010 年版。

［日］田口守一：《刑事诉讼法》（第五版），张凌、于秀峰译，中国政法大学出版社 2010 年版。

［日］佐藤博史：《刑事辩护的技术与伦理》，于秀峰、张凌译，法律出版社 2012 年版。

［意］贝卡里亚：《论犯罪与刑罚》，黄风译，中国法制出版社 2005 年版。

［英］克里斯托弗·艾伦：《英国证据法实务指南》（第四版），王进喜译，中国法制出版社 2012 年版。

［英］帕特里克贝尔特、［葡］菲利佩卡雷拉达席尔瓦：《二十世纪以来的社会理论》，瞿铁鹏译，商务印书馆 2014 年版。

［英］亚历克斯·麦克布赖德：《律师为什么替"坏人"辩护?》，何远、汪雪译，北京大学出版社 2017 年版。

（三）中文论文

柏恩敬、刘思达整理：《律师刑事辩护中的职业伦理——中美比较制度与实践对话录》，《交大法学》2018 年第 2 期。

卞建林、李菁菁：《从我国刑事法庭设置看刑事审判构造的完善》，《法学研究》2004 年第 3 期。

陈光中、郑旭：《追求刑事诉讼价值的平衡》，《中国刑事法杂志》2003 年第 1 期。

陈虎：《律师与当事人决策权的分配》，《中外法学》2016 年第 2 期。

陈瑞华：《辩护律师职业伦理的模式转型》，《华东政法大学学报》2020 年第 3 期。

陈瑞华：《独立辩护人理论的反思与重构》，《政法论坛》2013 年第 6 期。

陈瑞华：《论被告人的阅卷权》，《当代法学》2013 年第 3 期。

陈瑞华：《论被告人的自主性辩护权——以"被告人会见权"为切入的分析》，《法学家》2013 年第 6 期。

陈瑞华：《论辩护律师的忠诚义务》，《吉林大学社会科学学报》2016 年第 3 期。

陈瑞华：《论协同性辩护理论》，《浙江工商大学学报》2018 年第 3 期。

陈瑞华：《刑事辩护制度四十年来的回顾与展望》，《政法论坛》2019 年第 6 期。

陈瑞华：《刑事诉讼中的有效辩护问题》，《苏州大学学报》（哲学社会科学版）2014 年第 5 期。

陈瑞华：《有效辩护问题的再思考》，《当代法学》2017 年第 6 期。

陈学权：《法庭驱逐辩护律师问题研究》，《法学评论》2015 年第 5 期。

陈学权：《论被追诉人本人的阅卷权》，《法商研究》2019 年第 4 期。

陈学权：《论辩护律师的法庭地位——以律师与法官的关系为视角》，《法学杂志》2020 年第 1 期。

陈永生：《论辩护方当庭质证的权利》，《法商研究》2005 年第 5 期。

陈永生：《论辩护方以强制程序取证的权利》，《法商研究》2013 年第 1 期。

陈实：《论刑事司法中律师庭外言论的规制》，《中国法学》2014 年第 1 期。

程荣斌：《辩护律师的诉讼职能和诉讼地位》，《法律学习与研究》1987 年第 1 期。

方柏兴：《论辩护冲突中的权利保留原则——一种协调被告人与辩护律师关系的新思路》，《当代法学》2016 年第 6 期。

方娟：《刑事案件律师庭外造势若干法律问题研究》，《政法论坛》2016 年第 2 期。

方流芳：《律师保密义务》，《律师文摘》2013 年第 3 期。

傅郁林:《繁简分流与程序保障》,《法学研究》2003 年第 1 期。

傅郁林:《审级制度的建构原理——从民事程序视角的比较分析》,《中国社会科学》2002 年第 4 期。

高洁:《论相对独立的辩护观——以辩护律师与被告人的关系为视角》,《时代法学》2013 年第 4 期。

顾永忠:《2018 年刑事诉讼法再修改对律师辩护的影响》,《中国法律评论》2019 年第 1 期。

顾永忠:《以审判为中心背景下的刑事辩护突出问题研究》,《中国法学》2016 年第 2 期。

韩嘉毅:《修改〈律师办理刑事案件规范〉的几点说明》,《中国律师》2017 年第 9 期。

韩旭:《被告人与律师之间辩护冲突及其解决机制》,《法学研究》2010 年第 6 期。

韩旭:《辩护律师被驱逐出庭的程序法理思考》,《郑州大学学报》(哲学社会科学版)2013 年第 1 期。

韩旭:《辩护律师核实证据问题研究》,《法学家》2016 年第 2 期。

韩旭:《〈刑法修正案(九)〉实施后如何善待律师权利——兼论泄露案件信息罪和扰乱法庭秩序罪的理解与适用》,《法治研究》2015 年第 6 期。

黄长江:《律师社会责任的再审视——以衡平委托人与委托人之外的社会公共利益冲突为视角》,《法治研究》2009 年第 11 期。

季卫东:《律师的重新定位与职业伦理》,《中国律师》2008 年第 1 期。

兰荣杰:《刑辩律师维护当事人利益的行为界限》,《交大法学》2018 年第 2 期。

李宝岳、陈学权:《辩护律师对法庭的真实义务》,《中国司法》2005 年第 9 期。

李本森:《律师管理路在何方?——律师执业中的利益冲突立法及完善》,《中国律师》2001 年第 4 期。

李奋飞:《论辩护律师忠诚义务的三个限度》,《华东政法大学学报》
　　2020 年第 3 期。

李奋飞:《论"表演性辩护"——中国律师法庭辩护功能的异化及其
　　矫正》,《政法论坛》2015 年第 2 期。

李奋飞:《论"唯庭审主义"之辩护模式》,《中国法学》2019 年第
　　1 期。

李奋飞:《中国律师业的"格局"之辨——以辩护领域的定性研究为
　　基点》,《政法论坛》2017 年第 4 期。

李学尧:《非道德性:现代法律职业伦理的困境》,《中国法学》2010
　　年第 1 期。

李学尧:《忠诚于法律的职业伦理——破解法律人道德困境的基本方
　　案》,《法制与社会发展》2016 年第 4 期。

刘计划:《检察机关刑事审判监督职能结构》,《中国法学》2012 年
　　第 5 期。

刘仁文:《论我国刑事法庭被告人席位的改革》,《政法论坛》2017 年
　　第 4 期。

刘哲玮:《论民事诉讼模式理论的方法论意义及其运用》,《当代法
　　学》2016 年第 3 期。

龙宗智:《辩护律师有权向当事人核实人证》,《法学》2015 年第
　　5 期。

龙宗智:《刑事诉讼价值模式论析》,《现代法学》1993 年第 2 期。

马贵翔:《公正·效率·效益——当代刑事诉讼的三个基本价值目
　　标》,《中外法学》1993 年第 1 期。

毛兴勤:《法律职业的内在冲突与调适:以法官与律师的关系为中
　　心》,《法治研究》2013 年第 9 期。

闵春雷:《认罪认罚案件中的有效辩护》,《当代法学》2017 年第
　　4 期。

潘剑锋:《论构建民事程序权利救济机制的基本原则》,《中国法学》
　　2015 年第 2 期。

宋远升：《律师独立辩护的有限适用》，《法学》2014 年第 8 期。

宋远升：《刑辩律师职业伦理冲突与解决机制》，《山东社会科学》
　　2015 年第 4 期。

孙谦：《关于修改后刑事诉讼法执行情况的若干思考》，《国家检察官
　　学院学报》2015 年第 3 期。

孙笑侠：《职业伦理与大众伦理的分野——为什么要重塑我们的法律
　　职业伦理》，《中外法学》2002 年第 3 期。

万毅：《从李庄案二审看辩护律师的独立性》，《江苏行政学院学报》
　　2011 年第 4 期。

汪海燕：《律师伪证刑事责任问题研究》，《中国法学》2011 年第
　　6 期。

汪海燕：《论刑事庭审实质化》，《中国社会科学》2015 年第 2 期。

汪海燕、付奇艺：《辩护律师诉讼权利保障的法治困境》，《中国司
　　法》2014 年第 1 期。

汪建成：《论辩护律师的诉讼地位》，《法学家》1994 年第 2 期。

汪建成：《刑事审判程序的重大变革及其展开》，《法学家》2012 年
　　第 3 期。

汪建成、孙远：《诉讼中的言论豁免权及其界限》，《烟台大学学报》
　　（哲学社会科学版）2001 年第 3 期。

王永杰：《论辩护权法律关系的冲突与协调——以杭州保姆放火案辩
　　护律师退庭事件为切入》，《政治与法律》2018 年第 10 期。

王惠光：《我国律师伦理规范真实义务的界限》，《月旦法律教室》
　　2011 年第 106 期。

吴晨：《从法官判词看对律师言论的规制》，《中国律师》2017 年第
　　10 期。

吴洪淇：《律师职业伦理规范建设的回顾与前瞻》，《交大法学》2018
　　年第 2 期。

吴洪淇：《司法改革与法律职业激励环境的变化》，《中国法学》2019
　　年第 4 期。

吴洪淇：《律师职业伦理的评价样态与规制路径——基于全国范围问卷调查数据的分析》，《政法论坛》2018 年第 2 期。

吴纪奎：《从独立辩护观走向最低限度的被告中心主义辩护观——以辩护律师与被告人之间的辩护意见冲突为中心》，《法学家》2011 年第 6 期。

吴纪奎：《论辩护律师的民事责任》，《环球法律评论》2012 年第 6 期。

吴俊毅：《辩护人与其当事人的关系——以德国法为中心的探讨》，《法令月刊》第 54 卷第 1 期。

熊秋红：《审判中心视野下的律师有效辩护》，《当代法学》2017 年第 6 期。

熊秋红：《新中国律师制度的发展历程及展望》，《中国法学》1999 年第 5 期。

许身健：《欧美律师职业伦理比较研究》，《国家检察官学院学报》2014 年第 1 期。

杨杰辉：《侵犯律师辩护权的救济研究》，《法治研究》2016 年第 5 期。

原立荣：《我国抗辩式刑事诉讼中的权力冲突》，《政法论坛》2008 年第 2 期。

詹建红：《程序性救济的制度模式及改造》，《中国法学》2015 年第 2 期。

张玉镶、门金玲：《刑法第 306 条的理性解读》，《河北法学》2007 年第 2 期。

张志铭：《回眸与展望：百年中国律师的发展轨迹》，《国家检察官学院学报》2013 年第 1 期。

朱孝清：《刑事诉讼实施中的若干问题研究》，《中国法学》2014 年第 3 期。

朱孝清：《再论辩护律师向犯罪嫌疑人、被告人核实证据》，《中国法学》2018 年第 4 期。

左卫民：《有效辩护还是有效果辩护?》，《法学评论》2019 年第
　1 期。

左卫民：《如何展开中国司法的实证研究：方法争鸣与理论贡献》，
　《东方法学》2022 年第 5 期。

周少华：《伪证罪：一个规范的语境分析》，《法学研究》2002 年第
　3 期。

　（四）外文译文

［德］薄逸克：《德国刑事诉讼程序辩护人的功能及地位——至今仍
　具话题性的一个争论》，吴俊毅译，《高大法学论丛》第 6 卷第
　1 期。

［德］托马斯·海贝勒、诺拉·绍斯米卡特：《西方公民社会观适合
　中国吗?》，《南开学报》（哲学社会科学版）2005 年第 2 期。

［日］村岗启一：《辩护人的作用及律师的伦理》，尹琳译，《外国法
　译评》1998 年第 2 期。

［日］佐藤孝弘：《对董事注意义务和忠诚义务的渊源分析》，《经济
　与管理》2011 年第 9 期。

［日］后藤昭：《辩护人委托权与自己决定》，肖萍译，《云南大学学
　报法学版》2007 年第 6 期。

二　外文
（一）外文专著

Albert O. Hirschman, *Exit, Voice, and Loyalty*, Cambridge: Harvard
　University Press, 1970.

Carle, Susan D. eds, *Lawyers' Ethics and the Pursuit of Social Justice*,
　New York: New York University Press, 2005.

Charles H. Whitebread, Christopher Slobogin, *Criminal Procedure: an Anal-
　ysis of Cases and Concepts*, 2nd ed., the Foundation Press, Inc, 1986.

David Luban, *Lawyer and Justice: An Ethical Study*, Princeton Universi-
　ty Press, 1994.

Joseph G. Cook, Paul Marcus, *Criminal Procedure*, Matthew Bender, 1986.

Joshua Dressler, Alan C. Michael, *Understanding Criminal Procedure*, *Volume 1: Investigation*, Matthew Bender Company, Inc, 2009.

Joshua Dressler, George C. Thomas Ⅲ, *Criminal Procedure Principles*, *Polices and Perspectives*, 5th ed., Thomson Reuters, 2013.

Lawrence Taylor, Steven Oberman, *Drunk Driving Defense*, 7th ed., Wolters Kluwer Law & Business in New York, 2010.

Ronald J. Allen, Richard B. Kuhns and Eleanor Swift, *EVIDENCE: Text, Cases, and Problems*, 2nd ed., 1997.

Stephen A. Saltzburg, Daniel J. Capra, *American Criminal Procedure: A judicative Cases and Commentary*, 9th ed., Thomson/West, 2010.

（二）外文论文

Brown Jr., Lonnie T., "Reconsidering the Corporate Attorney-Client Privilege: A Response to the Compelled-Voluntary Waiver Paradox", *Hofstra Law Review*, Vol. 34, No. 3, 2006.

Cirstina C. Arguedas, "Duties of a Criminal Defense Lawyer", *Loyola of Los Angeles Law Review*, Vol. 30, No. 1, 1996.

Clark Ramsey, "The Lawyer's Duty of Loyalty: To the Client or to the Institution", *Loyola University of Chicago Law Journal*, Vol. 16, No. 3, 1984.

Carol Rice Andrews, "Standards of Conduct of Lawyers: An 800 – Year Evolution", *SMU Law Review*, Vol. 57, No. 4, January 2004.

Daniel Walfish, "Making Lawyers Responsible for the Truth: The Influence of Marvin Frankel's Proposal for Reforming the Adversary System", *Seton Hall Law Review*, Vol. 35, 2005.

Herbert L. Packer, "Two Models of the Criminal Process", *University of Pennsylvania Law Review*, Vol. 113, No. 1, 1964.

Hopkins, Richard J., "Lawyer's Duty toward a Guilty Client", *Commercial Law Journal*, Vol. 36, No. 12, 1931.

Gold, Gerald S., "Ethics and the Criminal Defense Lawyer: A Proposal", *Criminal Defense*, Vol. 4, No. 6, 1977.

Josepf Allegretti, "Have Briefcase Will Travel: An Essay on the Lawyer as Hired Gun", *Creighton Law Review*, Vol. 24, 1991.

James J. Tomkovicz, "An Adversary System Defense of the Right to Counsel against Informants: Truth, Fair Play, and the Massiah Doctrine", *University of California Davis Law Review*, Vol. 22, No. 1, 1988.

Limbaugh, Rush H. , "The Public Duty of the American Lawyer", *Missouri Law Review*, Vol. 20, No. 3, 1955.

L. Ray Patterson, "Legal Ethics And The Lawyer's Duty of Loyalty", *Emory Law Journal*, Vol. 29, No. 4, 1980.

Michael K. McChrystal, "Lawyers and Loyalty", *WM. & Mary L. Review*, Vol. 33, 1992.

Michele Taruffo, "The Lawyer's Role and the Models of Civil Process", *Israel Law Review*, Vol. 16, No. 1, 1981.

Michael Mello, "The Non-Trail of the Century: Representations of the Unabomber", *Vermont Law Review*, Vol. 24, 2000.

Monroe H. Freedman, "Professional responsibility of the criminal defense lawyer: the three hardest questions", *Michigan Law Review*, Vol. 64, No. 8, 1966.

Probert, W. R. Hendricks, "Lawyer Malpractice: Duty Relationships Beyond Contract", *Notre Dame Lawyer*, Vol. 55, No. 5, 1980.

Thomas Weigend, "Should we search for the truth, and who we should do it?" *North Carolina Journal of International Law Review*, Vol. 36, No. 2, 2011.

W. Bradley Wendel, "Public values and professional responsibility", *Notre Dame L. Rev*, Vol. 75, No. 1, 1999.

William T. Pizzi, "Understanding Prosecutorial Discretion in the United States: The Limits of Comparative Criminal Procedure as an Instrument of Reform", *Ohio State Law Journal*, Vol. 54, 1993.

索　引

后　记

　　这本书是在我的同名博士论文的基础上修改完成的。时隔三年，重拾这些文字，又让我想起了在北大攻读博士学位的时光。2016 年从中国人民大学硕士毕业之后，我进入北京大学陈瑞华教授的门下，继续研习刑事诉讼法学。求学四年间，无论是平时的小论文还是最后的博士论文，老师都不遗余力地予以指导。从选题、收集资料，到列大纲、完成初稿，直至修改定稿，老师都认真把关，给予了许多宝贵的意见。正是在老师的指导下，我顺利地完成了博士论文，并十分荣幸地获评院级与校级优秀。除了学业，在为人处世方面，老师也对我教导很多。老师常说"要从容一些""要与人为善""要有学术自信"，这些话语对我产生了很大的影响，并逐渐成为我人生哲学的一部分。在博士期间以及毕业之后，师母也在生活中给予我很多关心和帮助。感恩老师和师母！

　　博士论文的顺利完成并获得通过，意味着我求学时光的结束。从本科、硕士到博士，我先后在三个不同的高校求学。母校风格迥异——华科低调质朴、人大严谨务实、北大包容开放，这些都对我产生了潜移默化的影响。一路走来，我也有幸遇到许多品德高尚、为人正直、学术精深的老师，他们在各个阶段以不同的方式给予我鼓励、帮助我成长，并让我找到努力的方向。

　　博士毕业之后，我有幸来到中国政法大学刑事司法学院工作，我所在的刑事诉讼法学研究所为我提供了十分自由的研究氛围。在博士后合作导师汪海燕教授、研究所和学院领导的关心、支持与指导下，我成功地申报了国家社科优秀博士论文出版项目，这本书的出版也得益于这一项目的资助。在此谨表谢意！

在博士论文修订的前夕，我刚刚结束了两年博士后的研究工作。在这两年，我还要感谢我的博士后小伙伴们。面对新冠疫情带来的生活无常和博士后阶段的科研压力，我和小伙伴们相互陪伴、相互鼓励、相互帮助。在疫情封校期间，我们在法大6号楼的小小房间里，把茶言欢，让艰苦的生活充满了欢声笑语。在这段特殊的人生旅程中，遇到这些挚友，何其幸运！

最后，我要感恩我的父母。漫漫求学十余载，我的父母给予了我无尽的关爱与支持，让我可以心无旁骛地投入学习之中。他们是我失意时的温暖港湾，也是我持续向前的最大动力。希望这本被他们念叨了多时的书能给他们带来些许的欣慰。因水平有限，这本书还存在诸多不足，敬请各位读者包涵与批评！

2023 年 6 月 5 日

法大科研楼